"十三五"国家重点出版物出版规划项目

经济科学译丛

经济建模
目的与局限

劳伦斯·A. 博兰（Lawrence A. Boland） 著

申笑颜 译

Model Building in Economics
Its Purposes and Limitations

中国人民大学出版社
·北京·

《经济科学译丛》
编辑委员会

学术顾问

高鸿业　王传纶　胡代光　范家骧　朱绍文　吴易风

主　编

陈岱孙

副主编

梁　晶　海　闻

编　委（按姓氏笔画排序）

王一江　王利民　王逸舟　贝多广　平新乔　白重恩
朱　玲　刘　伟　许成钢　李　扬　李晓西　李稻葵
杨小凯　汪丁丁　张宇燕　张维迎　林毅夫　易　纲
金　碚　姚开建　钱颖一　徐　宽　高培勇　盛　洪
梁小民　樊　纲

《经济科学译丛》总序

中国是一个文明古国，有着几千年的辉煌历史。近百年来，中国由盛而衰，一度成为世界上最贫穷、落后的国家之一。1949年中国共产党领导的革命，把中国从饥饿、贫困、被欺侮、被奴役的境地中解放出来。1978年以来的改革开放，使中国真正走上了通向繁荣富强的道路。

中国改革开放的目标是建立一个有效的社会主义市场经济体制，加速发展经济，提高人民生活水平。但是，要完成这一历史使命绝非易事，我们不仅需要从自己的实践中总结教训，也要从别人的实践中获取经验，还要用理论来指导我们的改革。市场经济虽然对中国来说是全新的，但市场经济的运行在发达国家已有几百年的历史，市场经济的理论亦在不断发展完善，并形成了一个现代经济学理论体系。虽然许多经济学名著出自西方学者之手，研究的是西方国家的经济问题，但他们归纳出来的许多经济学理论反映的是人类社会的普遍行为，这些理论是全人类的共同财富。要想迅速稳定地改革和发展我国的经济，我们必须学习和借鉴世界各国包括西方国家在内的先进经济学的理论与知识。

本着这一目的，我们组织翻译了这套经济学教科书系列。这套译丛的特点是：第一，全面系统。除了经济学、宏观经济学、微观经济学等基本原理之外，这套译丛还包括产业组织理论、国际经济学、发展经济学、货币金融学、公共财政、劳动经济学、计量经济学等重要领域。第二，简明通俗。与经济学的经典名著不同，这套译丛都是国外大学通用的经济学教科书，大部分都已发行了几版或十几版。作者尽可能地用简明通俗的语言来阐述深奥的经济学原理，并附有案例与习题，对于初学者来说，更容易理解与掌握。

经济学是一门社会科学，许多基本原理的应用受不同的社会、政治或经济体制的影响，许多经济学理论是建立在一定的假设条件上的，假设条件不同，结论也就不一定成立。因此，正确理解和掌握经济分析的方法而不是生搬硬套某些不同条件下产生的结论，才是我们学习当代经济学的正确方法。

本套译丛于1995年春由中国人民大学出版社发起筹备并成立了由许多经济学专家学者组成的编辑委员会。中国留美经济学会的许多学者参与了原著的推荐工作。中国人民大学出版社向所有原著的出版社购买了翻译版权。北京大学、中国人民大学、复旦大学以及中国社会科学院的许多专家教授参与了翻译工作。前任策划编辑梁晶女士为本套译丛的出版作出了重要贡献，在此表示衷心的感谢。在中国经济体制转轨的历史时期，我们把这套译丛献给读者，希望为中国经济的深入改革与发展作出贡献。

《经济科学译丛》编辑委员会

序 言

我曾经认为有一个阶段是再版《构建经济学模型的方法论：萨缪尔森之后的方法论》（*The Methodology of Economic Model Building: Methodology after Samuelson*）（1989）这本书的最佳时期。但实际上这种想法是错误的。正如我后面要介绍的那样，在对同事们进行了一次简单的调查之后，我发现当时大多数经济学家对模型构建的看法与我在20年前持有的观念截然不同，显然，那时再版我1989年作品的计划并不合时宜。因此，我决定另外写一本书，它适合方法论学者讲授课程时使用，也比较适合今天的经济学家和经济学专业的学生阅读。

我于1989年出版的《构建经济学模型的方法论：萨缪尔森之后的方法论》是专门写给熟悉方法论的学者和经济模型构建者的一本书。事实上，当时的经济模型构建者似乎更加深知，如果希望自己被业界看重，那么所构建的模型必须是可检验的。我在这本书中运用简单的凯恩斯模型论证了就所有实际目的而言，实证检验需要的观测数目远远超过可能获得的数目，比如一个包含柯布-道格拉斯（Cobb - Douglas）生产函数的非随机型模型，利用对相关变量所有精确观测的联合逻辑进行的一个非随机型检验，可能就需要 25 万个观测值！也就是说，对这些观测的联合可能仅仅构成了以复合陈述形式表达的一个反例，如果该反例在逻辑上能够反驳该模型，那么可以想象，对一个随机型模型的一个反例肯定需要更多的观测。

我曾在同事中进行了一项非正式调查，问题都比较简单。当时的目的是希望了解一下市场研究的状况，因此我主要询问大家在各自研究领域的建模过程中都遇到过哪些困难，比如建模的技术种类、技术目的和技术局限性。一开始我以为这只是一些简单的问题，可事实并非如此，年长的同事很容易理解我的问题，但年轻的同事却搞不清楚我在问些什么，调查开展得很不顺利。因此，这个"A 计划"看起来意义不大。

于是，我又转向"B 计划"，重新调整了调查方式，先让每位调查对象阅读了理查德·纳尔逊（Richard Nelson）和西德尼·温特（Sidney Winter）发表于 1974 年的有关演化经济学的著名文章中第 886 页上的一句话，也就是（请注意黑体字后面的内容）：

> 从解释现象的角度和易于接受的方式来看，这里谈及的经济学（类似物理学）**理论**，更像是一系列基本前提，而不是一系列可检验的命题。**理论**意指特定的现象、重要的解释因素和解释机制，但是总体上来讲，相对于实证研究的预期结果，**理论**是十分灵活的，并且存在着大量的**模型**与之保持一致。

我询问接受调查的老师能否理解这段引文的意思。同样地，年长的同事完全能够理解，可年轻的同事却根本不知道纳尔逊和温特想表达什么。我对这种现象进行分析后得出的结论（也借助了一些互联网研究）是：判断同事们是年长还是年轻，似乎可以凭其所接受的经济学研究生教育是于1980年之前还是1980年之后结束来界定。

我很高兴做了此项调查，是因为我从中发现再版1989年的著作完全是在浪费时间。我需要写一本完全不同的书，一本既不是写给方法论学者的书，也不是写给关注模型可检验性、心系方法论建模者的书。相反，我决定为经济学领域中的年轻人和年长者之间出现的明显的代际鸿沟搭建一座桥梁。不过先让我们了解一下这个鸿沟为什么会存在。

关于这个鸿沟存在的现象并不是我的发现。假如我之前读过我的朋友阿克塞尔·雷因霍夫德（Axel Leijonhufvud, 1997, 2006）最新的一些研究成果，我就会知道"模型"和"理论"这两个词在今天的含义与当初我攻读研究生时的含义相比已经大相径庭。至少我可以声明，我的这项非正式调查支持了阿克塞尔的实证结论，即今天的模型构建与30年前甚至40年前的建模工作截然不同。但是，我认为阿克塞尔并没有对这个代际鸿沟出现的原因给出解释。

我也发现大多数探讨"理论和模型"的文献内容都持批评态度，而且几乎都在抱怨数学形式主义的主导地位。正如阿克塞尔所讲，建模者普遍认为数学只是一种语言，但他也承认英语也不过是一种语言，但十分有用。今天，针对建模工作的大多数批评者则更进一步，他们把自身经历过的现代经济学衰落和其眼中现代经济学失效的原因都归咎于数学和形式主义。当然，这些批评者也许是对的，但他们的文献不太可能对年轻一代产生任何影响。况且，实际的问题不是出在对"模型"一词而是对"理论"一词的不同理解上。

巧合的是，在我进行调查分析的同时，一位著名的博弈论专家来到了我们大学，并围绕他的最新研究召开了一场研讨会。在报告中，他经常提到模型和理论，但是经常互换二者的称谓。看起来，对这位著名的建模者而言，模型的不同仅仅在于模型包含着用不同的数学对象或数学元素表达的附加的行为因素。此外，建模工作似乎常常通过显性的形式元素来完成——而不是像我在1989年书中讨论的那样，采用某理论已有的非数学元素的显性表述来完成。我当时很难理解这位学者的陈述，因为我试图利用我1989年出版的书中内容来解释他的观点，并想当然地认为，这样一位著名的经济学者对建模方式的理解应该与我相同，可显然我的期望落空了。直到发现他获得博士学位的时间之后，我的这种困惑才得以消除，原来他毕业于1980年之后。当然，对于我的这个经验性猜测的明确证实还需要做更多更深入的调查，但无论如何，我的那些年轻的同事们就没有这种困惑。也就是说，因为今天的经济学家经常把"理论"和"模型"两个词汇互换使用，所以很容易解释为什么年轻一代难以理解纳尔逊和温特的引文以及"理论"与"模型"这两个概念的差异。显然，他们认为这种差异根本就不曾存在。

在解释这种代际鸿沟之前，我首先需要简单回顾一下相关的历史。数理经济学已经存在很长时间了，然而在20世纪50—60年代，建模者一般把模型构建视为利用数学方法清晰地表达已有理论的一个工具。保罗·萨缪尔森（Paul Samuelson）的《经济分析基础》（*Foundations of Economic Analysis*）着重论证了这种过程的有效性。他的大部分研究都致力于构建历史上各种理论的数学模型，意在表明数学的重要作用。但是在20世纪70年代，情况似乎发生了变化，年轻的经济学家把所有会使用数学方法的人都称为"理论学家"。此外，差异不再是模型和理论之间的不同，而是理论研究和实证研究之间的不同。这可能是计量经济学发展成为经济学研究生课程重要组成部分的一个结果。这一代的新教师经历了理论和模型差异共存的时代，但没有把这种差异看作是方法论的重要差异，并且他们已经成了我在本书讨论的年轻一代学生们的教师。

于是，为了解释出现在理论与模型之间的代际鸿沟，我猜测导致这一现象的真正原因是 20 世纪 70 年代后期的教师和教科书。如果真的是这样，那么这些教师和教科书到底做了什么与老一辈的教师和教科书相比迥然不同的事情呢？

回想起在讲授以文字为主体（我的一些同事认为是"哲学"）的研究生课程时，我隐约记得在课堂上使用的教科书与其他课程的教科书之间的共同之处，那就是所有讲述理论的教材在各个章节末尾都留有数学问题——但是这不包括我的那些芝加哥学派的同事所讲授的课程。后期的教科书缺少的是我们在学生时代练习过的口头习题，也就是说，我们往往需要先把文字问题转化成数学问题，然后再考虑怎样解答。不过，年轻的一代似乎从未接受过这类启蒙，而是直接就去解答数学问题。

如果我的猜测是正确的，那么我应该能够通过考察 1980 年前后的教科书，发现不同类型的研究问题。然而，知易行难，即使指定的教科书中包含两种不同类型的研究问题，人们也无法判断某位教师会选择何种类型的问题。尽管如此，在今天的研究生微观经济学理论课程中，实际上只有两三本主要的教科书。如果打开其中的任何一本，去查看每一章末尾的任何一个问题或练习，你会发现，除了数学问题之外什么都没有。例如，下面的这个典型习题，它出自马斯克莱尔（MasColell）、温斯顿（Winston）和格林（Green）的教科书（1995）中的第 38 页：

假设 $x(p,w)$ 是零次齐次的，请证明，弱公理成立的充要条件是：假设存在 $w>0$ 和任意的 p，若 $p \cdot x(p',w) \leqslant w$ 且 $x(p',w) \neq x(p,w)$，则 $p' \cdot x(p,w) > w$ 成立。

还有一个例子来自弗兰克·考威尔（Frank Cowell）的教科书（2006）中的第47页：

> 对于任意一个齐次生产函数，请证明其成本函数的表达式一定为：
>
> $C(w, q) = a(w)b(q)$

有趣的是，考威尔的教材中有一个介绍模型和模型构建的章节，尽管里面介绍了有关"理论模型"的参考文献（可能只是与"实证模型"相对比），但并没有介绍与之相关的理论。

今天的研究生教科书在更大程度上是代际鸿沟出现的结果，而不是代际鸿沟存在的诱因。如前所述，这一转变始于20世纪70年代，当时的研究视角转向了理论与实证的对立，而不是理论与模型的对立。但是，我认为这反过来又是本科生中级理论教科书中越来越重视数学使用的结果。如果我们回顾这些教科书在20世纪70年代的发展变化，就会发现越来越多的课后习题被归类为数学问题。而与之相对比，再来看看C. E. 弗格森（C. E. Ferguson）的中级教科书（1969），这是我在讲授中级微观理论时经常使用的课本，在他的教科书中，只有少数几个问题给出了数值表格并要求学生计算平均值或边际值。当然，他在各章节的末尾都留有一些问题，比如第72页的这个问题：

> 假设第一年，你的收入是2 000美元；第二年，你的收入是4 000美元。在第一年你以2 000美元购买的商品在第二年的价格是4 000美元。则（i）第二年，你会更富有；（ii）第二年，你不会更穷。请选择正确的答案。

再比如第216页的另一个问题：

> 在20世纪50年代末，开发新型载重汽车的三层"架"车型

大大降低了运输成本。这意味着将出现：（a）铁路服务需求的变化；（b）铁路服务供给的变化；（c）新型汽车的卡车运输服务供给的变化；（d）上述情况都包括。

有趣的是，唯一提到模型的地方是在简短介绍方法论的部分，而且理论分析出现在模型分析之前。

我介绍这个资料并不是想否定作者对数学思想的提倡。我的同事、已故的克利夫·劳埃德（Cliff Lloyd）也是提倡在经济学教科书中运用数学方法的众多推崇者之一。他于1967年出版的中级教科书中也体现了这一点，在这本教科书中虽然各个章节的最后部分都没有任何研究性问题，但是几乎在每一章的附录中都附加了数学分析的方法。"模型"一词只出现在绪论的第一段，而且没有给出任何解释。他的教科书似乎意在展示如何利用数学方法来讨论中级理论，而不是讲述模型的构建。对他来说，模型只是基本理论概念的数学表达。人们可以把这样的教科书看作是种子，而在1980年之后的观点中，播下的种子开花结果，之后就再也无法区分理论和模型了。然而，在其他积极倡导者的教科书中，例如罗伯特·克洛尔（Robert Clower）和约翰·杜（John Due）在1972年的教科书中，尽管只是采用了数学术语表述微观经济学理论，但各个章节末尾的课后作业和习题仍然是文字作业或习题，学生的任务是利用本章所学的数学分析知识将文字习题转化成数学习题。有趣的是，克洛尔和杜在书中第一章讨论了模型，而且与1980年之前观点相一致的是，他们认为构建模型需要两个步骤（第3页）。具体来讲，

> 第一步是对一个问题的初步陈述，也就是对一系列被认为与问题分析有关的现象进行临时性描述；
>
> 第二步是在解决了上述问题之后，将某些变量设定为未知

量，并暂时假定这些变量的值可以描述与问题有关的（实际的或假设的）经济系统的显著特征，并给这些未知量附加约束条件，约束条件通常是显函数或隐函数。

现在，再让我们来看看1980年之后的中级教科书，如哈尔·瓦里安(Hal Varian)的教科书（2006）中的第70页：

下列函数中，哪些是单调函数？（1）$u=2v-13$；（2）$u=-1/v^2$；（3）$u=1/v^2$；（4）$u=\ln v$；（5）$u=-e^{-v}$；（6）$u=v^2$；（7）$u=v^2$，其中$v>0$；（8）$u=v^2$，其中$v<0$。

诸如这样的练习题后面经常会带有一个非常详细的数学附录。再来考察瓦里安的另外一本高级教科书（1992）中第39页上的一个题目，也许人们就不会感到那么惊讶了：

假设$f(x_1, x_2)$是一个两要素的生产函数，其中w_1和w_2分别表示x_1和x_2的价格。请证明，要素份额$(w_2 x_2/w_1 x_1)$关于(x_1/x_2)的弹性是$1/\sigma-1$。

与考威尔的教科书一样，瓦里安讨论了模型和模型的构建，但是并没有提到二者与理论之间的任何关系。不过，瓦里安在书中第1页明确指出："这里的模型只是对实际状况的简化表述。"

由于我不确定所考察的教科书是否真的能够提供我想要的大量信息，于是我又回到年轻的同事那里，和他们探讨我对代际鸿沟现象出现的上述猜测。他们一致承认自己在接受研究生教育时，从来没有经历过第一步，即把一个文字作业转换成数学形式后再去回答或解决它。在通常情况下，他们直接接触到的就是数学形式的作业或练习，如同前面我提到的瓦里安教科书那样。

我把1980年作为分水岭的确有些武断，实际上现在讨论的理论和模型的概念出现得远比1980年还要早。我记得曾在1977年参加过皇后大学的一个"理论研讨会",我代表已故的朋友——前面曾提过的克利夫·劳埃德参加。很明显,在与会者当中,"理论"一词的使用仅仅意味着某一数学模型。我在研讨会上的确感觉到这种现象很奇怪,但我当时认为这只不过是一种表面现象,应该很快就会消失。

在序言之初,我提到了没有再版1989年著作的初衷。然而,具有讽刺意味的是,我总是告诉学生,在写论文或是做研讨会报告的时候,一定要十分了解自己的听众。回顾我最近所做的调查结果之后,我现在想知道什么人可能成为我1989年著作的读者。如果当时的我希望它将对年轻的一代有所启发,那么可以肯定的是,这个愿望没有实现。显然,我并没有践行我对学生的这种教导。

尽管如此,我仍然相信从理论与模型的角度来看,老方法是正确的和有道理的,而且更具有学术信息——也就是说老方法比最新的建模技术更加重视经济学的观点。不过,人们还是会继续使用自己掌握的技术。现在,我完成了这本书,而读者能否理解纳尔逊和温特的引文已经变得不重要了。但在整个写作过程中,我没有错过任何一个机会去探讨隐藏在各种模型背后的理论观点。毕竟,我们的理论概念如何随着模型的成功构建而发生变化,才是我们应该了解的最重要的内容。

致 谢

感谢我的同事和朋友们,因为他们在阅读本书各章节的早期版本时为我提供了大量的批判性反馈。特别要感谢从 Brian Krauth, Ken Kasa, Aris Spanos, Luba Petersen, Chris Muris, Erik Kimbrough, David Colander, Shih En Lu, Jack Knetsch, Irene Botosaru 那里得到的帮助。还要感谢早些时候回答我问题的同事,尤其是 Ken Arrow, Marcel Boumans, David Hendry, Kevin Hoover, John Duffy, Pedro Garcia Duarte, Dick Lipsey, David Laidler, Songzi Du, David Andolfatto, David Jacks, David Hammes, David Levy, Fernando Martin, Geoff Hodgson, June Flanders, Andrew Jewett。

前言：数学建模的昨日与今朝

计量经济学家的工作是使用数学术语表达经济理论，目的是运用统计方法验证经济理论；衡量一个经济变量对另一个经济变量的影响，目的是预测未来事件或是当某个预测结果符合实际预期情况时，给出采纳何种经济政策进行应对的建议。

使用数学术语表达经济理论需要详细的描述，这个过程被称为数学建模。模型是表达某一经济理论各种数学关系（通常是方程）的一个集合。成功的建模者需要具备艺术家的直觉并具有摒弃无用内容的判断力，才能保证利用原始资料（收集的数据）获得的这个集合具备可控性、简洁性和实用性。

斯特凡·瓦拉瓦尼斯（Stefan Valavanis，1959，p.1）

经济学研究生入学后很快就会发现，他们学习之初的大部分时间都将用于建模活动。詹姆斯·赫克曼（James Heckman）曾经说过："如果古代希伯来人是'圣书之民'，那么经济学家就是'模型之民'。"（Heckman，2000，p. 46）但学生们也会发现，针对如何构建最优的模型，却几乎没有明确的讨论。相反，学校似乎更希望他们通过案例进行归纳性的学习总结。在过去的五六十年里，在培养现代经济学家的过程中，情况始终如此。然而，对于哪些内容可以构建模型以及模型能够或是应该完成哪些内容这两方面的思考已经发生了颠覆性的变化。刚开始，经济学一般原理通过物理模型来表达，而后期，则利用数学模型[①]来表示。在20世纪30年代，简·丁伯根（Jan Tinbergen）[②] 率先提出了许多代表性模型。但在过去的二三十年间，模型的代表性概念似乎已经消失了。今天的模型本身就是研究的对象，不借助数学模型讨论的基本原理无法得到公众的认可。换句话说，今天的模型被单纯地看成是一种用于衡量经济的简单工具，而且人们还希望通过模型的试错法来了解经济。[③] 可惜的是，由于只把模型视为简单的工具，从而切断了隐藏在模型背后的思想来源，进而也导致学生失去了拥有这些思想的机会。

昨日的代表性模型

直到20世纪80年代初（某些情况出现在70年代末），几乎所有的研究生教学都把模型看作是一般理论的具体表达，如，约翰·梅纳德·凯恩斯（John Maynard Keynes）《就业、利息和货币通论》（*The General Theory of Employment, Interest and Money*，以下简称《通

[①] 请参见 Stefan Valavanis (1959)。
[②] 请参见 Marcel Boumans (2005)。
[③] 请参见 Mary Morgan and Margaret Morrison (1999)。

论》）中的 IS-LM 模型或是保罗·萨缪尔森的李嘉图（Ricardo）经济学模型。也就是说，模型始终是某一理论的模型。对模型的这种理解要求建模者必须分别作出三个独立的决定：（1）选择建模的基本运行原理或理论；（2）选择原理或理论中表达要素的方式（通常意味着选择何种数学工具）；（3）若模型用于观测数据，则要选择如何描述或"校准"模型的元素。

基本原理或理论的选择

在 20 世纪 80 年代之前，不同层次的学生常常会被要求完成文字练习或书面作业，以此培养他们把文字问题转化为数学问题的能力。换句话说，他们首先要做的是构建模型，如果模型有解，那么就算是回答或完成了指定的文字作业。因此，这样的模型表示的是文字问题，而这种处理模型的方法在其他领域中也很常见。经济学专业学生学习到的这种处理模型的特殊方法也正是大多数工程师所使用的建模方法。比如，在设计一架飞机或一辆汽车时，如果工程师选择在风洞中使用一个按比例缩小的模型进行测试，那么他们必须要确定哪些属性是重要的，哪些属性是不重要的（通常后者不依赖于模型的缩放比例）。风洞试验一般只关注受检验的模型形状的准确性问题。今天的设计工程师则更习惯使用计算机模型，并基于物理原理进行编程测试。但无论采取哪种方法，用于测试的模型都需要进行简化处理（例如，风洞试验中使用的是黏土而不是金属）。通过细致的检验，人们可以了解某些创新思想能否奏效，进而得到所需要的空气动力学结果。当然，对于那些被忽略的属性，我们无法从中得出任何结论。

虽然经济学领域的研究对象是抽象性的，而不是机械性的，但模型仍然会涉及选择和简化。至少首先需要决定在理论的解释原理中哪些变量需要量化，然后再决定哪些变量是内生变量（即需要给出解释的变量）、哪些变量是外生变量（即无须被解释但仍十分重要，也许可作为约束条件的变量)。

为了说明以往的建模工作，我尽可能从简单的解释开始，下面介绍来自初级教科书中的一个关于供给的例子：某家工厂生产标准规格垃圾桶的产量问题。假定我们对一个极简解释原理感兴趣，即工厂的产量直接取决于它雇佣的劳动力数量。为了构建一个模型，首先用 x 表示垃圾桶的日产量，x 的值代表单日生产的垃圾桶数量；其次，在生产过程中，同质的劳动力（所有工人的生产技能都相同）是解释变量，用 L 代表所有工人的日劳动小时数。而最简解释原理则可以指出这两个变量之间是正相关关系。当然还存在着诸如工厂规模、设备数量等其他限制性要素。对于极简解释原理而言，这些限制性要素不影响产量，因而无须解释但仍可强调其对生产的影响，并将在后期加以考虑。工厂规模用 Z 表示，单位是平方米，设备数量用 K 表示。目前，最简解释原理还是一个比较弱的解释，因为它只规定所表达的关系是正相关的。不过，与极简解释原理不同的是，最简解释原理隐含的意思是：即使劳动时间不发生任何变化，但如果工厂规模或设备数量发生改变，那么产量 X 仍然会发生变化。

在假定工厂规模和设备数量固定不变的前提下，如果雇佣的劳动力数量不变，那么工厂的日产量也不变——工厂日供给的这个行为理论尽管简单但仍很重要。如果偏爱复杂行为理论的人想作进一步的说明，可以给这种行为理论构建一个模型或是引入更多的变量。例如，普通的劳动力之间在技能上显然并非完全相同；生产垃圾桶的设备也不止一种；工厂规模虽然很重要，但相同规模前提下的不同配置也很重要。然而，增加这些因素则意味着将要引入更多的变量，从而会改变我们最初的极简解释，也就是说，据此构建的模型将不再是最初的简单解释情况下的代表性模型。不过，下面的讨论还是会回归到刚刚提到的极简解释原理。

代表性工具的选择

如果继续保持情况的简单性（比如说同质劳动力和同种设备），那么构建代表性模型的第一步常常就是列出基本的函数关系，如：
$$X=f(L,K,Z)$$
其中：
$$\Delta X/\Delta L>0（简单地表示一种正相关关系）$$
这当然比本例开始时给出的文字表达更能说明问题，接着还需要假设函数 $f(\cdot)$ 的相关性质。比如可以假设它是一个简单的线性函数：
$$X=\alpha L+\beta K+\gamma Z(\alpha>0)$$
最重要的是，只要保证这里所有的变量取值都为正，它就可以代表前面极简解释原理中的文字含义。

人们可能更希望通过模型来表示较为有趣的理论，由于模型常常包含变量之间的不同关系（同步或者滞后），因此代表性模型中往往会包含更多可能的函数关系。例如，K 既可以被看作是一个内生变量而不是外生变量，也可以被看作是一个解释变量而不是常量。如果进行更加深入的分析，则可以考虑加入生产技术因素，因为生产技术能够促进设备改造或是技术革新。

模型函数元素的描述和校准

当利用数学函数表示经济关系时，比如说前面讨论的关于工厂产量的问题，需要注意的是，可观测的变量（如 X, L, K, Z）以及无法观测的变量都可以用数值表示，因为它们都是所使用方程的数值解。也就是说，由于在极简前提下假定了一个线性函数关系，所以系数 α, β 和 γ 一定存在。但如果假定的关系是二次函数，那么我们就要求出更多的系数，尽管可观测变量的数目仍然相同。① 一般用系数代表模型中的假定参数，于是可能的情况就是：系数或者是自然给定，或者像供给函数那样技术性给定。如果在未来的某个时刻发生了巨大的技术革新，那么其中的一些参数还可能会变大或者变小。

我们有时候对这类参数值有着独立的认知，比如也许我们会知道，若给定 K 值和 Z 值，则每名工人每天能生产 20 个垃圾桶。而在某些时候，虽然我们无法知道参数的准确值，却可以推测它们的值。在此例中，根据建模目的，人们可以先在几天之内对 X 和 L 进行多次观测，然后再进行推测，看看推测值能否拟合观测数据。这样就实施了所谓的校准［参见 Finn Kydland and Edward Prescott（1991，1996）］，就像在一些工程项目中，需要校准测量仪器一样。除了复杂的工程之外，一般的工程项目也需要校准，比如，要确保系统磁罗盘总是指向真正的北极，而不是磁北极；温度计的校准则是读取它插入冰水时显示的数值作为 0℃ 和插入沸水时显示的数值作为 100℃。

今天的理论模型与实证模型

在下文中，"模型"一词专指根据实际经济活动中的数据而构建的实证模型。此类模型有别于所谓的专门用于传递信息的理论模型。从简化角度来看，与经济问题有关的理论始于一系列连续性假设，并且能够从假设中获得相应的逻辑结果。在某些情况下，该理论的最佳形式是非常复杂的数学表达式，"最佳"一词在这里意味着最严格和最简洁，尽管它不一定是最容易理解的。为了更方便地使用和说明理论的简化版本，可以构建一个近似的模型，它有时也被称为理论模型。然而，我更愿意把这样构建的模型

---

① 更多内容，请参见 Boland（1989，chapter 6）。

称为"理论"。我的意思是，一个理论，在能够被其他可替代的理论运用于实际数据验证之前，只具备知识的趣味性。

克莱夫·格兰杰（Clive Granger，1991，p. 6）

前面我已经介绍了人们在 1980 年之前是如何看待模型的，当时的学生被要求将文字问题转化成数学问题。今天，根据最广泛使用的理论教材可以判断出，学生们很少被要求做这样的转化练习（也许，那些受训于 20 世纪 60—70 年代芝加哥传统学派守旧的老师仍会布置这样的作业）。于是，有些读者可能会感到奇怪，当你翻看主流期刊上的文章时，一般不会出现采用非数学方式解释原理的讨论。

今天的学生被要求学习如何区分"理论模型"和"实证模型"。只要根据前面讨论的内容，学生们基本上都可以按部就班地构建理论模型（第 1 部分将有讨论），但构建这些模型的步骤通常都没有确切的说明，而只是给出了最后的建模结果。如今，很少有人讨论这类模型是如何构建起来的。也就是说，一个理论模型是某个借由文字陈述的隐性代表，因为理论的文字表达并不存在什么争议，所以对理论也就没有必要做单独的讨论。

实证模型（第 2 部分将有讨论）包括简单的线性方程、对数线性方程（利用已有数据进行系数估计）和较为复杂的多元方程模型。简单实证模型的发展史已经超过了 70 年，而较为复杂的模型出现于 20 世纪 70—80 年代，它们主要集中在较易获得的、现成的劳动力或财务数据方面。今天，获得数据的渠道以及数据的类型有很多种。一般来说，代表性实证模型用来代表某种行为理论，或者仅仅是作为一些实证数据的表达，不过它们很少同时描述行为理论和实证数据，尽管这样做也不是不可能的。

现在的代表性实证模型和理论模型的出发点仍然相同，都从明确相关变量（如果只是隐性的）开始。理论模型常常自己区分内生变量和外生变量；而某些实证模型则通过对数据的合理检验来辨别外生变量。但在明确相关变量的标准方面，它们却各有不同。

代表性理论模型一般受到一个或多个解释原理或行为理论的控制或限制，比如按照资产来源及对变量的外生性和内生性影响进行判断。而代表性实证模型的构建者却不必受此限制，其建模过程通常是首先考察大量的数据，然后再决定哪些数据能够成为相关变量。这个决定可由一个先验原则或理论进行指导，当然指导也不是必需的。克莱夫·格兰杰指出（Clive Granger, 1999, pp. 16 – 17）：

> 目前的极端主张有两种：一种是有些人认为理论包含的只是纯粹真理，因此理论必须是模型的基础，他们甚至宣称所有的"残差"都必须具有理论解释，而随机性、不确定性或外生性对系统的冲击是非常小的；另一种是有些人认为在发掘理论模型的应用时，一些濒临绝境的计量经济学家们又构建了一个基于数据检验的、"与理论无关"的模型，并遵循模型中显而易见的规律和关系行事。不过，大多数应用经济学家则保持了一个中间的立场，即运用理论提供一个初始的详细描述，然后使用数据挖掘技术扩展或改进初始模型，从而生成更好的数据表现形式。

克莱夫·格兰杰继续指出（Clive Granger, 1999, p. 18），

> 如果不考虑理论基础而只考虑复杂的建模情况，就会出现解释变量和数据的多个可能性，特别是在现有的计算速度又快又便宜的情况下，将会出现"数据挖掘"或"数据探测"之类的问题。显然，估计过程需要使用与模型各项选择无关的数据集，而估计过程中的数据要么是横截面或面板分析中的"样本外"数据，要么是时间序列中的"抽样后"数据。只用一项统计数据说明某个模型比其他模型更好的阐述并不充分，它还需要一个正确的假设检验……

在代表性实证模型中，牢记模型的目的非常重要。一些实证模型旨在帮助形成政策规范；另一些则是用来检验竞争性行为理论或原理。有些人认为构建实证模型的目的是从数据中获得了归纳性学习，但严格来讲，这种观念是建立在错误的学习理论基础之上的。[①] 在每次使用模型的时候，人们都很容易发现，模型只不过是被当作研究工具或政策工具而已。

作为工具的模型

> 理论或原理……不得不形成一个一致的系统，而工具的建立往往是基于互不相容的理论需求与实证需求之间的一种折中选择。理论应该为真，或者至少不应为假，但模型只需逻辑自洽即可。
>
> 马赛尔·布曼斯（Marcel Boumans，2005，p. 20）

虽然很难否认经济模型可以作为工具来使用，但模型的意义深刻与否却又是另外一回事。然而，"模型一般被当作工具使用"的这种看法似乎的确早已远离旧有的（20 世纪 80 年代之前）理论模型观念。也就是说，如今的模型不再仅仅被认为是某些理论的简单表达，而是从模型设计之初就已经被当作研究工具来看待。有鉴于此，模型本身就会引起人们的兴趣，而建模理论本身在工具模型的设计过程中却可能沦为次要的角色。

---

① 更多内容，请参见 Boland（2003，chapter 1）。

构建作为工具的模型

人们不会单纯为了生产设备或工具而去生产设备或工具，肯定还怀有某种特殊的意图或目的才会这么做。显然，理论模型工具和实证模型工具的构建目的差别很大，实际上，人们的意图或目的决定着模型的类型。

作为工具的理论模型

从20世纪70年代中期开始（序言中曾指出），"理论模型"就成了"数学的同义词"。当然，实证模型使用数学知识的情况也比较常见——这样，今天我们所说的"理论模型"仅仅表明一个模型的预期目的不必包含先前观测到的数据——但在某些情况下，它也可能意味着与观测数据没有任何必然的关系。构建理论模型可能有多种意图或目的，尤其是二战以后，有人猜测，构建理论模型纯粹是出于数学的目的。也就是说，出于易于说明的目的，通过数学化原有的文字理论，理论学家能够更容易证明自己提出的各种政策的理论主张，或者只是为了让人们更容易理解。从历史角度看，也许自里昂·瓦尔拉斯（Léon Walras）时代开始，20世纪30年代后期在其一般均衡分析理论的推广下，人们一直在努力证明亚当·斯密（Adam Smith）学说是正确的。大部分这方面的努力都致力于在一般均衡模型的构建中证明价格均衡解在理论上的存在性［参见 Hahn（1973）］，也就是所谓的"存在性证明"，证明的基础是瓦尔拉斯一般均衡分析的公理化。在这种情况下，建模的目的是创建一套逻辑工具来完成预期的证明。

今天，构建理论模型的一个明显的目的是尝试新的数学技术。[①] 在大多数情况下，这样做仅仅是为了使用另外一种不同的技术方法去

[①] 请参见赫伯特·格鲁贝尔（Herbert Grubel）与我一起撰写的文章（1986）中的调查结果，其中介绍了当时的人们对这种数学应用的批判性观点。

构建一个可以替代现有理论模型的模型（为了证明相同的理论而使用新方法也许形式更美、约束更少或是更加严谨等）。近些年来最新的数学技术中纳入了博弈论。而在五六十年前，广泛倡导的新技术是一般性的集合理论。批评者坚持认为如此这般的技术变化只不过是一个流行话题的转移，但在数学技术领域，追求这种稍纵即逝的时尚却完全没有必要。

在比较实际的情况中，构建理论模型的目的是帮助政府制定一个有助于达成预期目标的政策。比如，政府应该如何降低失业率和抑制通货膨胀？某些政策建议可能会引发什么危害？一些特别的政策建议会受到什么相关性限制？它们的局限性是什么？在亚当·斯密时代之前，以及在理论模型的构建成为理论研究重点之前的很长一段时间里，这些一直都是经济学领域的核心问题。

近年来，有相当多的文献开始着手研究模型作为经济测量工具的历史。这些模型工具涵盖的理论范围很广，从简单的消费者指数或国民收入账户的一般测量问题，到特定产品需求弹性这样比较复杂的测量问题。[①] 所有情况下的建模都是为了寻找一个自治的（非校准的）模型工具，也就是说，在运用到实证数据之前，模型工具是有效的。很少有研究生课程在开发测量有效性方面花费时间，因此，这种模型常常被人们不假思索地直接使用。

现在，理论模型最广泛的一个应用是模拟经济环境，以期获得最佳的财政政策或货币政策。由此出现了代表总需求函数和总供给函数的概念，也包括劳动力市场、投资需求及流动性偏好需求等概念。借助这样的模型和对重要模型参数的识别，人们可以对这些参数进行校准处理，从而得到政府控制各种外生政策变量（如利率、税率等）变化时的不同效果。

---

① 如玛丽·摩根（Mary Morgan，2001）以及《政治经济学史》杂志第33卷年度增刊。

为了实现描述或校准的目的而对数据进行的单独思考，却比模型的构建出现得晚。在试图模拟经济状况以评估政策之前，需要明确最优的政府政策究竟是什么。显然，基于实证数据的校准是建立模拟模型的最后一步，这样的模型可应用于芬恩·基德兰德和爱德华·普雷斯科特（Finn Kydland and Edward Prescott, 1996）称之为"计算实验"的过程中。但还有一个需要回答的问题是：人们应该在一个理论模型出现之前还是在其出现之后才考虑对实证数据的处理呢？一方面，有些人认为，必须在形成一个理论解释之前先考察数据；另一方面，也有些理论学家不同意这种说法，认为即使先考察数据，人们也会或含蓄或明显地默认某些已有的理论模型。本节不会探讨这一争议，但在第 12 章中将把其作为一个案例，以分析如何在宏观经济学的研究中选择数学建模方法。

作为工具的实证模型

认为应该在理论形成之前考察实证数据的观念始于 17 世纪，即伽利略（Galileo）和弗朗西斯·培根（Francis Bacon）生活的时代。那时候人们秉持的基本理念是：审核数据、确定模式，然后给出为何选择该模式的解释。有些人认为这仅仅是一个模式选择的问题。然而，批评者却指出，这些人过于看重模式的选择，也就是只择其所好。或者，换种说法就是矫枉过正，如同格兰杰所说的那样，人们从事"数据挖掘"的工作，也许只是为了证明自己以前的偏好是正确的。

当然，如果建模的目的主要是支持政府或企业的经济决策，或者如果为了作出投资决策或政策决策，需要对现实世界进行解释并且对经济趋势进行预测时，实证数据就显得尤为重要。从这个意义上讲，大型模型能够代表或表达大量的数据，大型模型的设计始于 20 世纪 30 年代中期。早期最著名的大型模型是由华西里·列昂惕夫（Wassily Leontief）首创的投入产出模型，它可以对 41 个行业的贸易数据（从 1919 年开始）进行汇总和分类。有趣的是，美国国家经济研究局（NBER）[①] 于同期也开展了对国民收入账户统计数据的收集工作。活动的主要倡导者是华西里·列昂惕夫，他对当时的经济学理论并不满意，认为人们更应该率先关注国民收入及其分配问题的相关数据。在 20 世纪 50 年代和 60 年代，计量经济学家开始提倡利用"超大模型"来描述和表示更多的可用数据。我使用"超大"一词的意思是模型中包含着大量的方程，人们通过已有数据对方程进行了计量经济学评估。20 世纪 50 年代的克莱因-戈德伯格模型（Klein-Goldberger model）包括 25 个方程；20 世纪 60 年代的布鲁金斯（Brookings）模型包括 400 个方程。后来，陆续有一些中央银行开始提出类似的国家模型。现如今，许多国家都已经有了自己的商业模型。有些商业计量经济模型，如著名的数据研究公司/麦格劳-希尔公司（DRI/McGraw-Hill）模型中的方程数目已经过千。诸如此类的模型常常被用于战略规划中对金融指标和经济指标的预测。目前，《财富》500 强企业重点把这样的商业模型作为短期预测工具，政府和规制行业主要使用这样的模型进行政策分析。与 20 世纪 60 年代和 70 年代不同的是，时至今日，鲜有研究生课程专门讨论这种大型的计量经济模型。

起初，构建这些大型模型的主要目的是将其作为短期预测工具，并对未来政策的可能效果作出评估。模型规模增长的主要原因是数据的增加——从总的年度数据到季度数据，以及越来越多的部门和子部门自身的数据。这些模型经常声称是受数据驱动的，仿佛理论的思考可有可无。当然，尽管理论的确很重要，但是它终究要受限于所要拟合的数据。

一些实证模型明显与理论模型相关联。构建这样的实证模型一般

[①] NBER（The National Bureau of Economic Research）.

用于检验特定的理论。在某些情况下，做实验是为了得到一些检验理论或验证理论假说的数据。无论是哪种情况，实证数据都被用来检验理论或回答某些问题，比如：理论是否真正解释了观测数据？理论是否真正代表了已有数据？下面针对这些问题加以讨论。

用模型进行检验：目的与局限

有趣的是，理论或模型能否被检验的方法论问题已经提出了很多年。最初，人们认为提出这样问题的必要性在于 20 世纪 30 年代后期，经济学领域数学化的实践趋势日益增长。批评人士声称，基于数学的模型只能产生重复的理论，但萨缪尔森（Samuelson，1947/65）却轻松地证明了这种说法是错误的。今天，如果再提出可检验性的问题，则仅仅意味着某理论或模型是否具有信息量。[①] 现在已经很少有建模人员提出这个问题，稍后我会对此进行分析。

为了理解怎样把模型看作是检验理论的一种方法，我们必须回顾 20 世纪 80 年代有关理论与模型之间关系的观点。实际上，一个理论模型应该包含该理论的基本假设，也就是对理论中每个基本假设的具体描述。前面的一个例子说明了建模者必须决定如何代表理论要素。针对这个例子中工厂的投入产出关系（若工厂设备和工厂规模不变，则产出取决于劳动力的投入），我提出的问题是，建模者是选择线性函数还是选择二次函数来表示这个关系呢？而我要表达的一个主要观点是，把投入产出关系看作是一个线性（或二次及其他）函数进行实证表达的这个决定本身就是一个额外假设。显然，任何一种假定关系中对参数校准的方法都可能包括额外假设。

在上述观点的基础上，接下来讨论在把模型当作检验理论的工具

[①] 我曾作过解释（1989，第 6 章），如果可信观测被否定的次数越多（假设可证明理论或模型是正确的），那么理论或模型的信息量就越高。

时，可能会出现的各种问题。首先，存在一个被哲学家称为杜赫姆-奎恩问题（Duhem-Quine problem）的逻辑问题。它指出，如果能够找到确凿的证据作为检验模型的反例，那么也就无须再反驳模型中已经被假定的较为简单的基本理论内容。而在生产函数这个形式简单的例子中，则只需指出线性关系这个额外假设是错误的，而无须再提供反驳基本的（正相关的）投入产出关系的证据。也就是说，建模者只需把假设改成一个二次函数或是其他的类型（将在第8章和第9章中详细讨论杜赫姆-奎恩问题）。杜赫姆-奎恩问题表明，最起码但也是最重要的一点是，人们不能轻易地或简单地将模型作为一种令人信服的、检验理论的工具。然而，这种情况的出现是否源自严格的真/假判断标准还有待探讨。可如果反而采用不那么严格的证实/证伪判断标准，那么令人信服的检验依然可行，只不过尚需谨慎使用（正如我在第9章中将要解释的那样）。

接下来还有一个困扰了实证检验领域数十年的问题——令人费解的"未证实"和"证伪"之间的问题。简单地说，一个标准并不适合所有的检验。也就是说，如果缺少真/假值验证，那么用于说明某假设未证实的任何一个统计学标准都不能作为该陈述被证伪的标准，证实失败只能说明陈述无法被证实。当然，这并不适用于非统计学标准中的绝对真/假判断，即"非假即真、非真即假"。使用统计学标准还要求保证数据和模型的统计充分性（将在第10章中讨论）。在这一节，只需明确指出使用模型作为检验理论的工具肯定会面临必须解决的逻辑障碍就足够了。本书将在第3部分对使用模型时遇到的逻辑问题做深入的讨论。

工具主义：目的与局限

虽然没有明文规定，但实际上把模型视为工具就等于是说，根本不应该考虑这类模型是绝对的真或假，而只能考虑它们在完成预期任务时的效果是更好还是更差。把理论或模型当作工具而不是对可观测现象作出实际解释的观点至少可以追溯到18世纪初期。尤其是著名的伯克利大主教（Bishop Berkeley）主张将牛顿的物理学说仅仅看成是一种用来预测行星运动的工具而不是所谓的真正理论，因为后者的解释与教会在此类问题上的权威性解释相冲突。哲学家可能会花费大量的时间讨论这些问题，但这里不会这样做。无论是对是错，相比于判断模型绝对真假的问题，经济学领域中的建模者更关心他们构建的模型是否比迄今为止已经出现的模型有所改进。除此之外，还需注意，能够解决一项任务的模型工具可能对另一项任务不起作用，今天有效的模型可能到了明天便会失效，因此，一旦我们考虑其他的建模方法时，这种现象就会出现。有关这个问题更多的哲学思考将在第11章中进行探讨。

本书概要

我想着重强调的一点是，本书不打算成为如何构建模型或是如何运用特定数学方法（如博弈论）的一本教科书。相反地，打个比方，本书关注的焦点是森林而不是树木。能够领悟到这一点，应该对所有的读者都有帮助。[①] 同时，读者无疑还会注意到，本书中的大多数章节及章节内各个部分的开始都引用了一些学者的论述。这样做相当于我邀请读者观看了一场场虚拟的研讨会，这些引文就是与会者的观点，他们常常针对当前讨论的主题持有不同的立场。

---

① 对于那些不熟悉最新经济学技术术语的读者，有时候我将提供一两个脚注来解释一些术语或重要概念（正如我已经做过的那样）。

借由森林与树木的视角，针对理论模型如何构建、如何应用以及如何相互影响，第 1 部分的第 1 章考察了传统微观与传统宏观的区别；在本部分接下来的三章里，分别考察了广义均衡概念、宏观经济模型中的均衡概念，以及博弈论中的均衡概念。第 2 部分根据经济学史中将微观经济学与宏观经济学分开的情况，在第 5 章探讨了实证模型的构建；考虑到最近，大多数实证模型的构建似乎都与宏观经济学有关，在本部分接下来的两章中主要讨论了构建宏观经济实证模型的目的，以及由此产生的必须解决的问题。第 3 部分将阐述前面提及的模型检验问题以及利用模型来检验理论的问题。第 4 部分讨论了近年来文献中出现的一些方法论和社会学问题。最后的结束语是希望提醒人们，在建模过程中过于关注技术问题和决策问题，反而会忽视建模可能要付出的代价，也就是说构建的模型只能够服务于一种思考方式，即使建模者本身可能不愿意看到这样的效果。

目 录

第 1 部分　理论模型

第 1 章　微观经济学理论模型的构建与宏观经济学理论模型的构建 ⋯ 3
1.1　微观经济学理论模型的本质：必要的因素 ⋯⋯⋯⋯⋯⋯ 6
1.2　宏观经济学理论模型的本质 ⋯⋯⋯⋯⋯⋯⋯⋯⋯⋯⋯ 11
1.3　区分微观与宏观的静态基础与动态基础 ⋯⋯⋯⋯⋯⋯ 24
1.4　构建宏观理论模型与微观理论模型的目的 ⋯⋯⋯⋯⋯ 31

第 2 章　一般均衡模型局限性的探讨 ⋯⋯⋯⋯⋯⋯⋯⋯⋯⋯⋯ 33
2.1　经济模型里的时间，还是时间里的经济模型？ ⋯⋯⋯ 35
2.2　均衡与平衡 ⋯⋯⋯⋯⋯⋯⋯⋯⋯⋯⋯⋯⋯⋯⋯⋯⋯ 36
2.3　一致且完全的解释 ⋯⋯⋯⋯⋯⋯⋯⋯⋯⋯⋯⋯⋯⋯ 38
2.4　存在性与唯一性 ⋯⋯⋯⋯⋯⋯⋯⋯⋯⋯⋯⋯⋯⋯⋯ 40
2.5　均衡稳定性分析 ⋯⋯⋯⋯⋯⋯⋯⋯⋯⋯⋯⋯⋯⋯⋯ 42

2.6 均衡模型中的货币与时间 …………………………………… 43
2.7 均衡模型中的预期和知识 …………………………………… 45
2.8 宏观经济学中的均衡模型与对微观基础的所谓需求 ………… 49
2.9 不太苛刻的均衡概念：自我确认和随机性 ………………… 51
2.10 使用一般均衡模型的局限性 ……………………………… 53

第3章 运用博弈论构建理论模型 …………………………… 58
3.1 博弈论经济模型：简要的基础性回顾 ……………………… 60
3.2 博弈论经济模型的运用 ……………………………………… 62
3.3 博弈论经济模型的必要组成 ………………………………… 64
3.4 处理有问题的均衡解 ………………………………………… 66
3.5 博弈论模型代表什么？ ……………………………………… 68

第4章 博弈论模型的目的与局限 …………………………… 71
4.1 博弈参与者知识的处理 ……………………………………… 73
4.2 博弈论模型是否如同批评者指出的那样具有局限性呢？ …… 86

第2部分 实证模型

第5章 微观经济学实证模型与宏观经济学实证模型的构建 …… 93
5.1 微观经济学实证模型的构建 ………………………………… 95
5.2 宏观经济学实证模型的构建 ………………………………… 97

第6章 宏观计量经济模型的构建 …………………………… 102
6.1 宏观计量经济模型构建之路上的两个分支 ………………… 103
6.2 作为微观基础的一般均衡模型 ……………………………… 106
6.3 动态随机一般均衡（DSGE）模型 ………………………… 108
6.4 对使用DSGE方法构建实证模型的局限和批评 …………… 114
6.5 使用CVAR方法替代DSGE方法构建实证模型 …………… 115

| 6.6 | 放弃DSGE模型 | 119 |

第7章 建模过程与预测过程 123
7.1	模型构建中的一般因素	126
7.2	使用模型进行预测	134
7.3	作为经济预测基础的模型	136
7.4	动态预测模型的结构要求	138
7.5	计量经济学预测的艰辛史	140
7.6	可以克服方法论上的障碍吗？	145

第3部分　检验和模型

第8章 实验经济学与行为经济学的作用与局限 151
8.1	构建实验经济模型	152
8.2	构建实验模型时面临的逻辑问题	156
8.3	避免杜赫姆-奎恩逻辑问题	158
8.4	使用实验模型	159
8.5	基于实验室的宏观经济实验模型	163
8.6	模型与行为经济学	166
8.7	模型与演化经济学	171

第9章 使用实证数据对模型进行可信检验的逻辑充分性 176
9.1	检验过程与现代经济学的可检验性	179
9.2	为检验经济假设而构建模型的基本逻辑	181
9.3	克服直接反驳模型的模糊性	186
9.4	随机主义和计量经济模型	194
9.5	基于随机模型的检验中的非对称性	197

第 10 章	利用实证数据对模型进行可信检验的统计充分性 ········· 209
	10.1 具备"稳健"统计估计的检验目的 ················· 211
	10.2 非实验数据的统计充分性 ························· 214
	10.3 数据挖掘和事前检验偏差 ························· 221
	10.4 要点总结 ······································· 224

第 4 部分 方法论的考虑

第 11 章	科学哲学视角下的模型构建 ····························· 229
	11.1 经济学哲学家认可的模型类型 ···················· 231
	11.2 科学哲学只与经济模型的构建者有关 ············· 233
	11.3 "黑箱"与"透明箱" ···························· 239

第 12 章	选择构建模型的方法 ···································· 242
	12.1 选择建模方法的社会学意义 ······················ 243
	12.2 选择建模方法的历史意义 ························ 246
	12.3 选择建模方法的方法论意义 ······················ 249
	12.4 对经济学中诚实建模者最后的提醒 ··············· 250

结束语	反对将思考方式凌驾于现实性之上 ······················ 252
	1. 谨记 20 世纪 60 年代、70 年代和 80 年代 ············ 253
	2. 一切都与假设有关 ·································· 254
	3. 基本的逻辑性和现实性 ····························· 255
	4. 弗里德曼和工具主义 ······························· 257
	5. 数学建模：左手不知道右手所做的事情 ············· 259
	6. 制度化的数学素养 ································· 260

7. 企业的教科书理论与市场经济的思考方式 …………… 262
　　8. 总结性的评论 ………………………………………………… 264

参考文献 ……………………………………………………………… 265
人名索引 ……………………………………………………………… 294
关键词索引 …………………………………………………………… 298

第1部分 理论模型

第1章 微观经济学理论模型的构建与宏观经济学理论模型的构建

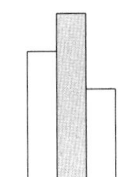

当人们带着真正的动态分析目的开始研究经济周期时……先要明晰两种类型的分析：微观动态分析和宏观动态分析。微观动态分析是一种分析方法，人们试图通过它来详细阐述宏观经济体制中的某一特定部分，并想当然地认为某种参数是给定的。

另一方面，宏观动态分析则试图从全局角度考虑整个经济系统的波动。在这种情况下，我们显然无法进行具体的分析。当然，若只限于纯粹形式的理论，一般还是可以进行详细的宏观动态分析。

拉格纳·弗里希（Ragnar Frisch，1933a，p.2）

理论经济学的作用之一是提供绝对清晰的人造经济系统，它相当于一个实验室，在这个"实验室"中，原本在实际经济环境中需要花费巨额成本进行测试的政策能够以较低的成本进行检验。为了更好地发挥这一作用，在讨论和分析的过程中，尽可能明确地区分人造"模型"经济与实际经济是非常重要的……

任何一种模型只要能够清楚地回答我们的问题，就必定是一种人造的、抽象的、明显的"非现实"模型。

罗伯特·卢卡斯（Robert Lucas，1980，p.696）

值得注意的是，在1936年凯恩斯的《通论》出版之前，经济学教科书并没有对微观经济学和宏观经济学进行区分。如果说存在一些差异，也应该只出现在"价值理论"和"货币理论"的章节，或是存在于"局部均衡"和"一般均衡"的模型之间。然而，一般均衡模型在当时并没有得到广泛的关注——即使到 20 世纪 40 年代末，对这种模型的研究也还仅仅局限在少数对数学建模感兴趣的经济学家之间。一般均衡分析模型，比如里昂·瓦尔拉斯一般均衡分析模型，并没有在当时的英文文献中得到推广，尽管它是约翰·希克斯（John Hicks）在 20 世纪 30 年代末出版《价值和资本》（*Value and Capital*）这本书的意图。当然，亚当·斯密的《国民财富的性质和原因的研究》（以下简称《国富论》）容易被归为宏观经济学，因为它讨论了很多关于整个国家的增长问题，尽管分析的内容常常是个人采取最自利行为时带来的影响，也就是说，斯密的这本著作可以被看作是一个微观和宏观的混合体。那么，为什么在现代经济学中，即使不是在所有的现代研究领域、也会在所有的本科经济学课程中，微观经济学与宏观经济学存在着如此明显的差异呢？在展开对构建理论模型的深入讨论之前，我想根据微观和宏观经济学基础对一些模型基本要素的批判性观点加以介绍。

撇开一些宏观经济学理论家的选择不谈，宏观经济学从一开始就脱离了以阿尔弗雷德·马歇尔（Alfred Marshall）《经济学原理》（*Principles of Economics*，1890，1920）为主要基础的经济学研究。脱离马歇尔理论主导的这种经济学变迁的一个证据可能正是凯恩斯的著作——它诞生于对思考方式的各种争论之中，争论围绕着政府在经济中，尤其是在 20 世纪 30 年代经济大萧条复苏过程中所起到的作用。认可政府在经济中必要性的经济学家批评了那些承认马歇尔原理具有启发性的经济学家，他们指出，马歇尔原理主要是以局部均衡分析为基础[①]，并且绝大部分内容都忽略了政府的作用。

---

① 经济学家通过"局部均衡"将一个市场中的均衡（不管其他市场的状态如何）与一般均衡中的均衡区分开来，当一般均衡实现时，所有的市场都处于均衡状态，或者至少所有市场的需求都等于供给。

到20世纪40年代末，独立的宏观经济学课程和微观经济学课程开始出现在大学的主干课程中，并且到了50年末期几乎普及到了所有的经济学院系。但在这两种课程分开之前，经济学院系肯定已经出现了两个阵营（凯恩斯学派或是马歇尔学派），课程的纷争显而易见。为了避免对立阵营发生公开的冲突，一种可行的解决办法就是让那些专注于我们现在所说的宏观经济学理论的经济学家与那些继续坚守马歇尔局部均衡传统理论的经济学家各自创建独立的课程。1948年出版的保罗·萨缪尔森的本科教科书《经济学》（*Economics*）广受欢迎并推动了这两种课程朝着各自有益的方向分开发展。有趣的是，尽管这本书一开始并没有提及"宏观经济学"，但它还是利用政府组织的优点含蓄地指出了宏观经济学和微观经济学之间的差别，并通过赋予政府在一个国家经济中的明确作用，提升了凯恩斯主义经济学的地位。

虽然微观和宏观经济学的差异一直延续到今天的经济学课程之中[①]，但是到了研究生教育阶段，这种差异的持续存在却早已饱受诟病。对这种现象的批评者也分为两个阵营：一部分人认为宏观经济学只是解释一般均衡经济学的一种方法（毕竟，任何一般均衡都关注全局的经济情况）；另一部分人只是简单地声称每个宏观经济学分析都必须包含微观经济学基础（从方法论的角度考虑）。从某种意义上讲，这两部分人谈论的是同一件事，因为在一般均衡分析的假设中，如果单独看待个体的行为，个体都符合马歇尔分析的要求——也就是说，个体都被假定为追求利润和效用的最大化。幸运的是，虽然思考方式上的争论可能促成了独立的微观和宏观经济学课程的建立，但是如今思考方式的争论并没有像往日那样在主流经济学中起到很大的作用。不过，目前在大多数经济学院系中，微观经济学和宏观经济学之间的差异依然存在。

---

① 比如，肯尼斯·阿罗（Kenneth Arrow）告诉我，他在1948年首次明确讲授了一门宏观经济学课程。

1.1 微观经济学理论模型的本质：必要的因素

现代微观经济学理论模型的悠久历史大概始于1890年马歇尔首次出版的《经济学原理》。马歇尔是一位训练有素的数学家，但他觉得应该对数学的应用加以控制，至少在这本书中，他把数学内容放入脚注或者书后附录。他选择的是简单的微积分知识，因为它们能够满足经济学研究中基本概念的建模。他考察的经济学内容主要集中在个人决策上，特别是能够影响单一市场的决策。如果可以解释市场中每一位参与者对待特定商品的个人决策，那么也就能够解释整个市场的商品决策。同样地，如果能够解释所有市场上所有参与者对待所有商品的决策以及每一位参与者的个人决策，那么就可以解释我们所说的宏观经济。从这个意义上讲，微观和宏观的分裂显然是人为的。尽管马歇尔在其著作中的前五卷对我们谈论的宏观经济学并没有给出太多的陈述，然而，在第六卷中（往往被人们忽视），他确实讨论了国民收入的分配问题。当然，如果已经解释了所有个体的决策，那么的确没有必要再作进一步的解释。

马歇尔的《经济学原理》前四卷讨论的基本概念与最大化（或最小化）所需逻辑的必要条件有关，第五卷重点考察了均衡的各种邻域性质。今天，大多数微观经济学课程和微观经济学理论模型都符合他在第五卷中阐述的基本原理。有些建模者已经把自己的模型扩展到2~3个周期，比如所谓的基本费舍尔（Fisher）模型。① 但这样的费舍尔模型并不是真正意义上的动态模型，因为大

---

① 这类模型只有一个代表性个体，其生存期为2~3个周期。

多数人常常把它们看成是马歇尔短期或长期建模方法的应用。①

1.1.1 微观经济学理论模型的主要基本原理

即使只接触过经济学初级课程的人也都应该熟悉最大化（或"经济理性"）和均衡等概念。但遗憾的是，有些教师甚至也没有能够很好地理解这些基本概念，正如有些今天的经济学教科书也没有很好地解释它们一样。因此，随着本书的介绍，我会不定期地严格审视这些概念，并希望厘清某些尚未解决的混乱——尤其是由于许多教科书的不当描述而导致建模中出现的一些混乱。

我们从每个微观经济学模型的主要基本原理开始介绍，也就是说，约束条件下的最大化（或者更为普遍意义上的最优化，比如企业也希望成本最小化）显性假设。经济学家们早已经将该假设称为"理性假设"，尽管这种"理性"与信息性并不相同。理性可以保证人们作出一个用于解释个体行为的、符合逻辑的有效论证，这种论证包含一系列假设，从假设中推导出的行为是一个逻辑结果，因此可以把这种行为解释成"理性行为"。但真正最大化的假设不止于此。充分的理性论证能够保证两点：（1）普适性：如果接受某种解释的假设在逻辑上为真，那么就必须承认从假设中经由逻辑推导出来的陈述为真，例如有关行为解释的陈述；（2）唯一性：研究的行为是能够推导出的唯一行为，也就是说，它是既定假设条件下绝对唯一的（或"定义良好"下的）行为。②需要注意的是，上述理性没有指明行为的目标，也没有提及可能会影响目标实现的任何约束条件。显而易见，最大化的假设是行为理性的一种狭义且特定的情况。因此，

---

① 如果不深入探讨这个问题，那么应该指出教师和教科书经常误解马歇尔在短期和长期研究中的时间因素。他的"长短期"或"周期"并不是指未来可延伸的时间长度，而是指决策可以有效持续的时间。对马歇尔来说，一个短期的决策仅限于一年或一个完整周期，因为在他所处的年代，机器革新可能需要相当长的时间，因此机器或工具的数量（即资本）被认为是固定的，参见 Marshall（1920, pp. 302 - 15），于是教科书采用机器或工具数量的固定期来定义短期。他的主要观点之一是，要解释一个变量，就必须能够改变它的值（他称之为连续性原理）。如果只考虑上一个年度，那么可能没有足够的时间来改变机器的数量。有关马歇尔局部均衡分析中时间使用的更多内容，请参见 Boland（1992, chapter 2）。

② 请注意，这个意义上的唯一性不应该与一般均衡模型中解释价格和数量时均衡的唯一性相混淆，尽管这两种均衡彼此并非毫不相干。均衡的唯一性将在下一章中讨论。

对于那些没有接受过经济学术语训练的人来讲，理性的假设实际上并不清晰[参见 Lagueux（2010）]，但是最大化的假设却从未模糊过。①

为了实现约束条件下的最大化，首先，建模者必须表明需要哪些最大化因素（效用、利润、财富和销售量等）以及将会涉及哪些约束条件（收入、技术和可用资源等）；其次，建模者还需要明确必须解决或是处理哪些约束条件——在微观经济学模型中，这些条件通常包括现有价格、收入、资源、可用供给、现有需求等因素。怀疑论者［如 Richardson（1959）］认为决策者的知识及其知识来源同样需要加以明确。或者，进一步要求建模者应该明确决策者是怎样学习的，尤其应该说明他们是如何从错误中学习的［参见 Clower（1959）]。从根本上讲，有些经济学家认为，建模人员应该能够详细地陈述决策者如何决定最大化哪一个因素［参见 Boland（1986，chapter 11；2003，chapter 16）；Samuelson and Robson（2010）]。

1.1.2 微观理论模型次要基本原理的一般性说明

教科书中经常提到的另一个基本原理是均衡假设的存在。书中往往把这个假设解释成与价格或数量有关，在这个假设中，商品需求量相当于博弈论模型的供给量。它是每位参与者按照最优逻辑选定的结果，得出这个结果的前提是，其他参与者也同样作出了最优的逻辑选择。它看似是一个简单的问题，但为了理解假设的内容，仍需要对其进行批判性的讨论。不过，本小节只要了解这一原理的内容就足够了。

在研究生或本科生的微观经济学教科书中，很少有模型能够充分解释价格在达到均衡水平之前需要经历怎样的过程。我们应该认识到，任何均衡状态都是动态的，并不存在所谓的平衡状态。平衡可能是暂时的、偶然的、稳定的或不稳定的。不存在所谓静态平衡状态的说法，除非能够给出静态平衡存在并且

---

① 有关理性与最大化之间区别的更多内容，请参见 Boland（2003，pp.49-55）。

将会继续存在的理由。市场中的需求与供给之间的相等可能是一种偶然的平衡，若受到干扰，则不会重新回到上一次平衡——例如，当需求曲线始终比供给曲线陡峭时，或者当两者的斜率均为负值时。为了确保平衡不是偶然的，我们必须给出解释的内容不是为什么供给曲线不会比需求曲线更陡峭[1]，而是为什么它是一个稳定的平衡。

在 20 世纪 50 年代和 60 年代，基于均衡模型的构建者经常讨论稳定性问题。实际上，讨论的内容正是所谓的稳定性分析。就价格而言，稳定性分析需要一个所谓的市场平衡，也就是说，模型需要给出一个所谓的解，即如果由于某些原因而出现价格升高（或下降）的现象时，会产生什么样的连锁反应呢？以及如果当更高（或更低）的价格不是长期的或持续的外生变化或市场外部冲击的结果时，市场还能够回到之前的平衡状态吗？针对这些问题，模型都必须要给出回答。由于现在的大多数模型只依赖于假设或衍生的均衡而存在，或者与现在的博弈论模型相似，无论模型解是否为一个纳什（Nash）均衡，稳定性分析似乎都不再像往日那般再次成为问题的焦点［参见 Boland（2003，chapter 3）］。因为今天的大多数教科书和微观经济学理论家都选择性地忽视平衡和均衡之间的差别，我们也暂时把针对这种差别的讨论放到下一章中，将对目前建模中的均衡概念给出比较详细的阐述。

还存在另外一个与均衡概念有关的并且令人费解的差别。如果根据约束条件下最大化问题的假设给出了单个消费者选择的一般性解释，那么如同教科书和马歇尔原理分析的那样，是否也可以声称能够解释所有消费者的选择呢？类似地，如果我们给出了单一供应商的一般性解释，那么是否意味着我们就能够解释所有供应商的选择呢？如果这两个问题的答案都是肯定的，那么令人惊讶的是，根本就不需要什么额外的、次要（均衡）原理！这个看似基本的观点仅仅是教科书对需求和供给曲线的定义。也就是说，需求曲线是（也许是假设）

---

[1] 更多内容，请参见 Boland（1986，chapter 7）。

任意一个或每一个消费者在某一商品的价格条件下能够得到的需求数量。① 在此价格水平上，若把所有个体的需求量相加，就会得到市场需求曲线上的一点。通过（假设）对所有可能的价格重复进行这一步骤，就可以画出市场需求曲线。当然，对于供给者，我们也可以重复同样的操作以得到供给曲线。假定基于最大化的解释，个体对应的点总是对应消费者效用最大化和供给者利润最大化的数量。换句话说，每一个最大化消费者效用的价格—需求量点的轨迹构成了需求曲线。同样地，供给曲线也是每一个最大化供给者利润的价格—供给量点的轨迹。这就意味着，如果需求量等于供给量，此时的价格恰好就是市场出清价格，市场中所有人都实现了最大化，无论是消费者还是供给者。而且，如果每一个消费者和每一个供给者都处于最大化状态，那么整个市场至少是平衡的。如果可以确保每一个平衡状态的稳定性——在教科书中通常体现为所有需求曲线的斜率为负和供给曲线的斜率为正——那么普遍适用的最大化就能够保证每个市场的均衡，只要约束条件不发生变化，那么任何人都没有理由改变自己的需求或供给的决定。因此，也没有必要再假设均衡的次要原理。一个必然的结果是，如果我们假设存在普遍适用且持久不变的最大化，那么就永远不可能存在一个不均衡甚至是不平衡的市场。

1.1.3　微观经济学中行为理论模型的替代方案

尽管大多数微观经济学行为和实验模型都是实证型而非理论型，但它们的目的还是根植于理论。实验经济学显然是实证的，但并不是所有的实验都是针对传统经济模型的检验。行为经济学通常更倾向于利用心理学文献，因此，这种模型的构建超出了本章讨论的范围。不过，稍后将会看到，在讨论微观经济学传统均衡模型中"理性"假设的替代方案时，赫伯特·西蒙（Herbert Simon）的早期工作与之相关。行为和实验经济学模型的实证部分都很重要，因

---

① 教科书通常把这个假设中的所有供给者和需求者都视为"价格接受者"。

此在后面的章节中还会加以讨论。特别地，检验行为和实验经济学模型的构建要素是第 8 章的重点内容。

1.2　宏观经济学理论模型的本质

宏观经济学理论家通常采用两种不同的方法区分宏观经济学模型和微观经济学模型。一种方法根据是否包含动态性来识别宏观理论和微观理论；另一种方法根据瓦尔拉斯的一般均衡分析和马歇尔的局部均衡分析来辨别宏观分析与微观分析。

人们普遍认为宏观经济学模型包含的一般动态问题相当直观，因为它仅仅涉及个体将如何随着时间的推移而最大化自己的决策。于是有人声称，宏观经济学理论关注的情况就是个体面临的动态学问题或者是预期问题，诸如增长、经济周期、通货膨胀、稳定政策等，个体几乎要和每一个问题打交道，更需要随着时间的推移而不断地对各种问题作出决策。

有些宏观经济学家为区分宏观与微观而采用的第二种方法似乎更加直接，甚至更加简单，但更要谨慎对待，因此我将尽可能做到简明扼要。我曾指出，局部均衡分析是马歇尔经济学的主要研究方法，在任何一本初级教科书中都有介绍，但无论是教师还是教材都很少提到马歇尔本人，尽管在他的经济学观点中，尤其是其著作中第五卷里的理论模型，毫无疑问是微观经济学初级课本中的唯一基础。马歇尔的经济学侧重于解释个体如何做出决定。正像我前面指出过的那样，任何相关决策都是通过将其描述成约束条件下的最大化导致的局部均衡来进行解释。同以往一样，最大化受到固定约束条件的限制，比如在消费者效用最大化的情况下，约束条件包括禀赋、偏好和既定价格；而在供应商利润最大化的情况下，约束条件包括技术、可用资源和既定价格。当然，马歇尔条件下的供应商或者工厂则要面临两种不同的决策：一个是短期的决策，如在给定可用资本条件下（机器或工具数量固定）雇佣多少劳动力，以及由此生产多少产品的决策；另一个是长期的决策，如需要多少资本，或是哪家工厂更适于生产的决策。在马歇尔长期条件下，技术仍然是一个固定因素，因此，从某种意义上来讲，即使是工厂的长期均衡，也只是局部均衡而已。①

现在的宏观模型构建者已经习惯假定，当利用马歇尔的经济学方法论解释某一个体的决策时，可以忽略其余个体的情况（尽管更准确地讲，其他人的均衡行为都已经体现在现行的价格之中；因此，就如同不需要额外的信息假设一样）。相比之下，同样可以认为，瓦尔拉斯一般均衡分析要求所有的个体都同时具备相似的认知，而这种分析方法远远超出了马歇尔的考虑。正是由于这个原因，许多人很容易将一般均衡分析作为宏观经济学理论的一种形式，但是在宏观经济学理论中，这个概念是有争议的——尤其是如果我们坚持认为宏观经济模型与微观经济模型不同的地方从根本上讲在于宏观模型的动态性。这是因为，根据瓦尔拉斯的设计［参见 Walker（1996）］，他的方法论不包含随时间的推移而变化的决策，瓦尔拉斯强调的是静态数学问题：是否存在一个包含全部商品的价格向量②，在保证所有个体最大化的同时能够保证所有市场出清？也就是说，瓦尔拉斯一般均衡经济学的实质是一个静态的数学分析。因此，瓦尔拉斯思考的主要问题是确保方程的个数等于未知数的个数③，不过，正如亚伯拉罕·瓦尔德（Abraham Wald，1936/51）解释的那样，这个条件是均衡价格向量存在的非充分条件。而且还需要注意的是，虽然时间并不是瓦尔拉斯关注的一个主要问题，但由此出现的针对瓦尔拉斯一般均衡模型的批评者却指出，由于缺乏时间的明确介入，肯定也就不能指望在瓦尔拉斯一般均衡模型中包含货币，例如，有的长期均衡情况显示，如果要确认长期合同，那么就需要资金的

---

① 更多内容，请参见 Boland（1992，chapter 2）和 Boland（2003，chapter 6）。
② 一个"向量"是指一个价格列表，每个参与买卖的商品都有一个价格列表。
③ 它通常被当作是一个联立方程组有解的必要条件。

介入（Shackle，1967，chapter 9；Davidson，1977）。如果这种区别的依据是静态性和动态性，那么在一般均衡模型中加入对货币的任何考虑，都会模糊微观和宏观的区别。尽管如此，基于动态随机一般均衡（DSGE，Dynamic Stochastic General Equilibrium）的实证宏观经济学模型仍然是当今宏观经济学研究的中流砥柱，即使这些模型的动态问题只是包含时间而没有考虑时间在经济动态学中起到的明确作用，其相关问题将在本书第 6 章中继续展开讨论。①

稍后，为了区分微观和宏观，我将重拾这些不同方法论的方法。同时，也将介绍其他区分微观和宏观经济学理论的方法论手段。

1.2.1 重要的是提出什么问题

首先考虑一些几乎没有人会认为不属于宏观经济学的问题：为什么失业率上升而不是下降？为什么有通货膨胀？为什么在 2008 年和 2009 年会出现大衰退？为什么富豪、企业家和有工作的穷人之间的收入差距越来越大？尽管有人可能试着作答，但他们会发现，如果仅仅运用在微观经济学课本中重要的马歇尔局部均衡模型来回答这些问题是非常困难的。

请注意，即使在这几个简短的宏观问题之中，也应该考虑两个不同的方面：一个是，上述问题都和经济参与者的动态行为带来的影响有关；另一个是，虽然大部分问题都与同一个群体的整体行为有关，但最后一个问题却和不同参与者群体的行为问题有关。有趣的是，若是利用马歇尔微观经济学方法论中的局部均衡理论来解释这两个方面的问题，它们都将是最难以解决的问题，因此有人意识到有必要用宏观经济学替代微观经济学。马歇尔著作的第五卷是动态学理论的唯一基础，请一定要记住，这个第五卷仅仅考虑了均衡的邻域性质，因此，也只能用来说明变量的作用。鉴于此，比较静态分析是第五卷中唯一直接且有效的应用。当均衡的边际变化无法拓展成为分布问题时，纵然以第五卷作

---

① 有关动态模型中时间的作用，请参见 Boland (1978) 和 Boland (2003, chapter 10)。

为基础，也很难解答不同群体行为的分布问题。分布问题在他的第六卷中只是一个宏观的概念①，如前所述，今天，几乎没有人认为有必要阅读或讨论第六卷的内容。此外，除了最近试图融合异质个体的几个宏观模型之外，异质行为的分布问题主要被归结为博弈论模型，尤其是演化博弈模型。② 第3章和第4章将继续讨论这类模型。

1.2.2　微观基础重要吗？

现在，暂且不考虑一个经济体内部宏观的分布问题，而只把讨论限定在动态的总体行为上。今天，几乎所有人都认为总体行为是现代宏观经济理论的特征。也就是说，它让人们考虑宏观经济理论仅仅用于解释总体的行为（例如，国内生产总值、就业水平、总体价格水平、货币供应等），当然，还会有一个异质性最低程度的问题，因为我们总是需要区分需求者和供给者或消费者和生产者。

早期的批评者对一般的宏观经济学问题以及专门对凯恩斯问题提出的质疑正是"总体问题"[例如，Leontief（1936；1947）]。人们可以把总需求甚至总储蓄或总资本这样的对象视为加总情况吗？许多数学语言都致力于具体描述的必要条件，以保证能够连续地加总生产函数或消费函数，例如，一般人都能理解，如果所有人的偏好都相同或相似，那么就可以很容易对所有的个体消费进行加总。当然，许多批评人士会认为这样的条件太高，在实际中难以发挥作用——也就是说，该条件对于真正具有异质性的宏观经济而言过于苛刻。而且更为普遍的看法是，即便考虑使用瓦尔拉斯理论来提供微观基础，仍会存在对总体问题的质疑。许多批评者认为这样做会遇到的另一个障碍就是索南夏-德布

---

①　教科书对分布的讨论总是有点儿模棱两可，但并不表明它只属于宏观经济学，而不属于微观经济学。这可能是因为在凯恩斯的《通论》出版之后，教科书开始明确承认在宏观经济学独立之前的很长一段时间里，人们就已经在讨论分布的问题了。

②　更多演化博弈论模型和异质行为的内容，请参见 Boland（2003, chapter 9）。

鲁-曼特尔（Sonnenschein-Debreu-Mantel）定理[①]，阿兰·科曼（Alan Kirman，2011，p.116）曾说："仅凭对个人的标准假设不可能体现出调整过程到均衡的收敛"（pp.125-6），

> 如果人们遵循的基本原则属于瓦尔拉斯一般均衡模型，即宏观的或总体的行为必须来自基本的、理性的微观基础，那么我们就必须解释总体的特征是如何通过个体来决定的。关于这一点，一般均衡模型并不令人十分满意，因为人们对该模型中的总体行为知之甚少，这种情况是我们从索南夏-德布鲁-曼特尔定理的结论中认识到的。

索南夏-德布鲁-曼特尔定理的主要含义之一是：利用"代表性个体"作出一般均衡理论的加总假设无法保证该假设可以代表基于一般均衡微观基础中的所有个体。

关于总体问题，富兰克林·费舍尔（Franklin Fisher, 1987）利用总消费和总生产进行了概括。关于消费方面，他认为（Fisher, 1987, p.54）：

> 在一般情况下，只有总需求函数遵循的消费者理论约束是连续的、零次齐次的，而其他的各种限制则隐含在预算约束之中。

至于生产方面，他认为（Fisher, 1987, p.55）：

> 总的来说，在每个公司的生产函数中，任何投入或产出的加总都具有可分性。[②] 此外，在规模报酬不变的前提下[③]，所有公司的加总要求是：应

[①] 该理论源自20世纪70年代发表的三篇文章［即索南夏（Sonnenschein, 1972）、曼特尔（Mantel, 1974）和德布鲁（Debreu, 1974）各自发表的文章］。罗伯特·索洛（Robert Solow, 2008, p.244）认为，索南夏-德布鲁-曼特尔定理说明："一般均衡理论唯一普适的实证加总含义是，超额需求函数在价格上应该是连续的和齐次的，并且应该满足瓦尔拉斯定律。"但请注意，当建模者谈论"超额需求函数"时，仅仅是指一个复合函数，其需求量与供给量之间的差额随价格发生变化。

[②] 通常，用于解释消费者如何获得效用或是拥有多个产出或投入的生产者如何获得效用的一个数学要求就是加总可分性。也就是说，从多个商品的消费中得出的效用恰好就是每个独立的商品带来的效用之和。

[③] "规模报酬不变"意味着如果所有投入都增加了一倍，那么产出也会增加一倍。

用于公司的加总函数必须都是相同的（没有差异）；或者即使有差异，生产函数之间的唯一区别也只是加总函数的性质（广义资本增值）。但放弃规模报酬不变的条件也不能提供实际的帮助，因为即使所有的公司都具有相同的生产函数，但大多数规模报酬发生变化的情况也不支持加总。可见，这样的情况非常受限。

费舍尔通过研究发现，"把经济中的生产方视为一个单一的公司，并在分析时使用诸如'资本'、'产出'、'劳动力'或'投资'等加总项的解释中缺乏坚实的基础"（Fisher，1987，p.55）。但他也指出，不幸的是，"这并没有阻止宏观经济学家仍然采取这样的方式继续工作。"（Fisher，1987，p.55）

正因为如此，许多批评人士才会说，宏观经济学理论只有在能够体现微观经济基础的情况下才会被接受——也就是说，任何被称作是宏观经济的行为都需要被解释成经济环境中由众多个体参与的、属于微观经济分析的结果。换句话说，任何所谓的宏观行为都只不过是微观经济分析的一种解释。对某些人来说，这很容易理解，因为我曾经指出，宏观经济学一直被看作是解释瓦尔拉斯一般均衡分析的一种方法。但问题仍然存在。随着时间的推移，加总方法似乎需要以分布没有变化甚至是相对价格没有变化为前提才能够成为有用的分析。

1.2.3 代表性经济人与微观基础

> 微观经济学基础中使用代表性经济人的目的是最终消除宏观经济学——而从微观经济学理论中得出所有的结论。很明显，这种观点之下的宏观经济现象……仅仅是附属现象。相比之下，微观基础使用的加总方案和一般均衡方案的目的则是帮助人们理解真正的宏观经济现象是如何从微观经济行为中产生的。
>
> Kevin Hoover（2012，p.52）

凯文·胡佛（Kevin Hoover，2012，p.21）提出了三个不同的微观基础方案。第一个是劳伦斯·克莱因（Lawrence Klein）在20世纪40年代的"加总方案"，它关注在加总数据中表现出的行为与我们通常使用微观经济学理论来解释的个体行为之间的兼容性。第二个是约翰·希克斯的"一般均衡方案"，希克斯在20世纪30年代末推动了瓦尔拉斯的经济理论，并关注它是否能够产生我们今天所说的宏观经济理论。第三个方案是在20世纪70年代和80年代，罗伯特·卢卡斯所倡导的、被胡佛称为的"代表性经济人方案"。这三个方案最重要的共同点是，它们都讨论了是否继续把宏观经济学和微观经济学看作是解释经济现象的不同方法。胡佛指出，加总方案和一般均衡方案并没有谋求消除宏观经济学，但代表性经济人方案却做到了。

对宏观经济学"加总方案"的早期批评，在一定程度上是针对凯恩斯经济学兴起的一种批评。当然，早在凯恩斯之前，加总分析就已经成为经济理论的一部分了。具体地说，在微观经济学理论中，市场需求曲线实际上也是个体需求曲线的加总。然而，在宏观经济学理论中，还必须假设所有的个体都具备相同的偏好，或者假设所有的生产函数在某种程度上都是相同的，但对有些人来讲，他们遇到的实际问题却不得不承认全部生产要素和全体消费者的异质性，所以这样的假设是一种无法接受的扩展。

马歇尔在《经济学原理》第四卷中直接解决了异质性问题，因为他需要比较不同行业之间的报酬是递增还是递减。当然，某个行业可能是很多具有异质性企业的一个加总。这些企业可能因成立时间、规模甚至生产函数的不同而不同。为了处理企业的异质性问题，马歇尔最终引入了"代表性公司"这个名词（Marshall，1920，Book IV，chapter 13，§2，p.264），并作出解释，从某种意义上说，它是一个具有平均水平的企业（p.265）。马歇尔甚至提出了一个隐喻：我们应该把一个行业看作是一片"原始森林"，在森林里，有些树木比其他树木的生存时间要长（1920，chapter 5，§2，p.305）。从企业自身角度讲，一些新兴的企业在学习经营时可能是报酬递增的，而旧有的企业早就经历了它们的最佳规模期。这个比喻之所以合理，部分原因在于人们假设企业的存活期与其规模之间存在着直接的单调关系。

虽然在代表性公司的平均存活期或平均规模方面,人们可以接受代表性公司,但是,如果需要表达代表性单位成本这样的简单因素时却会遇到困难,因为单位成本与规模并不存在单调关系。1928年,莱昂内尔·罗宾斯(Lionel Robbins)发表了一篇文章,文章着重考察了代表性公司的规模,是早期较为著名的对马歇尔代表性公司理论的批评。与之不同的是,马歇尔却将代表性公司理论转向了单位成本的研究(Maxwell,1958),这也许就是他的代表性公司理论最终被降格为长期均衡中一个公司的原因。约翰·沃夫(John Wolfe)也指出(Wolfe,1954,p.437),到了20世纪50年代中期,马歇尔的代表性公司理论就从教科书中被删除了。然而,为什么在今天的宏观经济模型构建过程中,我们反而看到了如此多的关于代表性公司、消费者或代理人的讨论和使用呢?

1997年,詹姆斯·哈特利(James Hartley)出版了一本有关现代宏观经济学的著作——《宏观经济学中的代表性经济人》(*The Representative Agent in Macroeconomics*),书中给出了解释代表性经济人报酬问题的三个基本的但并不相互排斥的依据(p.20)。第一个是为了处理卢卡斯批评,即错误地假定有关个人行为的稳定"深度"参数是对宏观政策变化的反应,或者是为了处理托马斯·萨金特(Thomas Sargent)和尼尔·华莱士(Neil Wallace)(1976)对凯恩斯政策无效性的批评;第二个是为了把瓦尔拉斯一般均衡模型作为宏观经济学的基础;第三个是为了给宏观经济学提供微观基础。他的三个依据的确没有明显的方法论问题,即代表性经济人模型比相当成熟的一般均衡模型更简单,也更方便。关于这一点,哈特利(p.27)强调:

> 经济中的个体经济人非常之多,以致无法逐一建模,因此,不去借助一些简化处理就进行政策效果或市场缺陷的研究,尽管有可能成功,却不切实际。这时,代表性经济人出来救场了。通过一个代表性经济人的框架,我们只需使用少量的函数形式。

哈特利接着指出，萨金特（Sargent，1979，p.371）早就建议过上述方法。

尽管哈特利没有提到，但是可能存在另外两个（也是非相互排斥的）理论依据：一个是"新古典主义"的宏观经济方案与其旧芝加哥学派自由放任的思考方法，该方法倾向于市场友好型的微观经济学，而不是政府友好型的凯恩斯主义模型；而另外一个简单的方法就是几乎每个受过经济学训练的人都能够理解的微观经济学解释。也许同样重要的是，从基础思想（与建模技术对比）层面上看，自20世纪30年代以来，基本的微观经济学内容一直保持着稳定的状况，而直到最近一个阶段，宏观经济学才开始焕发生机。

哈特利承认（pp.124-6），有些人觉得微观基础和代表性经济人能够被接受的根本原因是对"个人主义方法论"哲学观点的认可——这种哲学观点认为，人，而非事物才是决定性因素［参见 Hoover（2001，pp.69-74）；Boland（2003，chapter 2）］。这种观点似乎排除了对非个人主义事物的接受，如宏观变量。因此，在一些宏观理论家眼里，代表性经济人看起来像是一个可被接受的个体或个人，而不是一件事物。

在哈特利提出的三个理论依据中，使用代表性经济人的目的是"从消费者和企业优化问题中严格推导出宏观经济方程的模型"（p.23）。以代表性经济人模型的方式构建宏观模型，间接提供了微观基础，从而避免了对参数不稳定性和政策有效性的批评。明确假设一个经济人可以代表所有的个体并没有否认异质性，似乎也避免了老生常谈的加总问题。

有趣的是，1987年版的《新帕尔格雷夫经济学大辞典》中虽然增加了费舍尔关于"加总问题"的词条，却没有收录代表性经济人的概念。2008年第二版的辞典中，甚至没有吸纳加总问题，同时代表性经济人仍然没有进入辞典，尽管后者在现代宏观经济学模型的构建中起着重要的作用。如果该辞典未来的新版本中包括了代表性经济人，那么它肯定会介绍目前对代表性经济人模型这种依赖现象的各种批评。

针对建模依赖于代表性经济人这一现象的批评非常多，胡佛出版过多部关于宏观经济学模型建模史的著作，其中就有对代表性经济人的批判性分析［参见 Hoover（1988，2003）］，而哈特利在1997年的书中（p.18）也明确指出：

> 对使用马歇尔代表性公司的局限性最具打击性的批评也适用于如今的代表性公司。正是通过这种设计，不管异质性是否重要，都被代表性经济人模型屏蔽掉了。不假思索地假定所有政策制度都具有同质性特征的经济学家，通常也会想当然地认为代表性个体之间的异质性也并不重要。

最后，他进一步总结道（p.194）：

> 坚持认为宏观经济学都可以归结为微观经济学，微观经济学理论能够解释宏观经济规律，或者从因果关系方向来看，只能从微观经济学指向宏观经济学的这些说法都是没有理论依据的。而且这种坚持也缺乏实证检验。事实上，我们完全有理由相信宏观经济规律并不是从标准的微观经济学理论中衍生而来。总之，基于微观基础的神话不符合实际情况。

科曼于1992年发表的一篇题为《代表性经济人代表什么？》（Whom or What Does the Representative Individual Represent?）的文章被广为引用[①]，该文章作为对代表性经济人建模的一个可靠的批判性分析而备受关注。他首先提出了一个基本问题（p.119）：

> 如果宏观经济学家只对某些初级的宏观经济问题感兴趣，而这些问题又不直接考虑分布或协同，那么他们为什么要煞费苦心地构建代表性经济人模型呢？

他指出（pp.121-2），教科书通过商品经济中所有商品的标准无差异曲线和预算禀赋可以推导出个人需求曲线，也就是可以从每个商品的需求曲线中减去预算禀赋，便可得到单个消费者的过度需求曲线。当然，假设正在处理的是

---

① 但正如胡佛指出的，这篇文章经常被批评者引用，而不是被代表性经济人方法论的使用者引用。

数量有限的消费者和商品，我们可以对某一商品的所有消费者进行汇总，于是就可以确定整体经济的过度需求曲线。这样获得的整体经济的过度需求曲线能够满足瓦尔拉斯法则之类的要求（曾在前面的一个注释中提到过），它也是一般均衡模型中经济建模的要求。瓦尔德（Wald，1936／51）也指出，即使在个体层面上所有个体的偏好是一致的——他们的偏好满足显示偏好弱公理，也即，当选择商品的两个组合时①，可以假定是 A 组合和 B 组合，为了保持一致性，个体可以决定，如果两个组合都负担得起，就选择 A 组合，并且只有在 A 组合负担不起的情况下，才选择 B 组合②，可是在加总水平上却无法保证这样的一致性。在加总水平上的可能情况是，如果两个组合都能负担得起的话，有时候选择 A 组合，有时候选择 B 组合。微观经济学教科书里消费者选择的部分内容已经删除了这种偏好的非一致性。实际上，如果教科书里典型的消费者能够在实际中代表所有的消费者，那么瓦尔德的研究就将毫无意义。然而，这种无意义仅仅是因为接受了索南夏-德布鲁-曼特尔的结论③（Kirman，1992，p.122）。因此，如果必须给出微观基础，那么代表性经济人也许就是宏观经济模型构建者的唯一选择。在这种观点的支持下，科曼继续进行分析（p.134）：

> 那些行为良好的个体所在的群体无须推出一个行为良好的代表性经济人；一个代表性经济人对于变化作出的反应也不需要反映出商品经济中全部个体对变化的反应；代表性经济人对各种选择的偏好很可能与整个社会的选择截然相反。

基于上述分析，他作出了如下总结（p.134）：

> 很明显，代表性经济人应该没有前途。实际上，与当前宏观经济实践

---

① 假设消费者选择购买两种商品（可能是土豆和西红柿），这两种商品各自的数量就构成了一个组合。
② 这也许是商品相对价格变动的结果。今天，我们一般会认为这种选择相当于个体的偏好是 A 组合而不是 B 组合。
③ 请参见第 15 页脚注①。

所表明的内容似乎相反，竞争性一般均衡模型中对代表性经济人异质性的要求，也许有助于恢复对宏观经济分析可能有用的加总属性。

尽管有上面的这些讨论，我仍怀疑，只要经济学家关注的是一个匿名个体的最大化框架，代表性经济个体就仍将会存在下去。只有当我们准备开发一个模型，该模型的个体只能在商品经济中一个有限的区域活动，并且他们的特征及所追求的活动都不相同、彼此之间可以直接相互影响时，经济学才能摆脱代表性经济人的僵化影响。在这样的模型中，可以并且应该具有大量的总体规律性。然而，宏观经济层面上的实际行为所表现出的规律性，并不意味着将整个经济视为一个最大限度的代表性个体的分析方法是有效的和恰当的。

1.2.4 对代表性经济人方法论的辩护

很多宏观经济学的动态一般均衡理论主要取决于"代表性经济人"的抽象性；人们假定经济运行环境中"好像"只居住着一个（类型的）消费者。与此同时，这种宏观经济的理论化试图认真对待微观基础理论，但模型的参数通常是根据已有的实证观点和理论知识作出的特殊选择，然后再用这些模型形成定量的表达。乍一看，"代表性经济人"的假设似乎与认真对待的微观基础并不一致。但是，这里存在两种可能性，以使代表性经济人的构建能够成为一种合理的建模策略：第一，数据可能大致满足了使用代表性消费者所需要的理论假设。不过，这一种观点很难得到保证……第二，对于微观经济环境而言，理论模型中的加总变量可能具有更真实的描述，这些变量实际上类似于代表性经济人模型中的变量。

佩尔·克鲁塞尔（Per Krusell）和小安东尼·史密斯（Anthony Smith, Jr.）（1998, p.868）

由于利用代表性经济人建模的现实性面临着越来越多的批评，如果要求真正依赖于代表性经济人的宏观经济模型构建者对使用这种经济人的做法进行辩护，那么他们只能选择一种方法。如果辩护者足够坦率，那么这个辩护方法就是借用1953年米尔顿·弗里德曼（Milton Friedman）发表的那篇著名的方法论文章，该论文为本小节引文中的"好像"假设进行了辩护，反对有关这些假设的任何现实性批判。实际上，他声称模型只是一种工具。① 因此，与其要求假设具备可论证的现实性，倒不如只要求模型能够完成预期的任务。于是，辩护者会说，辨别异质性可能不是预期任务的一部分，因而这样的批评与假设并无关联。

尽管如此，有些时候宏观经济模型的构建者已经意识到了辨别异质性的重要性。人们可以预见，在一个宏观模型中，会出现多种尝试解决个体异质性的方法，这将使提供微观基础的努力更具现实性。当然，今天有许多宏观模型的构建者已经认识到了个体风险和个体期望中不同知识和不同意向的重要性，以及个体可能对宏观动态学产生重大的影响，因此必须认真对待个体的问题。由于上述和其他一些原因，现在还出现了声称能够识别异质性经济人的模型〔例如，Chang, Y. and Kim（2006，2007）; Honkapohja and Mitra（2006）; Krusell and Smith（2006）〕，但尚不清楚，这些最新的尝试能否成功地反驳哈特利的批判性言论。②

1.2.5　可以忽视对代表性经济人方法论的多种批评吗？

如今，对宏观模型多样性或异质性的认知需求可能是一些宏观模型构建者的动力，但科曼和哈特利的批评或挑战将始终是建模者需要解决的难题。当然，可以忽视此类批评，不过使用这种方法论的代价又是什么呢？显然，人们必须正视这些基于总体问题和索南夏-德布鲁-曼特尔结论含义的批判。而最重要的

---

① 有关米尔顿·弗里德曼1953年文章的更多内容，请参见Boland（1979；1997，part Ⅰ）。
② 为了讨论上述难点和论点，这种尝试可能需要某些非标准化假设，请参见Sungbae An et al.（2009）。

是考察异质性问题被排除在外的情况。目前尚不清楚，如果（不考虑异质性而）仅仅依靠代表性经济人模型①，应该如何解释新凯恩斯学派中宏观经济学家提出的经济衰退是协调失灵（包括工资刚性等）的结果。因为对于单个（代表性）经济人，是不存在协调问题的。同样地，对于单个经济人，也不存在分布的问题。于是，宏观经济理论模型的支持者只能说，这样的问题没有意义，因而也无须放弃代表性经济人的方法论。

1.3 区分微观与宏观的静态基础与动态基础

希克斯在其《价值和资本》一书中指出（Hicks，1939/46，p.115），"我所理解的动态经济学（它是备具争议性的术语）是这样的：我把在经济理论中不包含日期的部分称为静态经济学；把在经济理论中必须标明日期的部分称为动态经济学。"这样人们就必须认真对待最后一个具有争议性的问题：在区分宏观理论模型和微观理论模型时，必须要明确动态学的一般性概念，即有争议的"动态"是实际的需要还是形式的需要？决策者采取的与时间相关的动态措施是主动的还是被动的？或者更一般地说，在动态宏观经济模型（或微观模型）中加入时间的概念是出于实际的考虑，还是仅仅出于逻辑的需要呢？下面将对此进行分析。

首先，我希望回到之前提到的观点，即今天使用的瓦尔拉斯一般均衡模型并没有考虑（实际）时间的作用。令人惊讶的是，许多模型构建者仍然把1954年的阿罗-德布鲁（Arrow-Debreu）模型看作是典型的一般动态均衡模型。与普遍的看法相反，根据宏观经济学理论模型都是动态模型的观点，这个模型并

---

① 这一说法可能是个例外，但它是使用非标准假设来实现的，请参见 Farmer and Guo (1994)。

不是动态的［参见 Kirman（2011，p. 110，pp. 114-15）；Boland（2003，chapter 10）］。与瓦尔拉斯一样，肯尼斯·阿罗（Kenneth Arrow）和吉拉德·德布鲁（Gerard Debreu）都在证明均衡价格向量的存在性。就像希克斯曾经倡导的那样，他们把时间变量的使用仅仅局限于不同市场上销售商品的索引，同样地，作为一个索引，它也容易被解释为一个空间定位索引，而不仅仅是一个时间定位索引。也就是说，虽然是作为两个不同时间点的市场索引，但它们也可以很容易地变成在两个不同地点的市场索引。因此，与希克斯关于时间的早期观点（Hicks，1939/46，p. 115）相反，但与他日后观点（Hicks，1976）相一致的是，阿罗-德布鲁模型并没有真正涉及动态学，因为无法区分在数学上两个不同时间点的差异与空间上两个地点的差异。例如，在阿罗-德布鲁模型中，今天买的汉堡与明年买的汉堡可能不同——但这两个汉堡也可以被看成是出现在两个不同市场上的汉堡，即今天的汉堡市场与明年的汉堡市场。这样我们就可以不费力气地讨论伦敦和日内瓦的汉堡市场，而不是讨论今天的市场和明年的市场！接下来让我们进一步考察与实际时间有关的争议性问题。

1.3.1　经济学里的时间与时间里的经济学

> 我这里要讨论的主题……关系到乔治斯库（Georgescu）教授在其著作中出现过好几次的一个原理……它非常简单，即时间的不可逆性。在空间中，人们可以沿着任意方向任意移动，但是，时间却只会向前飞驰，永不回头。
>
> 　　　　　　　　　　　　　　　　约翰·希克斯（John Hicks，1976，p. 115）

根据我之前的观点，可能有人会问，如果时间与我反对的阿罗和德布鲁，以及希克斯早期的"形式"时间不同，那么，"实际"时间究竟又是什么呢？简单的回答是，实际时间不可逆转，而形式时间不必如此。与构建经济模型中的许多问题一样，这个问题并不陌生，却是一个容易被忽视的问题。在很久以前，著名的物理学家亚瑟·爱丁顿（Arthur Eddington）把这个与时间有关的问题称为"时间之箭"，并指出（Eddington，1928/58，pp. 68-9）：

> 时间的伟大之处在于它永远向前。我使用"时间之箭"来表示时间的这种单向属性，在空间中却没有类似的情况。从哲学的角度讲，这是一个非常有趣的性质。

具体来说，时间一直向前飞逝，并且永远不会逆行，但我们却可以在空间中任意前后往返。考虑到这一点，我于1978年发表了一篇文章，考察了截止到那时，经济学家在各自的模型中使用时间的所有方法。更详细的讨论可以参见我于2003年出版的书中的第10章。我在这里只进行简要的介绍。

除了希克斯-阿罗-德布鲁（Hicks-Arrow-Debreu）的时间标注法之外，还有"时间的经济学"方法。这种方法的范例是奥地利经济学家欧根·庞巴维克（Eugene Böhm-Bawerk）研究的平均生产周期模型，该模型的设计是为了决定砍伐树木和灌注桶装葡萄酒的最佳时间。在他的模型中，动态学是外生的，完全可以用于树木的生物性生长轨迹，或者是桶装葡萄酒外包装的老化问题。基于时间的轨迹只是一种外生性约束，追求最优化的树农或酒商则根据该约束做出反应。在近代，加里·贝克尔（Gary Becker）的时间分配模型（Becker，1965）就是一个很典型的例子——在他的例子中，决策者面临的是有限时间的约束（每周168小时），模型可用来回答在竞争性活动之间分配时间的问题。因此，他的模型仅仅包含商品的静态分配，而没有对动态学的解释。在庞巴维克和贝克尔的模型中，没有任何有关动态学的说明；也就是说，在贝克尔的例子中，没有内生的动态变量，只有一个静态的分配变量，而在庞巴维克的例子中，则只包含一个静态给定的生长函数。

另外一种方法是"给定变量"法或是"滞后变量"法，在1980年之前，宏观经济学通常被认为是基于期望的适应性模型。利用这种方法，人们可以尝试确定内生变量的时间路径轨迹。因为假定模型的解能够说明模型，所以内生变量能够随时间变化的唯一方式是随着一个或多个外生变量的改变而改变，或者是随着一些逻辑关系参数的改变而自动改变，或者二者兼而有之。1957年，尼古拉斯·卡尔多（Nicholas Kaldor）增长模型（Kaldor，1957）中的人口增长率是前者的一个例子，而希克斯（Hicks，1976）所称的"自主发明"或非中性技术变化则是后者的一个例子。[①] 然而，在"新凯恩斯主义"的宏观经济学理论模型中，通常假定关系（描述与偏好和技术有关的"深层参数"）不会在相关的时间周期内发生变化，它正是"卢卡斯批评"所质疑的一个假设。历史变迁的整体说明往往都关注假定情况下的外生变化，不过有时又只关注外部的冲击。有时可以假定某些变化通过其固定轨迹的运动来体现。因此，如果在一个典型瓦尔拉斯模型中假定一些静态情况被指定时间周期内的时间路径/轨迹所取代，那么将得到相同时间段上内生变量的可导均衡轨迹或路径。然而，利用这种包含时间的方法，人们只能通过一个固定时间段内各个对应点的一个静态数列去替换一个时间点。因此，解决方案就是采用元素值都是一个可变的稳定数列，"动态"行为完全是被动的反应，并不是自主的选择。

显然，人们没有必要一定假设外生变量的时间周期与内生变量的时间周期相同，但可以断言，今天的某些外生变量可能是昨天的内生变量。[②] 体现这种思路的一个经典例子是约翰·冯·诺伊曼（John von Neumann）的平衡增长模型（Neumann，1937/45）。借助这种"滞后变量"的方法，也可以推导出内生变量的时间路径轨迹。然而，在给定的时间周期内，轨迹的位置只取决于给定的外生变量的初始值。在整个时间周期内，给定变量的初始值实际上只能是模型的外生变量，模型同样没有出现自主的动态选择。

从表面上看，包含给定外生时间路径的直接方法，或者利用滞后变量的间接方法，似乎都是解释动态学问题的解决方案。但仔细分析后会发现这是一种

---

① 更多内容，请参见 Boland（1971）。
② 宏观经济学家则可能会参考"状态变量"或者仅仅是"初始条件"。

错觉。在外生轨迹的方法中，内生变量发生变化只是因为外生变量发生了变化。而在滞后变量情形下，内生变量在其轨迹上的位置完全由初始给定的时间长度决定。而轨迹本身的位置则由给定外生的初值唯一决定。在这两种情况下，内生变量的轨迹都是通过外生变量决定的。模型中唯一的"动态学"或者是外生性冲击，或者是根据外生给定的轨迹发生被动的变化。希克斯（Hicks，1976）把这种情况称为时间的经济学而不是时间里的经济学。因为任何模型的外部性都是由于明确地选择不去解释假定的变量及其行为，所以我们也没有解释模型中的动态变化。换句话说，我们仍然依赖于在随机冲击或静态给定的相关时间周期内确定的时间路径轨迹，它们在相关的时间周期内是稳定的。当然，我们从来没有解释过随机冲击，而且我们也没有解释为什么一条给定的轨迹以这种形式存在而不是以其他方式存在。

要注意的是，在轨迹路径情况中，我们可以这样假设给定的路径：外生变量以恒定的速率变化。如果被问到为什么没有假设一个递增速率，那么我们不能仅仅以它产生了内生变量的时间路径为由来证明我们有关恒定的假设是合理的。外生给定假设的真实性必须独立于我们针对内生变量得到的结论。①

这里考虑的最后一种解决动态学问题的方法是"流动变量法"。针对定义某些特定变量加入时间的方法提出的批评，可以扩展到批评那些在静态模型中加入时间微分方程的方法。使用均衡模型解释价格可能存在的一个问题是，观测价格可能不会达到均衡值。因此，正如1980年之前人们似乎都同意的观点那样，我们还需要解释内生变量的非均衡行为［例如，Barro and Grossman (1971)］。但从当今许多宏观模型构建者使用的动态随机一般均衡（DSGE）模型的主导地位来看，这种需要不再是一个急迫的问题。与希克斯的主张一样，那些认为动态学必须是关于时间里的经济学的建模者将不会满足于只依赖DSGE模型中的某些变量，因为该模型通常只关注均衡的时间路径，却没有解

---

① 更多内容，请参见 Boland (1986, chapter 6)。

释价格是怎样趋向于均衡价格的。

1.3.2 微观经济模型中附带均衡价格的特殊动态学

人们曾经认为，一个价格（或产量）调整的理论可以简单地依附于微观经济学的均衡模型。基本方法就是为模型增加一个微分（或差分）方程，方程的解是价格变化率的一个数值函数，而均衡方程从该函数的初值开始运动，直至达到均衡状态［例如，Frisch（1936）；Samuelson（1947/65）；Arrow（1959）］。在市场供需分析中，通常使用如下方程：

$$(\mathrm{d}p_t/\mathrm{d}t) = h(S_t - D_t)$$

其中，$\mathrm{d}h/\mathrm{d}(S_t - D_t)$ 为负，且 $h(0)=0$。不过，除非给出这个额外方程之所以存在的一个良好解释，否则这种动态学完全就是随意的和武断的。如果仅仅认为它对于模型的完整性或解释性而言具有数学上的必要性，那么这种解释还远远不够充分。[①] 而为市场"动态学"人为构造的一个微分方程甚至根本无法解释谁令价格发生变化或者为什么价格会按照需要的数量发生变化。显然，基于代表性消费者或公司的模型很难回答此类问题。然而，如果不能回答价格为什么会发生变化（而不是描述价格应该改变多少），那么对市场的非均衡变化过程以及对市场的均衡动态学来讲，我们实际上并没有给出相应的解释。

1.3.3 基于代表性经济人的宏观模型中包含内生性实际时间的一种方法

正如爱丁顿指出的那样，针对实际动态学的一个争议就是时间的不可逆性（只可向前，不可向后）。对于经济学来说，这会导致决策者基于时间而采取的行动在本质上是不可逆的——也就是说，并不是因为人们选择不去改变行动。而大多数模型把动态学研究集中在外生（即无须解释的）变化方面所带来的一

[①] 更多内容，请参见 Boland（1986，chapter 9）。

个问题则是，从逻辑上讲，把外生变量调整到发生变化之前的初始值之后，所有的内生变量也都将恢复到外生变量变化发生之前的状态。①

在讨论卢卡斯批评以及代表性经济人模型在多大程度上可以真正避免这种批评的时候，哈特利提出了这些争议。卢卡斯批评的重点似乎在于政府政策的变化能否改变个人的决策方式，也就是说，他质疑政府实际上没有办法保证政策的预期效果肯定会出现——不过，也有些人会认为这要取决于预期效果是基于纯粹的宏观经济模型，还是与马歇尔长期均衡模型一样，是基于唯有偏好和技术是外生给定条件的这个充分的微观基础。由此，有些人可能会认为，为了避免这种批评，建模者必须提供微观经济学解释，用于说明个人决策过程背后关系中的深层参数，比如说明个体如何应对发生改变的政策环境。哈特利指出（Hartley，1997，p.53），此种情况也会出现在代表性经济人的讨论中，因此这种解释方法并没有解决卢卡斯批评。甚至有人怀疑这里潜伏着一个无限循环。如果要避免这种循环论证，每个解释模型必须至少有一个外生变量。然而，即使深层参数已经被解释过，仍然有人可能要求解释其潜在的外生变量或参数，比如要求解释模型之外的外生变量——该过程反过来又可以被质疑，并如此循环下去。也许，我们可以大胆地批评：对微观基础需求的本身就是对无限循环的邀请！

解决上述情况的一种替代方法是找到一个根本不可逆的内生变量。我的建议是，必须明确地规定决策者的学习和知识。就这一目的而言，我们只需要注意，学习原本就是不可逆的——人们不会不学习。② 现在，谈到了这一点，肯定会有人说，理性预期假设的目的就是这样的，但不幸的是，假设无法解释人们如何习得这些预期。理性预期只是被假定符合一个理想的模型，而模型是对当前经济状况的真实描述。正如理性预期假设的批评者经常指出的那样，对于

---

① 至少，这违反了热力学第二定律，请参见 Georgescu-Roegen（1971）。
② 当然，人们可能会出现遗忘现象，但这种现象不属于不学习。

正确预期的获得，只有当全部决策者都被假定成为计量经济学家的时候才会发生（B. Friedman, 1979）。这种假设不仅大胆，而且引出了一个关于学习过程的问题。不幸的是，我们通常假定的所谓学习过程（将在第11章中讨论）大约在400年前就被提出了，却在200多年前被大卫·休谟（David Hume）推翻了。① 更糟糕的是，即便我们忽略了这一哲学观点，而假定在理性预期中的学习可以是不可逆的，那也仅仅是在假定经济现状的基础模型都是真实的前提下。如果一个人能够意识到所有的知识都是不可靠的，那么这一切就可以避免，他就不得不一直积极地学习。就像一个人可以通过学习了解基础模型是不真实的一样。

1.4 构建宏观理论模型与微观理论模型的目的

由上引出了一个基本的问题：假设考察的所有问题都要求宏观经济理论模型有一个微观基础——无论是基于一般均衡模型还是基于代表性经济人模型，那么为什么还要费尽心思地去构建宏观模型呢？

凯恩斯十分清楚地表达了他的目的，也即构建了一个总体经济模型，其方法不同于马歇尔的个体主义方法论。凯恩斯还驳斥了马歇尔专著中第五卷的假设，因为它只涉及已有均衡的邻域属性。凯恩斯想要讨论的经济体的情况是，其中的市场并非都处于均衡状态。最为重要的是，他肯定了经济的异质性。例如，在1937年的文章中，他为自己的著作进行辩护时就明确表示，没有理由认定只有一种方法才可作出对未来形势有影响的决定——他实际上找到了三种不

---

① 博兰德（Boland, 2003）的书中第1章介绍的大部分内容都在解释这种假设如何影响经济学的主干内容。

同的方法（Keynes，1937，p.214），但不包括代表性经济人和理性预期这两种方法的假设。然而凯恩斯也承认，在某些情况下，如当每个人都对未来极度悲观时，就没有人会对旨在刺激经济的货币政策作出反应；但是与卢卡斯批评的观点相反，凯恩斯清楚地说明了为什么有的时候这些情况会存在。

凯恩斯也同样明确指出了自己的方法与"古典"理论的不同之处（他认为马歇尔新古典主义理论属于古典方法）。他认为：

> 其方法与传统理论的另一个不同之处在于，我认为肯定没有必要提出总产出的供需理论。投资的波动……是否会对总产出的需求产生影响，进而影响产出规模和就业呢？传统理论对这个问题的回答是什么呢？我相信它根本没有答案，甚至从来都没有考虑过这个问题；有效需求理论，即对总产出的需求，已经被完全忽视了一百多年。

哈特利引用了凯恩斯在1937年文章中的这段话并得出结论（Hartley，1997，p.176）："如果凯恩斯是对的，如果也有必要研究总需求和总供给理论的话，那么微观基础的故事就是一个神话。"但这并不需要排斥微观经济学模型[①]，只是要认识到它们不会，而且也不可能成为理解整个经济的一个充分性基础就足够了。

---

① 有人甚至说，与其说凯恩斯需要宏观经济学的微观基础，倒不如说凯恩斯（Keynes，1937）需要微观经济学的宏观基础［请参见 Boland（1982，p.83）；（1986，pp.166-7）；（2003，p.143）］。

第 2 章
一般均衡模型局限性的探讨

20 世纪经济学的发展方向，尤其是理论经济学，在很大程度上受到了瓦尔拉斯的影响。这种影响与其说是其学术成果造成的，倒不如说是他的远见卓识指引的。他笃信经济学应该有"坚实的数学基础"，同时，他对这一点的关注也反映在他与同时代人的书信往来之中，如亨利·庞加莱（Henri Poincaré）。然而，他关于均衡本质的独特视角成为现代经济理论的标杆，并将我们引向了阿罗-德布鲁模型，该模型缺乏制度特征以及调整过程中的稳定性证明，而这些缺陷也出现在后期索南夏、曼特尔和德布鲁的文献中。实际上，在他的框架中，没有一处不体现着均衡动态学。虽然瓦尔拉斯对市场中相互依赖关系的坚持令人敬佩，但我们也应该意识到，他引领我们走上了一条通往经济模型的道路，而这些经济模型尽管表现出高度的内在一致，但似乎仍然无法与实证数据相匹配。

阿兰·科曼（Alan Kirman，2010，abstract）

通过研究阿罗-德布鲁一般均衡模型的效率，我们是否可以了解现实世界中市场经济的效率呢？

理查德·利普西（Richard Lipsey，2012，§Ⅱ）

简单来说，瓦尔拉斯一般均衡模型旨在同时解释全部的价格和数量，因此模型会为每位需求者和供给者设定一个目标函数，通常假设为需求者提供效用函数和为供给者提供生产利润函数,同时也假设一般情况下的最大化都满足约束条件,并且所有的市场参与者都是价格接受者。于是,这里就存在着一些合乎逻辑的要求,即当所有的假设都被满足之后,人们肯定能够推导出唯一的价格向量。

现在的人们普遍认为一般均衡模型若作为一种说明,当然肯定至少存在一个解,但若要进一步成为一种理论解释,则模型的解还必须是唯一的。也就是说,如果建模的目的是解释为什么价格是这样的,它还必须能够解释为什么价格不是其他样子的〔如同胡库坎·尼凯多(Hukukane Nikaido)多年前提出的问题(Nikaido,1960/70,p.268)〕——即模型不允许其他均衡价格具有在逻辑上的可存在性,或者反过来说,模型必须能够解释其他均衡价格为什么在逻辑上无法成立。如果模型提供的假设保证了这种唯一性,那么大多数一般均衡模型的构建者肯定会感到满意。不幸的是,正如拉格纳·弗里希(Frisch,1936)很久以前说过的那样,除了保证均衡价格向量存在的唯一性之外,我们还必须解释这个唯一的向量是如何得出的。这个"如何"的问题恰恰是一个动态学问题。不过实际上,瓦尔拉斯并没有给出一个明确的动态学过程,他仍然只是给出了与我们今天相同的结论——对于任一商品,如果供不应求,那么需求者会竞价抬高价格(或者供过于求时,供给者会降低价格),而竞价行为的原因很简单:在当前价格下,供需双方没有实现最大化。但至少,他解释了为什么任何非均衡价格都无法持久,进而对为什么价格不能是其他的情况也给出了必要的解释。我在第1章中曾指出,除非能够解释价格上涨或下降了多少,否则它只不过是假设所有市场出清的必要条件(即每个市场的需求都等于供给),或者与第1章一样,假设所有的决策者都追求最大化,但这绝对不是一个动态学解释。阿罗(Arrow,1959)认为需要给出一个清晰的假设来说明需求者如何应对过度需求:他们会提价1%还是10%?谁会抬高价格或者谁会降低价格?此外,对这些问题的回答也是某种最大化问题吗?价格调整显然是一个动态学问题以及在一般均衡模型中公开包含时间的一个问题。大多数经济学理论家和建模者都没有意识到阿罗提出的这个问题（我曾在第1章中简要讨论过此问题，并将在本章后面部分作进一步阐述），它的出现主要是由于人们对均衡与平衡的区别有一种普遍的困惑。

2.1 经济模型里的时间，还是时间里的经济模型？

> 帽匠是第一个打破沉默的人，"今天是这个月的几号？"他转身对爱丽丝说，从口袋中掏出怀表，伤心地看着它，不时地晃动它，并把它放到耳朵旁……
>
> 他指着表说："这两天的时间都不准啊！"并气哼哼地看着三月兔，又说道，"我告诉过你焊膏对表没有用处！"可三月兔却回答："这是最好的焊膏。"
>
> 刘易斯·卡罗尔（Lewis Carroll）

第1章介绍过，本节标题的问题正是博兰德（Boland, 1978）提出的，在这里重复它只是想再次说明真正的动态模型需要什么，以及仅仅在模型中加入时间为什么并不能保证模型成为动态模型。我也曾经指出，广泛使用的发表于1954年的阿罗-德布鲁模型是伪动态一般均衡模型的一个主要例证。与其把今天的价格向量解释成唯一的集合，倒不如说阿罗和德布鲁的建议可以解释今天的、未来的直至任何一个可定义范畴内的所有市场的价格。他们只是简单地把时间视为每个产品和价格的标注。同样地，他们这样做的前提是：假定今天市场上出售的汉堡都与明年市场上出售的汉堡是不同的产品。我认为这是一种伪动态学，因为借用此种标注也可以轻易地代表地球上不同的位置——例如，纽约的汉堡市场与北京的汉堡市场。可见，关于价格如何调整到均衡状态的解释无法明确区分时间点和位置点的不同，因此也就不存在什么真正的动态学。若模型具有真正的动态性——即时间里的经济学——则模型里的一个或多个内生变量必须具有一个被认可的内生变化，这是阿罗于1959年对价格调整理论提出的一个要求。显然，可以找到很多认可内生变化的文章，比如保罗·罗默（Paul Romer, 1986）的"内生增长模型"，该模型关注的是技术知识增长的内生性，而不是普遍观念中技术革命自然给定的外生性。知识在这种情况下被看作是一个数量［一个储备量，Romer（1986，p.1003）］，一个可以产生递增收益并使该收益成为经济最大化分析的对象。但是，对于这种知识的增长或是积累几乎没有作解释，只是说"知识是通过投入研究中的资源而积累起来的"（Romer, 1986, p.1007）。但这并没有躲开动态学需要解释的问题，它只不过是对动态学存在性的一种断言。

2.2 均衡与平衡

第1章介绍过，本书的讨论内容之一是往往不被经济模型构建者普遍认可的一个主要观点。具体来讲，均衡是一个动态的概念，而平衡则是一个静态的概念。当经济学家讨论非稳定均衡时，几乎所有的物理学家和化学家都会感到困惑。令这些自然科学家感到困惑的是，根据定义，均衡理所当然应该是稳定的。尽管如此，人们还是会经常听到经济学教师在讨论"非稳定均衡"，这真的是一个自相矛盾的说法。实际上，他们在谈论的是一种"非稳定平衡"——平衡可以是不稳定的（想想硬币依靠其边缘部位竖立时保持的平衡），但是真正的均衡却不可能是不稳定的（想想圆碗里底部的一颗弹珠）。

从本质上讲，市场均衡的假设远不止市场供需平衡存在性说明的那样简单。与平衡的概念相反，均衡的概念指的是一种最小形式的动态学。这里要再次提起的是，大多数教科书中并没有讲明这种区别，原因在于他们经常把平衡与均衡的概念混为一谈，尽管阿罗于1959年发表的被广泛认可的文章中支持了一种价格调整理论，但这种均衡和平衡之间概念上的混淆仍然存在。针对这个方面，他阐明了微观经济学中，为什么当供需相等时对价格的解释必然有别于与当供需不等时对价格的解释。也就是说，他认为虽然在前一种情况下，可以有效地假定决策者是价格接受者，但在后一种情况下，却无法假设所有的决策者都是价格接受者，而是必须要解释价格如何进行调整以及为什么可以调整到均衡水平。简而言之，肯定存在有些人不是价格接受者，而是改变价格的人。

因此，自然科学家可能会再次声称，经济学家所谓的"非稳定均衡"是一个自相矛盾的说法。但是，如果不涉及物理或化学的复杂性，这个问题的描述会变得很简单。尤其是当再次考虑依靠其边缘部位竖立在桌上的一枚硬币的时候，只要不碰到桌子，硬币就可以依靠它的边缘部位竖立不动，但是如果我们触碰桌子，硬币就会倒下。由此我们可以说依靠边缘部位竖立的这枚硬币处于一种非稳定的平衡状态。现在考虑把一颗弹珠放在一个圆底的大碗里。如果我们将碗放在桌子上，并碰一下桌子，会发现弹珠终将会稳定地停在碗的底部，而如果我们再次碰撞桌子，虽然刚开始弹珠会滚到碗的一侧，但最终仍会稳定在碗的底部。弹珠、碗和重力一起确保弹珠最终会停留在碗的底部，这说明碗里的弹珠处于一种均衡状态。

在经济学中，当我们谈论一个稳定的市场时，必然会谈到引发动态变化的动力。如果在一个市场中发生了供不应求的市场变化，那么需求者（他们面对的问题是过度需求）抬高价格的行为就是恢复供需均衡的一个动力。不过，这需要假设当价格低于出清价格时会出现过度需求（因而抬高价格会减少过度需求，直到恢复均衡）。当然，如果需求曲线斜率为负而供给曲线斜率为正，那么情况就总会如此。如果出于某种原因，商品的需求曲线斜率为正，如吉芬商品①或者是凡勃伦效应②，以及供给曲线斜率为负，如数量折扣情况，那么过度需求可能会发生在高于市场出清价格的价格位置上，而任何一种抬高价格的行为都会让事情变得更糟（即导致更为严重的过度需求）。因此，在后一种情况下，抬高价格不会导致市场出清价格。于是，若一个市场是稳定的，则意味着需求或者供给曲线的斜率是正确的（过度需求出现在出清价格下方），或是需求者对过度需求的反应就是抬高价格。也有一种说法认为两种情况都会发生。③因此，当有人认为均衡价格就是供给等于需求时的价格时，这种说法并不充分。具体来讲，当曲线斜率出现错误时，需求也可以等于供给（或许是偶然现象），但这只是确保了均衡存在的可能性（就像依靠边缘部位竖立的硬币），因为任何引起过度供给或过度需求的干扰都会引起市场价格偏离均衡价格，进而引发市场的不稳定。

上述讨论的内容对于某些读者而言似乎非常基础，但我在这里提出这些问题的目的是为了运用简单的专业术语来说明均衡状态的存在意味着什么，以及阿罗等批评者为什么会提出质疑：在缺少确保实现均衡所需动态性假设的前提下，就假设了均衡状态的存在性——尤其是在市场或经济随时都有可能受到冲击的情况下。

2.3 一致且完全的解释

早期经济学家最深刻的见解之一就是，如果有合适的制度结构假设，那么一个以自由市场交易为基础的经济体是自组织的。理解这种市场行为

---

① 商品需求随价格上升而上升。
② 因购买价格较高的商品而让邻居感到羡慕。
③ 有关这个问题更加详细的讨论，请参见我于1986年出版的著作中的第7章，尤其是7.3节。

的关键是，经济人可以对一系列价格做出反应，价格通常由市场决定，市场可以反映整体的稀缺性和充足性……经济学家们长期以来一直假定，尽管往往只是含蓄地表达，由这样的市场构成的经济体有唯一的整体均衡，而且它应该一直都是唯一的。除了里昂·瓦尔拉斯，其他的经济学家们也付出了巨大的努力，但他们还是无法证明这种直觉，直到肯尼斯·阿罗和杰拉德·德布鲁解决了这个难题。两人使用了迄今为止大多数经济学家尚不了解的一些数学知识，证明了一个完全竞争经济模型的均衡存在性。不过，他们的均衡模型所需要的条件非常特殊，其中的许多条件甚至都没有在现实世界中出现过。一般均衡模型至少能够反映出现实经济的某些方面，在众多的必要条件中，最基本的一个条件是，公司都属于竞争性市场中的价格接受者，而不是寡头垄断市场中的价格制定者。

理查德·利普西（Richard Lipsey，2012，§Ⅱ）

20世纪50年代和60年代所做的许多艰苦的理论工作都在致力于实现瓦尔拉斯一般均衡分析的公理化。① 其核心问题是：对价格和交易数量的某种解释是否一致？建立一致性的主要方法是构建一个联立方程组模型，它可以根据效用或利润最大化的行为假设求解价格向量和交易数量向量。公理化包括一系列严格规定的假设，这些假设包括效用函数、生产函数及其性质和相关约束条件，比如有限的劳动量和资本量。如果假设成功，那么我们就能够求解出价格向量和交易数量向量，但实际上常常会出现方程组的解不止一个的情况，这就对那些认为可以用自己的模型来解释可测价格和数量的人提出了一个重要的方法论难题。虽然可测价格向量能够与模型的假设保持一致，但当存在多个解时，这意味着模型也可能与未观测到的某些价格保持一致，因此，如前所述，它可以用来解释为什么价格是这样的，但并不能解释为什么其他在逻辑上可能的价格

---

① 公理化是一种形式化的数学建模方式，它明确地将假设确定为公理（因此不会受到质疑）。这种公理化类似于我们在高中几何学课上的教学模式——特别是那些主要用来教授逻辑学的课程，可按部就班地讲授公理、公设和假设等内容。

向量却没有被观察到。于是，作为对价格和交易数量的一种解释，该模型是不完全的。

我在此只想明确表达，如果希望对价格的解释是完全的，那么不仅需要解释价格为什么是这种情况，更需要解释为什么价格不是其他的情况。显然，在某种程度上，一个方程组有一个完全解（如一般均衡模型的解），就必须保证不可能存在额外的多个解。但同样明显的是，方程组又必须是一致的（即不会自相矛盾）。因此，现在有一个最重要的问题是：如何确保一个模型既一致又完全？

在 20 世纪 50 年代和 60 年代的文献论述中，如果使用一般均衡模型来解释价格，那么至少需要保证均衡价格解的存在性，从而证明模型至少是一致的。要证明一般均衡模型价格解的完全性，还需要证明由模型的解所代表的均衡价格向量的唯一性。然而，如果声称一般均衡模型能够解释价格（和交易数量），那么只明确价格均衡向量的唯一性是不够的，价格向量解还必须是稳定的。不过，20 世纪 50 年代和 60 年代的稳定性分析实际上还只是一个梦想。利用均衡模型的解去说明所有的情况是远远不够的。如果希望模型的解能够成为一种真正的解释，那么模型的解不仅必须唯一，而且必须稳定，同时该稳定性也必须能够得到解释。这就是阿罗 1959 年支持价格调整理论的动机，也是对 1954 年阿罗-德布鲁一般均衡模型的存在性证明中缺乏真实动态学一直不满意的原因。接下来探讨有关一般均衡模型中均衡解的这些方面。

2.4 存在性与唯一性

方程的个数和未知数的个数相同这个条件不能证明解的存在性，也不能证明解的唯一性，例如下面这几个十分简单的方程：

$$x^2+y^2=0 \text{ 和 } x^2-y^2=1$$

其中的解 x 和 y 都不存在。另外，即使方程的个数与未知数的个数相同，也有可能出现有限多个甚至是无穷多个解的情况，如：

$$x^2-y^2=0$$
$$x+y-z=0$$
$$xz=0$$

其中的解 x，y 和 z 就有无穷多个。

亚伯拉罕·瓦尔德（Abraham Wald，1936/51，pp.369-70）

当瓦尔拉斯在思考均衡价格（即市场出清价格）的存在性时，他认为只需要保证方程的个数等于内生变量的个数即可。通常，这是求解方程组的一个基本条件。但是瓦尔拉斯的错误在于，这个相等的条件既不必要也不充分。在本节引文中亚伯拉罕·瓦尔德（Abraham Wald，1936/51，pp.369-70）已经说明，方程的个数与未知数的个数相等既不能证明联立方程组解的存在性，也不能证明其解的唯一性。

考察一般均衡模型中解的存在性和唯一性的一个方法就是，把二者都看成是所谓不动点的重要因素或是二者都满足不动点定理。假设给定某个模型 M（比如说一个一般均衡模型），它可以对变量 y（如一个均衡价格向量）进行解释，不动点 $\bar{y}$ 意味着 $M(\bar{y})=\bar{y}$。如果讨论市场经济中的一般均衡模型，那么就会存在一个基本的原则：市场中的每个人都是价格接受者，而价格完全由市场决定。当将几个特殊赋值插入价格集中时，这些价格能够引导供需双方中所有的消费者和供给者都一致实现最大化的交易数量了。从一般均衡模型能够解释价格的角度看，这些不动点是显著相关的。当然，任意一个市场价格的非均衡集都无法成为一个不动点，因为还有人没有实现自己的最大化利润或最大化效用。为了成为一个不动点，市场价格必须引导供需双方最大化，而当最大化实现时，双方就都没有什么理由再去改变彼此的供需数量了。为了证明一般均衡

模型 M 中的市场价格均衡集的存在性，人们会根据模型中所使用方程的形式来引用某个不动点定理，如果一般均衡模型的研究方法是微积分，那么就使用布劳威尔（Brouwer）不动点定理；如果模型的基础是集合论，那么就是使用角谷静夫（Kakutani）不动点定理。为了给出价格为什么是这样的价格的一致性解释，任何一个不动点理论都会明确必要性假设和充分性假设。但请注意，证明均衡价格不动点集的存在性和动态学无关——也就是说，不动点理论属于静态分析工具，与将价格推动到不动点处的动态过程没有关系。然而，无论考虑使用什么样的动态过程，为确保均衡价格集的存在性和唯一性，不动点的存在都是一个最低的条件——也就是说，对于唯一且稳定的价格集来说，不动点的存在是一个必要非充分条件。

2.5 均衡稳定性分析

> 不可否认的是，在对经济状态进行详细分析的过程中，很多人没有给出假定的经济状态为什么即将发生或已经发生的任何理由。这种情况既令人震惊，又可能十分危险。
>
> 弗兰克·H. 哈恩（Frank H. Hahn，1970，p.1）

尽管阿罗在1959年的文章中呼吁过，以及20世纪60年代发表的大量文章也有所强调，任何使用一般均衡分析方法解释价格的模型都有必要提供稳定性分析，但时至今日，几乎没有人对此表示关心。其中一个明显的原因也许是，没有人能够成功地从假设合理的模型中得出必要的稳定性分析，因此似乎也就没有什么可关心的。

20世纪60年代曾经有人尝试解决这个问题，比如弗兰克·哈恩和根岸隆（Frank Hahn and Takashi Negishi，1962），在此之后，富兰克林·费舍尔在其书中（Fisher，1983）也进行了探讨。但由于缺乏一个貌似合理的均衡模型，导致现在的人们还不清楚放弃稳定性分析究竟是因为大家都认为它注定将会失败，还是仅仅因为每个人都对经济学理论的形式公理化失去了兴趣。我猜测这些可能的原因并不是相互排斥的。但无论是什么原因，我们都面临着对经济模型和建模活动提出批评的人士可以轻易指出的这个缺陷。

2.6 均衡模型中的货币与时间

> 货币在技术上等同于记忆的初始版本。
>
> 纳拉亚娜·科切拉科塔（Narayana Kocherlakota，1998，p. 250）

如本节和第1章所述，通过把时间简单地标注为下标变量或者通过承认时间的滞后性而将时间纳入模型中的做法，根本无法解决大多数批评者对所谓的静态一般均衡模型的批评。实际上，一些批评人士只要求模型必须是时间里的模型——也就是说，任何被认可的时间变量都必须符合"时间之箭"。人们往往没有意识到，如果不能发挥时间的正确作用，那么也将很难发现货币的现实作用。于是，又出现了一个熟悉的问题，却也是一个有关20世纪60年代采用公理化建模时遇到的问题［参见 Hahn（1965）］。即货币的作用肯定远远不止是为了表达价格的数量，或者它就像人们常常提到的"哈恩问题"：我们能否构建一个一般均衡模型，模型中的货币尽管缺少内在的用途或直接的效用，但依然具有价值？

保罗·戴维森（Paul Davidson，1972，1977）和乔治·沙克尔（George

Shackle, 1972) 已经告诉过我们, 必须赋予货币一个重要的角色, 而不能仅仅将其看成是一个数字。如果把一般均衡模型纳入时间体系里, 而不仅仅是把时间放置到模型中, 那么货币就会有一个不可替代的重要作用。特别是像瓦尔拉斯一般均衡模型, 它通常把交易描述成一种物物交换, 因而也就无须货币。在20世纪60年代, 人们认为货币只是一种静态的价值储藏、记账单位或交换媒介。也就是说, 货币在均衡模型中的作用只是作为一种表达价格的方式, 因而也无须列出所有可能的相对价格。沙克尔和戴维森分别论述了经济中货币的存在是实际时间重要的直接结果。与易货经济中的交易相反, 实际的市场交易有时需要在某个时间点下订单, 并在之后的另一个时间点获得货物。通常情况下这与合同有关。合同可以规定不交付货物或是不执行合同的后果, 对违约者的惩罚常常是以货币形式执行。这意味着对于任何动态一般均衡模型来说, 合同存在的必然性可能意味着, 货币超越了人们对其公认的静态角色的认知——货币还有一个额外的角色。换句话说, 以戴维森-沙克尔的观点来看, 货币使实时合同成为可能。此外, 如果缺乏包含时间流逝的基本过程(如工具制造、树木生长、葡萄酿酒等), 合同也就没有存在的必要性。

戴维森-沙克尔的观点显然确实提供了动态学本质上的内生性——尤其是在投资方面, 它承认了"预期"的作用。在沙克尔看来, 需要认识到预期形成的问题, 因为投资或未来销售等决策包括"不确定性"。此外, 由于我们无法确定预期是否为真, 所以戴维森-沙克尔的观点是把合同(和货币)看作是"理性"决策说明中的重要部分。但不幸的是, 聪明的均衡模型构建者很容易作出的辩护是, 对不确定性、预期或合同的认知只能让我们解释为什么某些合同比其他合同更好, 从而简单地把合同和预期作为额外的内生变量加入典型的微观经济学研究项目之中。

2.7 均衡模型中的预期和知识

在一般均衡模型的构建中，常常被忽略的问题是，人们需要掌握有关决策的所有建模知识。建模者往往把信息和知识混为一谈，却没有意识到（如第 1 章指出的）这样假定的学习理论恰恰是 200 多年前哲学家和经济学家大卫·休谟所反驳的理论——也就是说，不存在只通过观察就能证明一般性命题为真的有效逻辑［参见 Boland（2003，chapter 1）］。仅仅是因为今天所能获得的任何数量的信息本身都不是一个人获得未来知识的充分的逻辑基础，所以才会有预期的形成。

我认为（Boland，1986，chapter 8），不幸的是，每当经济模型构建者认为预期的形式可能存在问题时，他们通常都将其完全归因于"信息集"（它是基于对现有观察的可用信息集合的简单描述）的不完全性，而不是将其归因于个人学习方法可靠性的缺陷。也就是说，若存在一个信息集，只要从中能够推出两个不同的预期集，则可以断定这个结果是由于信息集的不充分性而不是由于学习方法的不可靠性造成的。对这种假设性的解释实际上是人们经常使用的特殊学习理论的一种体现。而休谟指出，这个归纳性的学习理论是错误的。简单来说，这一理论主张的是"事实为自己说话"。根据该理论，事实信息的不确定性被假定为不是由于处理信息能力的不足导致的。同时也假定，无论是谁利用这个信息得出的结论都将是相同的。模型构建者和个体决策者对于个体最优化问题得出相同结论的必然性，是现代理性预期假说［如 Lucas and Prescott（1971），Sargent and Wallace（1976）］的应用基础。

如果我们忽略了休谟的观点——也就是忽略了如下一点：仅仅基于观察并不能在逻辑上形成有效可靠的归纳——那么就很容易理解，为什么现代宏观经济模型的构建者能够如此轻易地假定个体决策者的计划是建立在自己合理的预期基础之上的。即使缺少完全知识的假定，但仍然有一个完美学习方法的假定，尽管这是一个缓慢的方法。每当假设所有个体都在处理同一个信息集时，无论建模者是在解释最终的一般均衡，还是在解释单一个体无法决定的一个总变量，这些都已经不重要了。通过把注意力集中在总变量上，人们就不必再去考虑如何解释任何个体的预期或学习方法，因为任何个体根据不完美的学习方法作出的决策都被假定为对总变量的值而言几乎没有什么影响。当然，每当引用代表性经济人来提供微观基础时，人们还是不得不考虑这一点，否则在个体如何根据一个未来均衡的预期作出决策的过程中，为了避免微观问题而会遇到的唯一阻碍就是：如何能够确保不会有任何个体的错误而导致非均衡或是妨碍均衡的实现？这才是一个棘手的问题。

理性预期最初是由约翰·穆斯（John Muth，1961，p.316）提出来的，他把理性预期当作一个明确的假设，"因为理性预期是对未来事件有依据的预测，本质上与经济理论的相关预测是相同的"。导致个体预期在"本质上相同"的原因有两个：一个是这里的"相同"是建立在"事实为自己说话"的天真假设之上——也就是说，存在一个没有任何错误的先验知识的假设；另一个是这里的"相同"是基于一种信仰，即"相关经济理论"有着坚实而充分的实证事实作为基础，而且任何人都可以观察到这些事实。这些原因与大众的批评相矛盾，比如本杰明·弗里德曼（Benjamin Friedman，1979）认为，穆斯所谓的理性预期假说在解释预期是如何形成的时候，实际上缺乏一种完整的学习理论。本杰明与休谟的观点不同，他认为对坚实基础的信仰是这样一种信仰：相关经济理论已经归纳地建立起来，利用的只是通过可观察到的事实和基于一种假定可靠的归纳逻辑的学习方法。因此，个体使用相同的事实进而归纳形成的预期，不可能过分偏离以"相关经济理论"为基础的预期。

个体预期可能出现偏差的唯一情况是，全部可用信息并没有被完全使用——也许对个人来说，处理所有可用信息的代价太高。这样，由于所选信息集的不完全性，个体预期通常不会是完美的。因此，穆斯补充道："（理性预期）假说是指企业的预期往往分布在与理论预测有关的相同信息集中。"（Muth，1961，p.316）如果我们遵循休谟的观点，不再相信存在一种可靠的归纳性学习方法，那么我们将提及另外一个偏差，即一个最优化个体形成的预期和建模者根据相关经济理论来预测个体形成的预期之间的偏差。然而，当我们放弃对可靠归纳性学习的信仰时，就没有理由再怀疑相关经济理论给出的预期会比个体形成的预期更加准确。每当归纳性学习方法不完美的时候，就没有理由认为预期只存在于"理论预测"之中，而不会存在于其他形式的预测集之中。因此，可以得出，与休谟观点相反的确切结论是：穆斯和理性预期假说的拥护者都笃信归纳学习的可靠性。

接下来我需要陈述一个方法论观点。当解释具体的知识主张时，经济学家经常对归纳的含义感到困惑。某些人似乎认为，归纳并不是在一般模型的构建过程中单纯运用观察的结果。归纳的内容实际上要丰富得多，因为它要利用仅有的观察来形成一个一般化的模型——也就是说，丝毫不借助其他额外的假设（包括最大化的假设）。而休谟只是提出，如果有人认为自己的知识仅仅是基于以往的经验（即过去的观察），那么我们可以不断地询问他们是如何获悉自己的知识都是正确的。为了保持一致性，他们必须"根据经验"给出回答，当然，还可以再次询问他们是如何知道自己所了解的知识究竟是什么类型的知识等——显然这会导致一个无限的回推过程，因此，人们无法证明仅仅根据经验（即仅仅基于观察）就能够进行学习。这样看来，根本不存在所谓真正的归纳。相反，我们有的只是陈旧的、具有风险性的、"于仓促之中得出的结论"，仅此而已。①

对于那些依赖于理性预期假设的建模者，这是不幸的，因为缺少可靠的归

---

① 我曾经提到，许多经济模型构建者对归纳学习的含义感到困惑。他们经常简单地认为任何包含观察数据的论证都属于归纳，其真正的意思是，没有使用任何观察就得出结论的归纳都不是纯粹的演绎。

纳学习方法。理性预期假说的问题不在于它缺少学习理论，而在于它依赖于一种错误的学习理论。我们应该为理性预期假说提出一种方法，以避免与学习或预期的形成有关的微观经济学难题。事实不仅必须为自己说话，而且必须对每个个体都说同样的话。不过，如果没有一个完全可靠的学习方法，我们通常会发现，个体用来解释事实所用的方法严重受到自身先验理论的影响。换句话说，预期的形成取决于理论。事实上，如果真的能够讲话，也只能借助个体的理论来说话，那么就可以说，所有的事实都"承载着理论"。但这会引发很多问题，除非有某个理由能够说明为什么所有的个体都确信同样的一个先验理论〔另见Frydman and Phelps（1983）〕。如果没有一个可靠的归纳逻辑，就没有理由怀疑任何两个个体都会相信同样的理论，也没有理由解释他们为什么会以完全相同的方式对相同的信息集作出反应。我们现在明白了为什么某些均衡模型的构建者发现这里隐含着随机行为，进而也明白了为什么他们认为有必要将宏观经济学模型或一般均衡模型建立在对随机过程的理解之上〔如 Hey（1981）〕。

事实上，理性预期假说在中途改变了目标。很多一般均衡模型构建者不再假设在一般均衡模型中，所有决策者都有足够的知识去作出正确的最大化决策，尤其是投资决策，而是建议不应该期待决策者比任何一个专业的计量经济学家使用数量更多的观测数据。当然，并不是每个人都会认为这样的建议是实际的。尽管如此，令那些确实引用了理性预期假设的建模者感到满意的是，借助观察数据，计量经济学模型构建者的预期和被解释的个体决策者的预期是一致的。可以肯定的是，实际上，我们不可能指望个体决策者比使用最佳计量经济学技术的建模者得出的预期更加准确。显然，应该考虑到决策者出现的非系统性错误。

2.8 宏观经济学中的均衡模型与对微观基础的所谓需求

人们不能指望从瓦尔拉斯方法到宏观经济学方法之间存在着任何简单而直接的映射。二者研究经济学的目的不同,自然研究方法也不相同。不过,如果两种方法都没有为对方提供经验教训,那倒是很奇怪的现象。

罗伯特·默顿·索洛(Robert M. Solow,2011,p.101)

对于那些接受批评意见的宏观经济模型构建者来说,他们声称,未经修改的理性预期的假设充其量是不受支持的,当然,回避这种批评的一种方法是,简单地解释个体预期的形成方式。同样地,我们能否通过将宏观经济模型建立在瓦尔拉斯一般均衡分析的基础之上来避开这些批评呢?从第1章的讨论来看,这种做法值得怀疑。虽然有些人可能仍然希望,建立在瓦尔拉斯一般均衡基础上的宏观经济模型可以提供必要的微观基础,但也有另外一些人,如罗伯特·索洛(本节之初的引文),甚至可能都不会认可这样的模型是宏观经济模型。

正如第1章所讨论的,为宏观经济模型提供微观基础的一种常用的替代方法是采用宏观经济学的代表性个体经济人。如果对经济问题的建模采用均衡模型方法,那么代表性经济人也必须处于均衡状态,即最大化状态。至少,对代表性经济人均衡行为进行的分析应该清楚地解释个体怎样形成自己的预期。一个良好的开端应该包括明确分析个人如何获得所需的知识,并以非归纳的方式形成预期。

当然,在第1章中也讨论了对代表性经济人使用方面的一些意见和批评。显然,我们也应该加上索洛对使用单独的代表性经济人的那些意见(Solow,

2011, p.100):

> 实际上,模型经济的中心几乎可以说是"由一个单独的（临时性的）优化家庭组成,它提供劳动力、消费、储蓄,并拥有据此产生的资本"。

对于使用代表性经济人而不是使用成熟的瓦尔拉斯一般均衡的情况,索洛的批评是（同上,原文强调）:

> 我觉得这种研究宏观经济学的方法远不如瓦尔拉斯的传统方法,也就是说,虽然代表性经济人的构想存在缺陷,但它仍会对模型经济产生影响,从而也会对实体经济有某些影响,这是一个连续且具有目的性的特征。经济正在努力优化代表性经济人的效用,但容易受到一切可能存在的摩擦或信息限制。它是我不愿意为之辩护的真实宏观经济行为的一个特征。

那么在什么情况下,你愿意为代表性经济人的使用进行辩护呢？事实证明,哈特利在18年前直接回答了这个问题（Hartley, 1997, p.66）:

> 代表性经济人的假设能否在瓦尔拉斯框架下发挥作用,完全取决于一个问题的答案,即人与公司之间的异质性究竟是一个不相关的、复杂的因素,还是实体经济的一个重要组成部分；在瓦尔拉斯框架下使用一个代表性经济人是一个非常有力的假设,即经济的重要特征不受现实中不同的人和公司之间存在差别这一事实的影响。如果这个假设是正确的,那么使用代表性经济人的假设就不存在问题。然而,如果它是不正确的,那么在瓦尔拉斯模型中使用一个代表性经济人就是不合理的。瓦尔拉斯模型使用不合理的代表性经济人的假设而获得的结果是毫无价值的。

可见,代表性经济人的效用是有限的。因此,使用代表性经济人给宏观经济学模型提供基于均衡的微观基础,我们是否应该承认这种做法的效用呢？科曼（Kirman, 1992, p.119）的结论是：显然,"代表性"经济人应该体面地离去,作为一种经济分析的方法,它不但粗糙,而且从本质上讲,它也是错误的。

2.9 不太苛刻的均衡概念：自我确认和随机性

纳什均衡及其改进描述了这样的情况：（1）每位参与者的策略都是在其确认对手行为之后的最佳反应；（2）每位参与者都能够准确掌握其对手的行为。而我们提出了一个新的均衡概念，即自我确认均衡，它弱化了条件（2），只要求参与者在博弈均衡路径上的判断正确……自我确认均衡的概念源自这样一种观点：非合作均衡应该被解释为学习过程的结果，在这个过程中，参与者利用先前博弈行动的结果来修正他们的判断。

德鲁·弗登伯格和大卫·莱文（Drew Fudenberg and David Levine，1993，p.523）

把均衡看作是非均衡学习的结果表明，与偏离均衡路径的行动结果相比，参与者更加了解均衡路径上的行动结果。事实上，如果博弈能够收敛到均衡，同时参与者有很多观察结果，那么我们可以期望参与者对均衡结果判断正确。但是根据定义的要求，在均衡状态下偏离路径的行动不会被轻易观察到，于是会出现一种情况，即对偏离路径错误的行动判断可能会持续相当长一段时间。

德鲁·弗登伯格和大卫·莱文（Drew Fudenberg and David Levine，2009，p.2355）

如果只有好东西经得起时间和实践的考验，那么进化自然会产生智能的设计……但偏离均衡的学习理论告诉我们，不要总是期待这样的事情发生。从有理性预期的计量经济学中得出的一种观测等价可能性设置了这样一种场景：它描述了自适应经济人的系统是如何收敛于自我确认均衡的，在这个均衡中，所有经济人对于沿着均衡路径运动的观察事件都拥有准确的预测分布，但是对于极少被观察到的事件，就可能会得出错误的认知。这一点十分重要，因为理性预期均衡的智能设计取决于政府对无法被观察到的事件的预测，而自我确认均衡保留了与历史数据匹配的错误模型及其对政策的影响。

托马斯·萨金特（Thomas Sargent，2008，p. 6）

在美国经济学会的一篇报告中，萨金特（Sargent，2008，p. 6）提出了"自我确认"均衡的概念，并把它作为假设非常苛刻的理性预期均衡的另一种尝试。采用这个方法解决的主要问题似乎是存在于宏观经济理性预期中的一个假定，它假设决策者使用了正确的经济模型，这样的模型与专家级别的宏观经济学模型构建者在使用全部已有数据后得出的模型相同。事实上，我们期望经济中的个体决策者能够构建出这样相同的模型并进而去指导自己的决策吗？人们现阶段的共识是：不能。相反，正如德鲁·弗登伯格和大卫·莱文（Drew Fudenberg and David Levine，1993，2009）在有关博弈论文章中的建议：个体应该被视为通过决策来学习模型，即使一些决策可能并非最优决定。但可以假定，就平均而言，所有利用自我确认均衡假设的决策都将落在均衡的邻域内。于是，个体的决策属于暂时性的非均衡决策，只要有足够的试验，它们可就以收敛到理性预期均衡。至少，我们无法指责建模者简单地假设所有的决策者都把相同的经济模型作为决策者宏观行为的模型，或者指责他们假设个体决策者为了作出符合理性预期模型假设的决策而拥有的不切实际的时间量或试验次数。

有人可能怀疑理性预期模型的批评者能否发现引入的自我确认均衡只不过是改变了目标的一种均衡。还有人可能会期待自我确认这个备选方案的支持者会求助于弗里德曼这样的工具主义者（Friedman，1953）的"好像"方法论（第1章中有简短介绍，它在某种程度上为代表性经济人假设的现实主义进行辩护）。

卢卡斯和萨金特在早期发表的一篇论文中（Lucas and Sargent，1979）讨论了动态模型，尤其是那些用于解释经济周期的模型。他们在文中为所有理性预期均衡中的决策者拥有完美知识的假设提出了各种备选方案。从讨论经济周期的凯恩斯模型的缺陷开始，直到把凯恩斯经济模型刻画为对古典经济理论的摒弃结束，尤其强调了要放弃的对"两个假设的坚持：第一个是市场出清的假设，第二个是经济人自利性行为的假设"（p.7）。他们解释说，凯恩斯时代理解的均衡概念已经发生了巨大的变化，并主张现在可以把经济看成是正在"遵循一个处于均衡状态的多变量随机过程，在每个时间点上，前面提到的两个假设都能够得到满足"（Lucas and Sargent，1979）。他们理解的均衡似乎只是阿罗-德布鲁模型的修正版（如前所述）。因此，有人仍将期待随便哪个批评者都可能会发现把基于任何一个随机过程的均衡仅仅看作是改变目标的另外一种尝试。与此同时，约翰·希克斯（Hicks，1979，p.121）给出的告诫则是：

> 我的结论有些大胆……经济学中使用的"统计学"方法或是"随机性"方法，远远没有传统观念中认为的那么有用。没有必要机械地求助于这些方法，而且在使用这些方法之前，人们应该经常问问自己，它们是否适合正在研究的问题？

当然，为了对希克斯的结论进行辩解，卢卡斯和萨金特常常会使用弗里德曼的"好像"方法论。

2.10 使用一般均衡模型的局限性

在上述背景下，越来越多的经济学家最近冒险进入了被克里斯托弗·西姆斯（Christopher Sims）称为非理性预期和有限理性"丛林"的研究领域，部分人是为了建立过渡动态学的理论，部分人是为了理解均衡动态学的性质，还有一部分人是为了提出一种全新的、并不稳定的系统动态学。除了知道西姆斯把这一领域描述为研究领域的"丛林"之外，人们无法从该领域得出任何一般性的过渡理论或有限理性理论，不过在研究中还是有很大的收获，也许其中的某些收获与真正的过渡考察有关。

之所以称这个领域是丛林，是因为研究者在决定放弃均衡理论提供的规则之后，将面临非常多的选择。在一个普遍能够理解的背景下，通过把模型中的行为人视作最优决策者，均衡理论能够帮助行为人做出很多抉择。当我们撤回普遍理解意义上的背景假设时，必须用某种其他的东西来代替它，因而也就存在着很多看似可行的可能性。具有讽刺意味的是，每当经济学家要求模型中的行为人在理性上更加"受限"、对背景理解更具多样化的时候，我们必须变得更加聪明，因为模型的规模会越来越大，对数学和计量经济学方面的要求也会越来越高。

托马斯·萨金特（Thomas Sargent，1993，pp. 1 - 2）

批评经济学均衡模型构建的学者喜欢讲述一个醉汉的故事：醉汉在两个路灯之间较黑的地方弄丢了钥匙，但在路灯下面寻找钥匙，只是"因为这里的光线更好"。虽然一些建模者可能会忽略这个故事的相关性，但这个故事却相当准确地捕捉到了建模方法目前的某些状况，尤其是宏观经济学理论方法的使用状况。原因很简单，正如萨金特所言，任何关于非均衡模型的数学总是比任何关于一般均衡模型的数学要难得多。考虑到这种批评，我们应该提出的主要问题是：且不说解释未来的经济状况，经济模型构建者凭什么会认为一个均衡模型能够解释当前的经济状况呢？

今天的建模者在谈论瓦尔拉斯一般均衡分析时，几乎从来没有提到过瓦尔拉斯自己陈述的观点，而发现这一点其实非常重要。瓦尔拉斯是否说过什么对建模者来说并不重要，但对研究经济思想史的学者来说却很重要〔参见唐纳德·沃克尔（Donald Walker）1996年的著作，以及米歇尔·德弗雷（Michel

DeVroey）1999年的评论］。如今提及瓦尔拉斯的名字只是用来描述某种均衡模型的名称。索洛（Solow，2011，p.99）讲述的"瓦尔拉斯经济"能够定义一组连续的、零次齐次的过度需求函数（即只有相对价格起作用），并且满足瓦尔拉斯定律（若所有市场的需求都等于供给，则总过度需求为零）——但是除此之外，并无更多，因为"路灯"照亮的东西就只有这些。

还应当指出，在典型的瓦尔拉斯一般均衡模型中处于均衡状态的市场上，参与者通过抬高或降低价格来实现均衡，而弗朗西斯·埃奇沃思（Francis Edgeworth）的做法则与之不同，他认为均衡是通过个体之间的直接交换实现的，其均衡模型承认多样性的存在，均衡包含着不同的偏好、禀赋或收入。在教科书中，通常会利用一个所谓的埃奇沃思-鲍利盒状图（Edgeworth-Bowley box）来表达交换均衡中两个个体如何分配两种商品以获得两人各自的最大化效用。埃奇沃思均衡是指任何一方都不能在不损失另一方效用的情况下获益。我在这里提出埃奇沃思关于均衡的描述是希望指出，与普遍看法不同的是，埃奇沃思均衡可以被理解成对一般均衡必要条件的刻画。也就是说，如果存在瓦尔拉斯一般均衡，那么总是可以选择任意两种商品和任意两个人，并且能够证明他们处于埃奇沃思均衡状态。正如后面两章将会介绍的那样，这为博弈论模型的使用打开了大门。不过，强调瓦尔拉斯一般均衡模型的应用背景十分重要，这个背景是这样的：假设个体的私人最大化只基于自身的私人偏好和禀赋以及现行的市场价格，也就是说，作为价格接受者，某一个体的最大化不是基于其他个体的行为，而仅仅是基于市场上已经明确的价格。

第1章介绍了一般均衡假设从属于最大化——如果我们假定普适的最大化，有人甚至会说这种均衡的假设是多余的。当然，只有在我们无法解释均衡状态是如何获得的以及为什么普适最大化具有可行性时，这样的行为才是多余的。这是使用均衡模型说明价格和需求量的主要局限。除非一个均衡模型解释了价格和需求量是如何产生的，否则它只能使用均衡的邻域性质。我们是从大多数包含微观经济学原理的教科书中学到这一点的，其含义也出现在阿尔弗雷德·

马歇尔《经济学原理》(1890)第五卷之中。为了使用邻域性质，可假设价格或需求量在其均衡点处发生变化，以描述价格和需求量如何重新返回均衡状态。例如，在均衡价格之上提高商品的价格会产生过剩供给，因为追求效用最大化的消费者会减少需求，而追求利润最大化的工厂会增加供给。也就是说，当价格上涨时，工厂生产这种商品的价格高于边际成本，唯有生产更多才能继续获得最大化的利润。这样一来，当需求下降时，某些（或是所有的）工厂将无法卖掉生产的全部产品，因此至少会有一家工厂将降价出售生产的过剩商品。不过，这种说明最大化作用的启发式方法只具有邻域性质，它缺少对"竞价"制度框架的任何讨论。另外，还缺少对经济中某个经济人与其他经济人如何互动的认知。而且，这种局限特别容易出现在某些宏观经济模型之中，这些模型可以引用代表性经济人所需要的微观基础，由于使用了代表性经济人，人们无法了解其他的经济人，进而也无法认识到现实世界中的很多经济人之间存在着相当大的多样性这一事实。

因此，如果使用瓦尔拉斯一般均衡模型提供必要微观基础的局限性十分严重，那么，为什么今天看不到大量的非瓦尔拉斯模型或非均衡模型用于构建宏观经济学的模型呢？当然，现在有很多包括不完全竞争甚至是黏滞工资的宏观经济学模型，对于这种现象的存在，科曼给出了一个显而易见的原因："调整过程对信息的要求看起来是如此的苛刻，以至于只有在特定的经济过程中才有可能保证收敛性"。对于那些主张均衡概念（Arrow，2011，p.120）合理性的人来讲，这种情况很难让他们感到放心。阿罗以一种有限的方式提出了价格调整理论（Arrow，1959），他主张借助不完全竞争来完成所需的调整理论，但是这样做又会出现两个问题：首先，与科曼的观点一致，这需要不完全竞争者非常了解需求曲线；其次，更糟糕的是，否定这样的假设意味着不完全竞争者对需求曲线是先验无知的，而且工厂在通过试错法了解需求曲线的过程中，不得不提前作出需求曲线的相关假设。如果所作的假设不切合实际，这个过程就是有问题的。罗伯特·克洛尔（Robert Clower，1959）与阿罗同期发表的观点指出，一个无知的垄断者（克洛尔的关注点）对其需求曲线作出了完全错误的假设，也许能够达到他所认为的一个利润最大化的价格和需求量，进而认为实现了均衡状态，于是其行动也仿佛处于均衡状态之中，但事实上，实际需求曲线的最大化很有可能不是这样的。从这个角度来看，我们很容易理解为什么基于完全竞争的一般均衡模型出现的某种偏离，往好的方面看它将问题频出，往坏的方面看它将产生严重的误导。

科曼指出，"在那些仍然自称是瓦尔拉斯模型的现代宏观经济学模型中，个体之间根本不存在相互影响，因为他们全都被假设成了代表性个体。"（Kirman，2011，p.130）而有些人则会很快指出，这就是为什么很多微观经济学模型构建者一直在研究博弈论均衡模型的原因。他们是为了避免不得不依赖于一个基于代表性经济人的均衡动态学解释，不过，博弈论能否成为一个可行的建模方法这个问题将在接下来的两章中进行讨论。

第 3 章 运用博弈论构建理论模型

在过去的十几年里，人们对一般均衡理论进行了重新探讨，把"市场"和"市场行为"都置于研究背景之下，同时，个体间的交易行为也日渐成为人们关注的焦点。研究微观经济学的这种博弈论方法，其创始人是埃奇沃思，而不是瓦尔拉斯，但该方法对于解释宏观经济学微观基础的作用却同样重要。虽然它没有后来的瓦尔拉斯分析法发展得好，但埃奇沃思模型在逐级分解的研究方面能够提出一些内在的宏观经济问题……

在埃奇沃思框架下考虑均衡概念时……人们关注的不是市场，而是个体间的交易行为。作为一个均衡概念，它需要一个交换机制的逻辑支撑点。如果两个人有可能从交易中获益，那么交易前的分配就不应该被称为均衡。从直觉上看，只有当不存在通过交换来改善自身境况的交易者时，均衡才会实现。

E. 罗伊·温特劳布（E. Roy Weintraub, 1979, pp. 128-9）

约翰·希克斯在《价值和资本》一书中写道（Hicks, 1939/46, p. 20）：

如果一个人要在市场价格体系中处于均衡状态，那么他在任何两种商品之间的边际替代率必须与其价格之比相等，否则，他显然会发现用一定量的某种商品替换另一种同等价值的商品（按市场价）肯定是有利可图的。

换句话说，人们可以简单地将个体最大化的行为等同于个体处于均衡时的行为。毕竟，就消费者理论而言，当消费者按照市场价格选择一个商品组合时，它是我们假设并使用严格凸向原点的无差异曲线的直接结果。消费者能够发现，如果在最大组合处沿着预算线向左或向右移动，效用都会下降。因此，人们终将返回最大组合处。希克斯的观点很简单：正是这种自我纠正的行为促成了市场中的均衡行为。这样，与第2章中讨论整个市场甚至整个宏观经济均衡行为不同的是，希克斯的观点为我们提供了一个描述个体行为的工具，并且这个工具显然避免了第2章中提及的批评，比如对作为微观基础的代表性个体的批评。此外，我认为这个工具完美地与每一个博弈论模型中的行为思想相吻合。

同样地，从20世纪30年代开始，对典型微观经济学模型和微观经济学分析加以批评的评论者们，不仅质疑效用作为实证指标的任意性，还经常批评这类模型在讨论最大化问题时过于依赖微积分。比如，为了计算某一特定商品的边际成本，假设是开瓶器或垃圾桶，我们可能需要一个连续可微的总成本函数，不过该函数相比于上述简单的实例来讲适用范围更为宽泛，因为开瓶器和垃圾桶都不像构成边际成本的微分学定义要求的那样是无限可分的——也就是说，无法按照连续总成本函数定义的那样进行讨论。而我认为，无须假设讨论对象的无限可分性，是博弈理论的一种尚未得到重视的优点。[①]

罗伊·温特劳布（Roy Weintraub，1979）认为埃奇沃思均衡的表述弥补了瓦尔拉斯一般均衡模型的缺陷，并把博弈论作为建模的另一种微观基础。这就留给我们借助博弈论模型三种似乎合理的方式来解决第2章中讨论的问题：通过同时考察处于个体均衡中的每个个体以及每个个体与其他个体之间的互动情

---

① 与线性规划一样（在20世纪50—60年代，线性规划是描述优化问题的一种常用方式），博弈论考察的是一个均衡的离散列表，而不是无数可微点的一个连续统，并且其中的大部分点永远都不会被选中。不幸的是，在此期间，人们发现非合作零和博弈的解在数学实质上可以被证明等价于一个相应的线性规划单纯形法的解［参见 Vajda（1956）］。因此，建模者在几十年前就已经失去了对博弈论的浓厚兴趣。不过，请注意，博弈理论不是一定要回避连续性问题，如古诺（Cournot）和冯·斯塔克伯格（von Stackelberg）描述寡头垄断均衡时都作出了连续行动集的假设。

况，博弈论模型对构成经济模型中的个体进行分析；博弈论实际上主要是一种数学分析的形式，尽管这一点常常被人们忽略；通过把多种选择描述成为一个离散选择的有限项列表，博弈论提供了一种摆脱无限可分性假设的方法，本章将对此展开讨论。

3.1 博弈论经济模型：简要的基础性回顾

> 博弈论是研究几个人在有明显互动情况下的决策问题。与其他多人决策理论相比，它具有两个显著的特点：一个是明确考察每个人的可用策略及其策略组合产生的结果，也就是一个完整而详细的"博弈"描述；另一个则是在非合作环境中，每个人只关注自己的最佳选择。
>
> 斯里哈里·戈温丹和罗伯特·威尔逊（Srihari Govindan and Robert Wilson, 2008, p. 1）

由著名的博弈论专家大卫·克雷普斯（David Kreps）撰写的《博弈论与经济建模》（*Game Theory and Economic Modelling*），是研究生初级课程中广泛采用的一本教科书。在教科书的开始部分，他解释了博弈论模型的建模目的（Kreps, 1990, pp. 6-7）：

> 经过演绎检验的"博弈"的形式化数学模型构成了博弈论。正如在较为传统的经济理论中，从正式的、经过演绎检验的数学模型中产生的优势最终体现在（至少）三个方面：（a）它采用一种清晰而准确的语言来表达洞察力和概念，特别是，它提供的一般性假设使得洞察力和直觉能够从一个背景转移到另一个背景，并可以在不同的背景之间交叉检验；（b）它可以针对特定的洞察力和直觉进行逻辑一致性的检验；（c）它具有从"观察"

结果追溯到初始假设的能力,并能够判断哪些假设是特定结论的核心。

在考虑博弈论模型如何应用于经济学以及如何避免可能出现的混淆之前,先做一个简短回顾:明确一些基本的专业术语(也可以认为是行话)以确保我们的看法一致。简单来讲,表示非合作博弈的博弈论模型只有两种:(1)静态矩阵型博弈(也称为常规形式或策略形式),如图 3.1(a)所示;(2)动态扩展型博弈,如图 3.1(b)所示。若要开始构建一个矩阵型博弈,人们必须确定参与者(如参与者 A 和 B)、每个参与者的策略列表或选项列表、选项组合列表,以及每个参与者的收益列表。

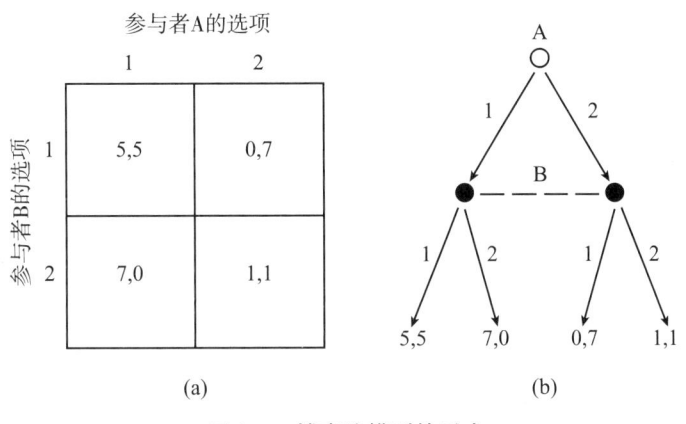

图 3.1 博弈论模型的形式

人们利用扩展型博弈表达一系列的行动(如同国际象棋或跳棋步骤的决策),尽管如果只凭借最终的收益,行动也许与矩阵型博弈的关联更加直接。而如图 3.1(b)所示,箭头表示可以作出的选择,虚线表示矩阵形式中没有出现的一种斟酌,即在前一位参与者作出决策后,后一位参与者为了作出决策而获得的信息(同样地,在国际象棋或跳棋比赛中也会遇到这种情况)。这两种形式唯一共同的内在特征是为了决策而作出对行动动机的假设——对于博弈论经济模型构建者来说,就是假设某种程度上的收益最大化,建模者通常称之为"理性"。

本书前言已经指出,我的讨论往往集中在"森林",而不是"树木",但在博弈论中探讨的是树木。由于以"树木"为导向进行讨论的教科书有很多，因此在那些教科书中许多常规性例子的讨论不会出现在这里。相反，本书只考察目前博弈论模型在经济学中的应用。

3.2 博弈论经济模型的运用

上面两种博弈模型显然只给出了研究对象和数学框架，以及参与者的性质和行动。此外，这两种模型的可用性在很大程度上是为了识别给定模型的一个均衡，而该模型将用于解释观察到的行为或者预测所代表情况的结果。正如肯尼思·宾默尔（Kenneth Binmore）研究的那样（Binmore，2007，p.2）：

> 在如此广泛的应用领域中，如果博弈论总是能够预测到人们在社会生活里的众多博弈活动中该如何作出决策，那么博弈论将是一种万能的灵丹妙药。但是实际上博弈论并不能解决世界上所有的问题，因为只有当人们都能够理性地进行博弈时，博弈论才可以奏效。

在数学家的语言中，若博弈论模型在解释或预测中发挥作用，则模型必定存在一个"解"来明确每个参与者已经作出或即将作出的选择（或如博弈论专家所说的"策略"）。"解"应该是一个均衡解，因此肯定是唯一的，并且至少必须是一个"稳定的"解。如果解存在，那么就假定所谓的"理性"参与者都会选择均衡解。不过，问题是，一旦建模者决定要致力于确定模型均衡存在性的假设条件，那么作为用来解释已作出或将作出选择的工具，博弈论模型在经济学中并没有包含什么新的东西。尽管如此，正如我在本章之初提到的，博弈论模型能够避免用微积分描述最大化问题时产生的过度复杂性，还可以直接解决宏观模型的批评者指出的一个缺点，即宏观模型常常忽略的任何经济体都存在的多样性。

继续前面的简要回顾，建模者的首要任务是明确博弈的最终结果。众所周知，要做到这一点，需要考虑两个因素：占优法和所谓的纳什均衡。占优法是从可能的联合选项列表中排除那些没有机会被选中的选项的主要手段，这仅仅是因为在假设给定博弈和各自收益的情况下，参与者在不失去由占优联合选项所获得好处的前提下，总会有机会去改变策略，以获得更好的结果。实际上，在一个两人博弈中，一对占优选项并不是帕累托最优。[①] 纳什均衡意味着如果达到了这种结果，所有的参与者都会认为没有必要再去改变，它定义了一个均衡结果的最低必要条件，符合第2章中讨论的观点。如果占优并没有排除所有可能的结果，那么明确一个纳什均衡往往是应用模型接下来需要解释或预测的一个重要步骤。不过还有一个问题：某些博弈模型会存在不止一个可能的纳什均衡，这就意味着该模型不能用于解释或预测，如同前一章所讨论的那样。我们当然可以想象，有些博弈模型不存在纳什均衡，而有些博弈模型即使存在纳什均衡且唯一，但仍然需要去解释为什么纳什均衡会实现。克雷普斯曾提出过这样一个问题（Kreps，1990，p.31）：

> 人们可以使用一个单一的纳什均衡来构造博弈，参与者的行动是不证自明的；也可以通过大部分不包括纳什均衡的策略来构造博弈……除非给定博弈中的行动不证自明，并且对参与者来说也是心照不宣，否则纳什均衡的概念就不值得我们特别关注……因此，当经济分析人士援引纳什均衡的概念时，他们至少可以含蓄地断定，所讨论的情况都有（或将有）一种不言而喻的博弈方式。

---

① "帕累托最优"是最优化的一个间接且有限的标准。也就是说，如果一个人能在其他人不受损失的情况下获得收益，那么此时的境况就不是最优的；但如果在某处，其他人不遭受损失，这个人就没有收益，那么此时就达到了帕累托最优状态。对于20世纪50年代的理论模型构建者来说，有一个令人费解的事情：虽然可以很容易地证明任何竞争性的长期均衡或一般均衡都是帕累托最优的这个命题，但是其逆命题却很难运用看似合理的假设来证明。

3.3 博弈论经济模型的必要组成

> 部分社会科学家,特别是那些研究个人主义的人,喜欢在博弈论中出现的选项和结构之间进行严格的区分,因为这种区分为选项提供了明显的边界。个人作为个体显然要考虑行为的边界,尽管考虑的程度往往取决于在行为互动中可能出现的结果。博弈论在这方面作出了很大的贡献。
>
> 肖恩·哈格里夫斯·希普和雅尼斯·瓦鲁法克斯(Shaun Hargreaves Heap and Yanis Varoufakis,2004,p. 33)

显然,任何博弈论建模都必须有规则,并且规则至少要为参与者确定行为选项和可能的收益。同样地,与上一节讨论的内容相似,如果利用博弈论模型去解释观察到的行为或是预测未来的行为,那么模型至少需要有一个均衡解,这个解存在且唯一。不仅如此,除了一些必要的、显而易见的问题,还要考虑很多事情,比如,每个参与者对这场博弈及对其他的参与者了解多少?每个参与者的动机是什么?如果博弈规则允许存在多个纳什均衡或者根本不存在纳什均衡,那么建模者应该怎么办?会出现多次博弈吗?在博弈开始之前或是博弈期间会不会出现合作的可能性?存在补偿性支付吗?另外,对于上一小节末尾处的克雷普斯提出的问题,参与者怎样做才能够得到均衡解?如果均衡解并非不证自明的呢?同时,克雷普斯(Kreps,1990,pp. 128 - 129)还提出了其他一些必须要解决的问题:

> "博弈规则"对经由博弈论分析得出的预测结果非常重要,它还引出了一个问题:规则从何而来?另外,因果关系隐含的一个逻辑关系是:博弈规则的改变会导致预测结果的改变,规则是外生给定的且会影响结果。但

因果关系是单向的吗？预测结果会反过来影响规则吗？

大多数博弈论研究就是为了回答上述问题。目前，建模者对这些问题的回答往往不被大家接受。同时，还有其他一些重要问题并没有得到经常性的、公开性的讨论。那么，所有这些问题都是博弈模型构建中的数学问题，还是为了让博弈成为可能而必须具有的制度复杂性问题？是博弈参与者的行为问题，还是博弈发生时的社会文化背景问题？

多年来，正如许多教科书介绍的那样，博弈论专家提出了许多不同的、特殊的方法来解决这些经常出现的难题，但从本质上讲，我们了解到的有关模型如何真正实现均衡的问题，与阿罗在1959年所倡导的利用价格调整理论完善市场价格理论的内容没什么两样。确定一个博弈论模型可能的纳什均衡还远远不够，哪怕得到的纳什均衡是唯一的。构建模型时还必须解释选择该模型的原因。不幸的是，尽管人们普遍接受博弈论模型的所有必要元素，但对于某些已经确定的额外假设，人们却很少能够达成一致意见。与阿罗用微分方程讨论价格调整速度一样，人们只可以从数学角度明确建模时必须使用的数学工具或假设。但遗憾的是，即使缺少能够保证参与者在实际中选择均衡结果的现实性行为分析，人们同样也能够确定数学工具或假设。也就是说，除了指明数学方法的必要性，并没有得出其他任何结论。而且，有些建模者仅仅满足于构建一个能够解决某些悬而未决的建模难题的数学工具或假设，我们很难不去对这些人提出批评——尤其是在他们几乎不关心最终的模型已经明显不符合实际的时候。今天，这种问题在经济学中还是很普遍，也就是仍然存在着数学院系的创新文化与很多经济模型构建者的实际研究之间的冲突，对于数学院系的师生来讲，现实性总是被搁置在一边，但对于建模者来说，若要实际运用这些模型来解释现实中的经济世界，则现实性是至关重要的。下一章将探讨这些重要问题，并分析一些著名的博弈论专家的观点，以及他们认为利用博弈模型来处理微观和宏观经济学视角下个体间多样性和互动性的必要性时，可能存在的局限性。

3.4 处理有问题的均衡解

最近几十年以来，博弈论专家一直在处理两种有问题的模型均衡。本章前面介绍过这两种模型：一种是不存在均衡的模型，另一种是存在多个均衡的模型。虽然部分建模方法能够克服某一给定博弈不存在均衡解的缺陷，但是根据克雷普斯（Kreps，1990，pp.95-9）的洞见，处理多重均衡解的方法却并不常见。

3.4.1 处理不存在均衡解的模型：均衡改进

处理一个不可能存在均衡解的模型，主要的方法就是"改进均衡"——也就是说，狭义地定义一个可被接受的唯一解。① 当然，这是通过额外假设来完成的。② 不过，数学家能够接受的假设，对于那些更看重现实性而不是建模方便性的人来说，却是不可接受的。③

采用一个可被接受解的这种改进方法也许会引起人们的质疑。克雷普斯也注意到了这一点（Kreps，1990，p.108）：

> 均衡改进是对构成纳什均衡行为的强化要求……近年来，在将博弈论应用于经济环境的研究过程中，这种强化得到了广泛的应用……而我的看法是，在这些应用中，应该持有比正常情况下更强烈的怀疑态度。

---

① 在出现多重纳什均衡的情况下，克雷普斯指出，这种改进"包括对某些更有说服力的均衡概念的引用"。
② 针对"森林"中"树木"改进后的一项最新调查，请参见 Srihari Govindan and Robert Wilson (2008)。
③ 当然，某些建模者会认为这是在预测能力、可操作性和现实性之间无法避免的一种权衡。

正如前面提到的，在以数学为导向的博弈论专家眼里，经济学家所理解的参与者的行动选择其实是一种"策略"。在讨论博弈论的扩展型时，策略概念的表达最为贴切，如图 3.1（b）所示。一个策略是一个行动方案，用来表达公认的可能出现的事件，比如，如果参与者 A 选择选项 1，那么参与者 B 也可以选择选项 1；如果参与者 A 选择选项 2，那么参与者 B 也可以选择选项 2。请注意这一点，在考察任意一个不存在均衡策略组合（无论唯一与否）的两人博弈中，不会出现双方都愿意选择各自均衡策略的解。

显然，到目前为止，我们一直在讨论博弈论专家称之为"纯粹"策略的情况，即涉及非此即彼的选择。除此之外，当处理缺乏均衡策略组合的情况时，人们发现了改进的必要性，他们称这种改进为"混合"策略，即参与者可以选择一个带有概率的选项。从"森林"的角度来看，简单地说，一个混合策略相当于处理类似"抛硬币"情况下的均衡不存在问题，或者相当于随机化某人的选项或策略。也就是说，某些情况下选择选项 1，而其他情况下选择选项 2。使用这样的假设，可以构造一个均衡"解"。有人只是把这种改进的解或者构造的解看成纯粹策略的替代策略。混合策略的这种情况使人们很容易联想到相似的博弈，比如打牌游戏，作为游戏玩家，谁也不希望被他人准确预测。但在其他的博弈中，这种情况不可能出现，尤其不会在寻找唯一解的单期博弈中出现。

3.4.2 合理性重要吗？

除了那些关于为缩小可能解的范围而增加额外假设的明显的现实性问题之外，即使那些愿意将构建博弈论模型视为数学探索的人，也提出了在这些额外假设中行为假定的合理性问题。这些问题一般包括了为什么假设参与者掌握了他们被期望获悉的信息。处理对参与者掌握知识的假设似乎是均衡改进的主要内容。而下一章关注的一个重点内容就是，在博弈论经济模型中，可以或是必须假设参与者应该掌握什么样的知识。

3.5 博弈论模型代表什么?

对建模背景中实际情况的完整描述是有关博弈形式的经典解释。但需要注意,通过一系列规则就可以把涉及利益冲突的情况进行清晰而客观的描述是很罕见的。而我能想到的一个例外情况就是口头意义上的"博弈"(游戏),除非购于玩具反斗城的盒子上标明游戏(博弈)指令,否则我看不出我们怎样才能避免把一种游戏形式解释为一种对玩家所处的复杂情景的实际感知的抽象概括。

阿里尔·鲁宾斯坦(Ariel Rubinstein,1991,p. 917)

1991年,阿里尔·鲁宾斯坦发表在《计量经济学》上的文章中指出了博弈论在经济学应用中出现的许多关于博弈论本质的难题或疑问。主要的一个问题是本节之初引用的那段话。通常情况下,当教科书中讨论博弈理论时,人们会产生这样一种印象,即博弈代表了假定参与者所处的某种客观情景。最明显的假设是假定参与者了解规则和收益,就好像博弈模型在某种程度上是现实物质世界的一个真正概括,甚至在参与者如何学习规则或收益的重要问题中也隐含了这一点。

鲁宾斯坦似乎是在暗示,博弈不一定代表真实的世界,而只是代表参与者对世界的看法或理论。普遍使用的理性常识的假设保证了博弈中的所有参与者都以同样的方式看待博弈。该假设将在下一章中深入讨论,此处讨论的问题仅仅是参与者如何看待博弈的理论建模。

关于这方面,我们可以借助一个简单的类比,即教科书上对消费者的解释。当然,教科书假定个体消费者在有限预算和既定(固定的)市场价格的约束条件下选择出来的效用最大化的商品数量组合①可以体现在无差异曲线上,并对无差异曲线的性质有着各种各样的假设。例如,假设所有的无差异曲线都严格地凸向原点②,而且多总是比少好(即假设存在非饱和点,或者不存在"饱和点")。重要的一点是,无差异曲线图形是经济模型构建者强加于实际情况的一个观念,即它不是也无须是描述心理上既定的和已知的偏好,尽管教科书似乎总是假定这一点。仅仅需要假设个体消费者了解人们假定的内容即可——毕竟,消费者不可能完全凭经验获知,因为这要求消费者尝试所有可能的组合,而且消费者还需要做无限次的偏好测试。实际上,在描述消费者的选择情况时,只需假定这种曲线是消费者自己认为的偏好即可。于是,如前所述,作为测试,如果个体选择无差异曲线与预算线切点左右两侧的点,那么效用就会下降〔参见 Boland(2003,pp. 137-9)〕。如果假设曲线是严格凸的,那么个体将会返回到最初的选择,因为这个选择肯定是建模者所假设曲线上的最大值。③

此处对应的这个类比是指,博弈论模型构建者作出的假设类似于严格凸性或非饱和性,这些假设不能保证参与者在现实世界(或者如鲁宾斯坦所说的"实际情况")的博弈中能够遇到什么,而仅仅是参与者对博弈的感知(或理论),如同假设消费者在无差异曲线上进行着最优组合的选择,并且模型是由消费者理论家构建的。实际上,消费者和博弈参与者本身都被视为"黑箱",而消费者理论家和博弈论专家负责构建这些"黑箱"模型,但他们不是构建消费者或博弈参与者肯定会遇到的现实世界的模型。因此,当我们讨论参与者的认知

---

① 教科书上介绍的是,如果一个组合比另一个组合更好,我们就可以简单地说,优选组合可以提供更大的效用。在这种情况下,效用只是相对偏好的序数衡量,而不是基数衡量,同时这也是讨论最大化问题所需要的全部内容。

② 这意味着如果在无差异曲线上的任意两点之间画一条直线,则该直线上的所有点(不包括两个端点)往往效用会更好。

③ 另一个类比是,与第 2 章末尾简要讨论的内容一样,克洛尔的"无知垄断者"会对市场需求曲线作出错误的假设,错误地解释市场提供的信息,并最终选择了自认为的利润最大化点——因为在该点处,假定的边际收益曲线等于已知的边际成本曲线——但实际上,它不是利润最大化点,因为真实市场的边际收益曲线不等于边际成本曲线。更多这方面的内容,请参见 Clower(1959)和 Boland(2003, part Ⅵ)。

时，通常并不是在谈论哲学家所谓的"可证明的、真实的知识"[或是某位博弈论专家所说的"信仰"，参见 Binmore（2011，p.248）]，而是在讨论参与者的猜测性知识，也就是假设参与者拥有的知识是他们在未来现实世界遇到问题时可能掌握的理论。

第4章 博弈论模型的目的与局限

> 海萨尼和泽尔滕（Harsanyi and Selten，1988）开展了一个项目，目的是为矩阵型博弈存在的唯一的非合作均衡点成为博弈解寻找条件。这个项目的重点内容是接受……非合作均衡的正式概念（John Nash，1951）作为解的必要核心属性。
>
> 他们采纳的观点是，当寻找博弈的唯一非合作均衡解时，在一个抽象的世界里出现了许多有趣的哲学问题，同时还注满了具有无限智力和洞察力、但缺乏激情或人格特征的、抽象的冯·诺伊曼式的博弈参与者。这些参与者在一个制度自由的世界里活动，并不知不觉地把这样的世界作为矩阵型博弈或扩展型博弈的活动背景。遗憾的是，博弈论作为对人类决策的一种刻画，在努力描绘一个开放的演化系统的同时，有些基本的局限性并没有引起人们的注意，也就是说，在这个系统中，动态学与背景有关，同时，任何社会制度都是博弈过程的载体。
>
> 马丁·舒比克（Martin Shubik，2012，p.2）

分析博弈论经济模型局限性的学者以及批评博弈论或博弈论模型的学者所面临的一个障碍恰恰是博弈论支持者内部的一种分歧。一方面，有些构建博弈论模型的经济学家希望模型不但能够克服马歇尔局部均衡分析的一个缺点，也就是只关注那些价格绝对接受者的行为（这些价格接受者只关心自己的事情），而且能够克服抱怨瓦尔拉斯一般均衡模型的经济学家指出的该模型既不考虑经济的多样性，也不考虑市场上除参与买卖活动以外的个体之间相互作用的这种缺点。另一方面，也存在以数学为导向的博弈论理论专家，他们有些人在博弈论分析领域中处于主导地位，有些人则不管现实情况如何，为了帮助均衡模型完成证明或者找到模型解，愿意做任何假设。我在第3章后半部分讨论的大多数重要问题都是以数学为导向的假设结果。本章将重点讨论那些被创造出来用以回答这些问题的数学工具和假设究竟是像博弈论专家认为的那样有用，还是像一些重要的经济模型构建者认为的那样具有局限性。

一个长期存在的、通常被早期博弈论模型所忽略的问题是规则来自何处，哪怕仅仅是假设所有参与者都知道的规则。如克雷普斯所分析的那样（Kreps，1990，p.129，强调原文）：

> 在大多数情况下，博弈论分析都把规则当作既有的规则，并从这里出发开始研究。有些分析表明，在"博弈"的早期阶段，参与者选择的规则将在后期阶段发挥作用。按照这样的思路理解，在进入威慑的垄断者分析中，第一阶段的垄断者采取的具体行动会影响第二阶段的竞争条件……不过，尽管有这样的分析，我仍然认定，经济学中的博弈论分析往往过于把博弈规则视为理所应当，而不问规则从何而来；同时，分析也没有很好地考察现行的规则是否会受到未来结果的影响。

顺便提一下，我经常引用克雷普斯（Kreps，1990）的观点，尽管他出版的著作距今已经有二十多年了，但他的书似乎是出现在经济学发展过程中博弈论应用的一个特别富有成效时期的末尾阶段。今天，将博弈论应用于经济学的大多数理论工作都与克雷普斯在其书中结束处提出的问题和质疑有关，其中的一些问题在前一章中已经讨论过了。可以说，自从1990年他的讨论开始以来，几乎所有的工作都是为解决他提出的问题而作出的专门努力。与其在此讨论这些努力的细节，我更愿意讨论克雷普斯和其他人提出的广泛争议，比如，有些学者意识到博弈论在经济分析的应用方面是存在局限性的，而有些学者则认为努力克服这些局限性是必要的。

4.1 博弈参与者知识的处理

> 共同知识的假设是所有博弈理论和经济理论的基础。无论分析的模型信息是完美的还是不完美的、是一致的还是不一致的、是多期的还是单期的、是合作的还是非合作的，都必须假定模型具有共同知识，否则，模型的描述就不够充分，模型的分析也不合逻辑。
>
> 罗伯特·奥曼（Robert Aumann，1987，p.473）

> 虽然我无意冒犯作者，但我认为在把各种形式的方法应用于逆向归纳问题的所有文献中，几乎没有什么内容具有真正的意义，即使我相信他们按照这种方法得出的结论是正确的。在我看来，所有与逆向归纳有关的分析都完全集中在某种形式上，创造花哨的形式表达只会把事情弄得混乱……但形式主义者会反对，他们会说，一个论证只有在经过适当的形式化之后，才会对严肃的评价持开放的态度。
>
> 肯尼思·宾默尔（Kenneth Binmore，1997，pp.23-24）

> 如果知识作为对模型的保障而不受模型改进的影响，那么理性的共同知识隐含着逆向归纳的这个情况就变得微不足道了。任何博弈过程都不会破坏关于理性的共同知识的初始假设，因为共同知识不需要改正。
>
> 肯尼思·宾默尔（Kenneth Binmore，2011，p.259）

肯尼思·宾默尔（Binmore，1996，1997）对博弈模型构建者使用的两种常见假设已经批评将了近二十年的时间。它们是有关"理性的共同知识"（common knowledge of rationality，CKR）的假设和所谓的"逆向归纳"均衡改进的假设。他特别指出，前一个假设否认了后一个假设的使用。他的质疑具有重要的意义，因为诺贝尔经济学奖得主、博弈论专家罗伯特·奥曼（Robert Aumann）一再强调，在完美信息的有限博弈中，CKR 隐含着逆向归纳（Aumann，1995，1996a，1996b，1998）。但是两个假设不可能都是正确的。

虽然我承诺要关注"森林"，而不是研究"树木"，但在讨论与知识有关的知识和假设的问题时，仍需要谨慎对待"树木"。这是因为许多饱受质疑的哲学问题都被当作假设，而批评家认为这恰恰是局限性产生的主要来源。因此，在研究 CKR 和逆向归纳的概念之前，我们需要考察一种"树"，即有限长度的蜈蚣博弈，它们通常使用这类知识和分析的假设。扩展型博弈比这种类型的动态博弈更加合适（参见图 4.1）——通常假定这种形式的博弈参与者依次采取行动。在这种博弈的每个"节点"上，参与者必须在两个选项之间进行选择：选择 a（向右），则可以进行到下一轮博弈；选择 d（向下），将会马上结束博弈。在每一个 A 节点，参与者 A 要考虑如果自己选择"向右"之后，那么另一位参与者 B 将采取什么行动。为此，建模者通常假设 A 不但知道 B 已经了解了博弈（即博弈的选项序列及其对应的收益），而且也知道 B 是"理性的"，即 B 总是选择最佳的选项。当 B 在某节点选择向下或向右时，同样假设 B 也具有与 A 一样的共同知识。这种对每位参与者的了解和动机的共同知识的假设就是所谓的 CKR。

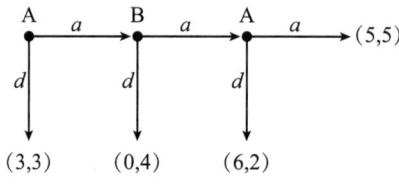

图 4.1　一个蜈蚣博弈

确定均衡解的常用方法是"逆向归纳法"，它与哲学家或经济学方法论学者讨论的归纳法无关。相反，它是数学家所说的归纳法的一种变形。例如，根据函数的具体形式，结合序列 1，2，3，4，…，N，N+1，数学家可以得出一系列的值。数学归纳法是一种假设。它假设"如果函数给出了 1 的对应真值，并直至给出了 N 的对应真值，那么它肯定能够给出 N+1 的对应真值"。这样，数学家就简单地完成了哲学家口中"归纳问题"的假设（将在第 11 章中讨论）。这是对能否完成一个纯粹的归纳推理（科学的或其他）证明的判断。我在前面也曾指出，休谟在 18 世纪就提出过这个问题，他实际上已经认识到，一个人无法仅仅通过单一的观察（如"我昨天在纽约看到一只白天鹅，上周在芝加哥又看到另一只白天鹅"），并结合演绎逻辑来证明一个严格的全称命题（如"所有的天鹅都是白色的"）。当我讨论哲学家如何从一般的建模角度看待质疑时，休谟的问题会再次出现。对于博弈论模型构建者来说，重要的是要理解数学归纳法只有在假设它有效时才能发挥作用。也就是说，它不是一个证明，而只是一个假设。在忽略现实主义问题的前提下，逆向归纳以类似的方式发挥作用。换句话说，逆向归纳只不过是一种数学工具而已——它应该是由约翰·冯·诺伊曼和奥斯卡·摩根斯坦（Oskar Morgenstern）在其著名的《博弈论与经济行为理论》(*Theory of Games and Economic Behavior*)一书中的经济学部分（von Neumann and Morgenstern，1953，p. 116）提出或最早使用的。

在有限长度的蜈蚣博弈中，逆向归纳首先考虑参与者在倒数第二个节点上的行动——现在，我们假设这个参与者是 B，如图 4.1 所示。借助 CKR 的假设，博弈论专家轻易地忽略了哲学家的归纳问题，并认为 B 知道 A 将在最后一个节点处选择最佳的选项（也就是图 4.1 中的向下，因为 6 比 5 好）。正如我在后面会讨论的那样，对于参与者如何获得这些知识，从来没有人给出任何解释——不过，也许正是由于奥曼（Aumann，1998）明确给出了"完美信息"，因此也就没有解释的必要了。如果在最后一个节点处，A 确实选择向下，则 B 只会得到 2，但是在前一个节点处，如果 B 转而选择向下，那么 B 就会得到 4。就像 CKR 假设的那样，如果 B 是"理性的"，那么 B 将在 B 节点处选择向下。考虑到这一点，第一个节点的 A 会思考 B 在 B 节点会做什么——刚才已经指出，B会选择向下。若B选择向下，则A就会得到0，但如果A在第一个节点就选择向下，A就会得到3。因此，通过这种逆向分析方法，A将在第一个机会到来时就立刻结束行动，即在第一个节点结束博弈。换句话说，一旦考虑倒数第二个节点的行动时，一个有限长度的扩展型蜈蚣博弈就会中断。

宾默尔的挑战相当简单。为了考虑倒数第二个节点的行动，至少有一个之前的行动一定与CKR的假设相反。如果这两个参与者都是"理性的"，那么第一个参与者就会选择向下，所以没有必要考虑以后的行动，因为它们永远不会发生，即它们被A的第一个动作阻止了。因此，根据宾默尔的研究，CKR不能被看成是为了确定有限长度蜈蚣博弈的解而进行逆向归纳分析的依据。

与宾默尔的挑战相反，奥曼（Aumann, 1998）认为，CKR与具有完美信息的蜈蚣博弈中的逆向归纳是一致的，因此，他认为，当使用逆向归纳法确定解时，没有必要放弃对共同知识的假设。宾默尔和奥曼在这个问题上一直争论不休，但似乎都不愿意让步。宾默尔（Binmore, 2011）认为，在探讨知识的时候，两人谈论的对象可能并不相同。或许，考虑到奥曼对知识构成的定义，他不需要放弃CKR保证逆向归纳结果的主张（也就是，在第一个节点处结束博弈）。宾默尔认为，奥曼对知识这一概念的理解不同于经济学家或大多数哲学家通常理解的概念。尤其是，宾默尔认为奥曼理解的知识意味着对模型中公理的保障，他则认为经济学家眼中的知识是可以反复考察的信仰。每当面对意味着"非理性的"反事实的行动出现时，比如在蜈蚣博弈中第一个参与者选择向右的情况发生时①，这种理解上的差别就显得十分重要。

然而，这确实可能给那些仍然支持奥曼的人提出了一个难题：为什么第二个参与者不放弃CKR，却跟随第一个参与者"非理性"地向右移动？自莱茵哈德·泽尔滕（Reinhard Selten, 1975）以来，一个经典的特殊回应是引用一个

---

① 大多数哲学家甚至坚持知识是"可以被验证的"信仰，也就是说，虽然暂时被证明了，但如果事实与证明相矛盾，知识还是可以进行改进的。

"非模型"的故事来把错误的选择解释成为"颤抖的手"的结果，因此没有必要放弃CKR——也就是说，没有必要放弃对博弈论公理的认可。但那些可能仍然支持宾默尔或克雷普斯的人会认为，如果"颤抖的手"成为博弈的一部分，那么就需要重新考虑博弈规则。也许参与者的知识应该被认为是基于主观概率的判断，就像所谓的"贝叶斯理性"情况那样，而不是基于最大化效用（也即收益），并且参与者是按照伦纳德·萨维奇（Leonard Savage，1954）提出的各个公理来追求自己的预期效用最大化。但是，通过这种基于概率的思路来避免宾默尔指出的矛盾，似乎的确是放弃了奥曼在识别参与者知识时所做的对公理保障的假设。

4.1.1 经济模型构建过程中知识的概念

总的来说，博弈论只完成了两项任务：一是根据直觉构建模型；二是根据数学知识进行演绎论证。演绎论证本身不能用来发现世界的真相，它缺少参与者在博弈分析时描述推理过程的数据。因此，如果一个正式意义上的博弈具有连贯的解释，那么它必须包括有助于参与者推理的显性数据。否则，我们应该给这些推理过程的描述增加更多的细节。

阿里尔·鲁宾斯坦（Ariel Rubinstein，1991，p.923）

在问题的哲学体系得到妥善解决之前，很少有人意识到数学最好被束之高阁。

肯尼思·宾默尔（Kenneth Binmore，2011，p.259）

显然，如何在博弈论模型中清晰地融入知识是一个难题，在改进均衡而投入大量精力创建数学工具之前，宾默尔认为应该先妥善地解决这个难题。我同意宾默尔的这个观点，所以希望在博弈论模型中公开承认知识的时候，先试着明晰我们到底要表达什么内容。宾默尔（Binmore，2011）的文献是一个很好的开始，所以，再次与"知识作为对模型或公理的保障"这一观念相反（Binmore，2011，p.248），宾默尔认为应该分析"知识即信仰"的观念，并将这种保障归因于奥曼对 CKR 观点的认可，他指出，把知识作为信仰似乎应该是哲学和经济学共同的理论出发点（Binmore，2011，p.248）。虽然宾默尔将这种另类的知识观比作苏格拉底的知识观，但他重新提出的这种诠释更像是 20 世纪 30 年代很多哲学家所提倡的内容，而不是苏格拉底式的风格。不过，它与苏格拉底的共同之处在于，苏格拉底认为知识总是可以被反复考察的，因而它不是一种将博弈论的现实性凌驾于问题之上的保障。

虽然大多数哲学家把知识与信仰联系在一起，但我认为这种联系是错误的，信仰与对批评或反事实的态度有关。与猜测相反，信仰是一种知识，是一种可凌驾于他人挑战之上的知识。对宾默尔来说，重要的是把知识作为（对公理或先验假设的）保障与我所理解的知识作为（总会遇到批评的）猜测之间进行比较，目的是强调后者可以接受反例和反复的考察，但前者却不允许这么做。同样地，为了处理第一个参与者出人意料地向右选择而不是向下选择，这样的比较对于蜈蚣博弈来说更为重要。

虽然苏格拉底式的知识观（特别是，柏拉图在与苏格拉底早期对话中所阐述的这种观点）与知识作为保障的观点明显相反，但宾默尔把这种观点归因于奥曼，而苏格拉底式的观点并不赞同宾默尔所讨论的哲学观点，也就是"传统上，知识被定义为正确的、真实的信仰"（Binmore，2011，p.248）。哲学家们常常认为，除非一个人的知识可以"被验证"，否则就不能认为他的知识是正确的——也即一个人必须给出充分的理由来证明自己的知识是正确的。[①] 撇开哲学家不谈，我认为宾默尔只是想让我们认识到，为任何验证提供的理由都值得商榷，这样的验证往往是暂时性的，而不是公理性的。

在阿尔弗雷德·爱因斯坦（Alfred Einstein）成功地改变了牛顿物理学是可

[①] 相反地，容易说明一个人拥有知识的正确性（当然是实证意义上的），即使一个人不能证明它。经典的例子是"所有的乌鸦都是黑色的"，这句话可能是真的，但作为一个定量逻辑的考虑，一个人永远不能从实证角度证明它是真的（即通过观测乌鸦数量的方法来证明）。

信的这个普遍信仰之前，因为牛顿物理学能够被归纳法证明，所以科学的方法一直被认为是科学归纳法的一种应用。但是牛顿物理学是不可信的（例如，他的力学理论无法解释像罗盘指针运动那样简单的事情［参见 Einstein and Infeld (1938/61)］。承认这一点就意味着挑战了基于归纳法的科学方法的可靠性。遗憾的是，20世纪30年代的哲学家们并没有放弃"科学归纳方法是可靠的"这一观点，而是改变了目标的边界，把概率作为衡量观点或信仰可信性的标准。

在继续阐述之前，需要回到经济学家常常提到的"归纳"问题上来，我在第2章中对此作过解释——具体而言①，它不符合哲学家的认知，但也不是宾默尔所说的"科学归纳"。今天的经济模型构建者在谈论归纳时，一般仅仅是尝试把实证论证和纯粹演绎论证加以区分。② 也就是说，建模者只是想在论证过程使用一些实证数据。但仅凭观察数据还无法证明信仰的正确性，尽管观察数据曾经被认为是艾萨克·牛顿（Issac Newton）物理学的基础。为此，我要明确指出，这里讨论的归纳法始终围绕的是证明或是验证知识是正确的归纳方法③，而不是实证数据得到认可这种意义上的归纳（因为在任何演绎论证中都可以使用数据）。在做进一步讨论之前，虽然承认宾默尔（Binmore，2011）讨论的两种知识观点的重要性，但还是要提出第三种观点，也就是苏格拉底式的观点，即必须通过寻找反例去正面挑战知识主张的观点，也是非常重要的——这是《申辩篇》的要旨，也就是柏拉图（Plato）为苏格拉底接受的"不虔诚"审判所做的辩护。对于在与柏拉图早期对话中的苏格拉底来说，追求知识从来不是为了寻找真相，而是通过寻找反例来检验自己的知识［对于苏格拉底来说，是为了寻找一个比苏格拉底更聪明的人，以便反驳德尔斐（Delphi）的认知，后

---

① 本书第9章会再次讨论这个问题。请参见第47页脚注①。
② 纯粹演绎有两种形式：一种是同义反复（无论非逻辑词的含义如何，它都是正确的），另一种是分析上的真实陈述（仅当非逻辑词的定义为真时，它才正确）——有关经济学家使用归纳法的更多内容，请参见 Boland（2008a）。
③ 也就是说，我绝对不是说真实的知识可以从超越观察数据本身的具体性（非一般）知识以外的实证观察中归纳出来。

者声称苏格拉底是最聪明的人]。用苏格拉底的话来讲，一个人只能从批评中学习——或者更具体地说，一个人是通过自己掌握的错误知识来学习的。

苏格拉底的知识观对于宾默尔（Binmore，2011）的重要性在于，它打开了对不确定性知识（与知识作为保障的观点相反）认知的大门，进而引出了对处理不确定性的必要性——特别是由反事实事件造成的不确定性。在经济模型构建者中，有许多人的方法认可了决策者知识的不确定性，其中最简单的解决方法是把概率融入一个人的知识体系中，就像一个人下赌注时所做的那样。冯·诺伊曼和摩根斯坦使用的则是一个较为复杂的预期效用分析方法。此外，还有其他一些学者对宾默尔所说的贝叶斯理性十分感兴趣，下面将对此进行简要的回顾。

4.1.2 贝叶斯理性和不确定 CKR

读者也许知道贝叶斯定理是一个等式，它简单地表示在给定特殊事件 A 发生的前提下，事件 B 发生的概率等于在给定事件 B 发生的前提下事件 A 发生的概率乘以事件 B 独立发生的概率，然后除以事件 A 独立发生的概率。天真的贝叶斯理性支持者声称，根据贝叶斯定理，总是可以从给定事件 B 发生的前提下事件 A 发生的概率计算出给定事件 A 发生的前提下事件 B 发生的概率。① 虽然宾默尔没有提到这一点，但由于贝叶斯理性是从特殊到一般的过程，因而它有时甚至声称自己是一种解决休谟归纳问题的方案［例如，Lindley（1987，p.207）］，尽管事实并非如此。

如果像许多20世纪30年代哲学家明确表达的那样，所有的不确定性都必须表示为概率，同时，如果我们还否认自身掌握的知识正确性的概率是100%，那么我们就可能最大程度地接受贝叶斯定理的条件概率。然而，即使做到这一点，人们充其量也只是接受了一种观点，即用概率替代知识的真实性；而最坏

---

① 正规表达：$P(B|A)=P(A|B) \cdot P(B)/P(A)$，其中 $P(\cdot)$ 表示概率，$|$ 表示给定。

的情况就是接受了一种空洞的、缺乏信息性的学习理论［参见 Albert（2001）］。我认为（Boland，2003，chapter 12），当人们接受了利用概率替代真实性状态的证明和支持时，就必须放弃常规逻辑的优势，而归纳法曾被错误地认为能够提供这种真实性状态。① 为了避免不确定性与概率之间的混淆，需要认识到不确定性意味着知识掌握得不够充分——或者只需认识到人们无法知道猜测的知识是否绝对正确——而概率则是用来评估这种风险的，比如通过掷骰子获得两次六点的概率，这种概率事件被称为等概率事件。不幸的是，许多经济模型构建者在 20 世纪 30 年代陷入了困境，他们认为哲学家们需要恢复对科学和科学归纳法的信仰，以证明某知识主张的合理性。

数学家不会为了符合对诸如知识等事物的共同理解以及从反事实等可观察证据中获得学习的目的去方便地作出假设，而会为了博弈论的数学目的去这样做。但宾默尔对此很谨慎，因为他只想提出一种与知识有关的观点，而这种知识观与数学家们愿意为了博弈论的数学目的而方便地假设的观点相反。此外，最重要的是，也要认识到，贝叶斯定理无法应用到苏格拉底式的学习中。作为一种方法，在观察到参与者 A 的"非理性"行动之后，贝叶斯定理可以运用观察数据来更新参与者 B 对参与者 A 掌握知识情况的概率，宾默尔认为（Binmore，2011，p.258）：

> 用知识即保障取代知识即信仰，使得科学归纳法问题摆脱了一种（天真的）断言，即归纳法可以简化为遵守萨维奇一致性公理的一种贝叶斯式更新。科学家发现，用非模型故事解释数据中异常现象涉及的相关分歧变得太大，以至于它们无法继续对某一特定模型提供保障时，科学革命就出现了。科学家抛弃了旧有的模型，采纳了崭新的模型，并坦率地承认自己

---

① 具体来讲，若使用常规逻辑进行证明，则必须依赖逻辑的三个公理，尤其是那些必须只能使用非真即假前提的证明，就像排中律公理要求的那样。也就是说，作为逻辑有效证明前提的任何陈述的真实性状态的概率都不能介于 0 和 1 之间，概率在此行不通［参见 Kneale, W. and Kneale, M.（1962）］。但请注意，这并不妨碍概率的应用，概率只是不适用于这里的情况而已。

在行动中的不一致性。在这样的革命中,不存在贝叶斯更新,相反,可以把这种革命只看作是(参与者B)针对模型参数观点的简单更新,而且目前正致力于保障该模型的结构。

显然,贝叶斯更新在解释爱因斯坦物理学如何替代牛顿物理学时有些力不从心。这也可能是依赖贝叶斯理性而将知识视为信仰的一种弊端。但就宾默尔的目的而言,认识到奥曼和大多数博弈论建模者都认可CKR的公理性(即超出了参与者可改进的范围),也就很容易理解为什么有人会认为逆向归纳和CKR并不矛盾。当然,许多批评家认为利用数学构建经济模型,尤其是博弈论模型仍然应该采用现实性的知识观,否则,这些批评者将会继续发现这种矛盾。如果在博弈论模型取决于均衡能否实现的前提下,建模者只是描述参与者如何习得自身需要掌握的博弈知识①,那么批评者们也许会感到非常高兴。

很少有人讨论参与者如何学习他们需要掌握的知识,尤其是很少有人探讨为什么CKR变得如此普遍。最近的一些研究表明,社会规范和制度对此起到了一定的作用,不过,如果它们很重要,那么肯定还需要对非合作博弈理论的结构进行修改。对于博弈模型尤其是扩展型模型的构建者来说,学习过程仍然有一个问题,即一些建模者假设所有的参与者都默认其他参与者能够记住自己过去的行为,并称之为"正向归纳"。但这不是常规哲学或数学意义上的"归纳",而是另一位参与者在行为归纳意义上的归纳。例如,在一个蜈蚣博弈中,逆向归纳预测第一个参与者不退出反而选择继续博弈的原因在于,第二个参与者可以在后面的行动中让双方的收益都变得更好。不过,人们仍然可以把这种情况看成是预料之中的第二个参与者从第一个参与者的行动中通过归纳得到了学习。

即使博弈论模型构建者忽略了哲学家的归纳问题,这些问题包括如何假定一个参与者了解另一个参与者会根据过去的行动决定下一步的行动,同时,也

---

① 有趣的是,弗雷德里希·哈耶克把这一点作为基于均衡作出解释的必要条件。

很少有人关心参与者是如何在博弈开始之前就知晓了博弈规则，或是参与者又是如何掌握彼此的收益的。① 在最好的情况下，CKR假设可以被看作是对归纳问题的简单假设。而那些对数学工具的便利性更感兴趣的博弈论模型构建者，将只能通过引用奥曼科学方法论的一些观点来支持他，比如奥曼（Aumann，1985，pp.36，42）谈道：

> 我们不能期待博弈论和经济学理论像物理学或天文学那样具有描述性。理性只是影响人类行为的若干因素之一；仅仅通过该因素得到的理论无法得出可靠的预测……
>
> 我们努力作出的陈述虽然可能无法证伪，但确实具备一定的普遍性，并表达了某些一般性的见解，通过数学模型来训练我们的思维。在最好的情况下，练习确实具有美感、简洁性、力量和相关性。

4.1.3　有限理性与不完全 CKR

克雷普斯在其1990年著作的最后一章中（Kreps，1990，pp.150-151）建议：

> 如果需要回答这样的问题：什么时候适合均衡分析？参与者如何选择均衡？那么就一定要认真对待具备有限理性并且能够从以往的经验中吸取教训的个体经济人。

人们通常将有限理性归因于赫伯特·西蒙在20世纪50年代作为对决策者可以成功实现最大化假设的另一种选择，就像他那个时代的微观经济学理论家不加批判地进行假设的那样。而西蒙对"最大化"的主要意见是，它需要更丰富的知识和更深刻的认知能力，但这些却远非常人能及（Simon，1947）。作为

---

① 尽管也可以发现，最近有人正在尝试通过建立"等级-k"和认知层次模型来提高这些参与者的知识水平，参见 Crawford and Iriberri（2007）和 Crawford et al.（即将出版）。

最大化的备选方案，西蒙认为应该假设决策者是"满足者"，而不是绝对的最大化利润或最大效用的追求者，个体可以决定可接受的利润或效用的最低程度，当然，其接受程度要低于绝对最高水平。因此，我们所能预料到的不是一个人的选择是独一无二的，而是在令人满意的最高程度和最低程度之间作出的抉择。西蒙最初称其为"近似"理性（Simon，1955，p.114）。[①]

如果博弈论模型构建者假定了令人满意的行为，进而假定了有限理性，那么也就意味着他们放弃了唯一性，从而也限制了决策者在解释经济模型时的普遍性意义。即使给定了博弈论模型选择均衡的这个初始目标，也还是不清楚这种有限理性解释的结果是什么。此外，我们如何知道这样的解释是错误的，或是何时发现某个选择恰恰等同于反例呢？除非知道参与者可接受的最低收益是什么，否则，我们不会知道某个选择何时超出了界限。也就是说，什么可以成为反例，进而使我们得出的结论是错误的呢？解释中的哪一部分是错误的？除了令人满意的行为，参与者是否还作出了其他的选择？也许参与者具有一个满意度较低的收益水平标准。除非该模型存在一个标准清晰、令人满意的最低收益水平，否则真的不清楚是什么构成了有限理性的假设。西蒙（Simon，1955）指出，实现最大化的一个障碍就是：为了确保理性选择而去收集必要信息时发生的成本。但我认为，在这里借助成本来证明最大化的非精确性并不合逻辑，因为无法解释参与者如何知道收集信息的成本已经达到了最小化。当然，在当参与者的成本没有超过可接受的最高成本时，他们也许只能表示满意。因此，这里再次追问，如何知道这种成本最小化的解释是错误的呢？同样地，参与者如何决定信息成本的满意水平？我并不确定有限理性的假设是否真的如人们所愿地解决了上述问题，不过，尽管它在数学方面使用方便，却是不可证伪的。

[①] 自西蒙时代以来，至少还有另外一种选择，通常被认为是萨金特（Sargent，1997）的贡献。这种选择的基础是：即使决策者能够列举作出这样选择的全部理由，从而证明其选择是可验证的，但考虑到人们无法确定这些给出的理由100%的真实性，因此这样的正确具有概率意义而非精确意义。在这种情况下，有限性被认为是一种所谓的最大化选择，它合理且可接受地以真实最大值的标准差为界。

4.1.4 预期收益和不确定性知识

我在本章开头就指出，在 20 世纪 30 年代，为了适应归纳法的不可靠性，人们调整了目标范围①，哲学家和经济学家接受了这样一种观念，即应该能够对一个陈述或理论的真实性状态进行概率评估。根据这个调整后的目标，不应该考虑理论是正确的还是错误的，而应该考虑其是更好的还是更差的，因此，一个较好的理论应是具有最高概率评估的理论。

人们可能会想，经济学家是从何处得到这样一个想法的，即概率可以替代"真"或"假"的真实性状态？显然，它是年轻的数学家和经济学理论家弗兰克·拉姆齐（Frank Ramsey）在 20 世纪 20 年代末采取的一个明智举措。拉姆齐（Ramsey，1926/31）认为，赌博时所作的选择可以用来衡量一个人的偏好（主观效用）和"信仰"（主观概率）。冯·诺伊曼和摩根斯坦利用赌博来衡量主观概率的评估（von Neumann and Morgenstern，1953），这恰恰是博弈论模型构建者中产生此类争论的主要来源。萨维奇（Savage，1954）还把拉姆齐的论证作为其不确定性情形下决策的部分观点。

有趣的是，萨维奇希望避免对欲望和信仰（二者都被认为具有心理属性）作出假设，相反，正像保罗·萨缪尔森的"显示偏好"理论那样，萨维奇列出了一系列条件，如果这些条件得到满足，效用最大化理论就可以成为解释决策者作出选择的基础，但这一理论尚未被"心理学完全认可"（Hollis and Sugden，1993，p. 7）。为了构建模型，萨维奇只要求作出的选择与他所列出的条件相符即可，而不是假设一个有意识的最大化决策过程，其中的一个条件是，如果决策者认为第一个事件比第二个事件在主观上更具可能性，那么决策者就更愿意对第一个事件而不是第二个事件下赌注。按照拉姆齐的观点，如此下注可以揭示决策者的偏好。

---

① 牛顿物理学不能解释的简单事物，如指南针。

萨维奇的分析结果是，把选择看成是一个选项排序问题，然后再从中选择出最佳选项，因而决策者没有必要给出心理上的偏好。对于博弈论模型的构建者来说，通过使用萨维奇的方法来处理不确定性，看起来理性似乎只是一个逻辑一致性问题——至少对于建模者来说如此，但对于真正的决策者来说，这样做就值得怀疑了，就像一个始终存在的问题：为什么没有人试图解释决策者究竟是怎样作出这样的选择的呢？①

令人惊讶的是，预期效用可以作为决策解释的基础，这一概念需要进行批判性的检验。但除了少数学者外［参见 Davidson（1991）和 Lawson（1988）］，几乎没有学者意识到这个问题。这也说明了为什么一般的经济理论家特别是博弈论模型构建者认为没有理由质疑这样一个假设，即决策者在面对不确定性时都把选择视为一种赌博，进而也就假设解决不确定性问题往往需要使用概率。②根本原因在于，尽管弗兰克·奈特（Frank Knight，1921）和约翰·梅纳德·凯恩斯（John Maynard Keynes，1937）都曾发出过警告，但经济模型构建者还是把不确定性与风险混为一谈，简单地说，概率不是因不确定性而生，概率是因赌博而生，而赌博包含了众所周知的风险。

4.2 博弈论模型是否如同批评者指出的那样具有局限性呢？

博弈论希望成为所有社会科学的统一基础，这一雄心勃勃的主张对我们来说似乎不合时宜。博弈论本身存在着各种各样的问题……有些问题来

---

① 对萨维奇方法局限性的不满导致一些人试图放弃预期效用理论［例如，La Mura（2009）］。
② 有关这个问题背后方法论的更多内容，请参见 Boland（2003，chapter 8）。

自理论的假设……有些问题来自从这些假设中得出的推论……还有一些问题则来自在重要社会交往中无法对理性经济人愿意或者应该采取的行动作出的决定性预测……从本质上说，我们提出猜测的主要原因是……人类具有的动机似乎比博弈论工具模型的动机更加复杂，而出现复杂情况的部分原因来自人类所处的社会地位。

肖恩·哈格里夫斯·希普和雅尼斯·瓦鲁法克斯（Shaun Hargreaves and Yanis Varoufakis，1995，p.260）

博弈论将为所有社会科学提供一个统一的基础，这一雄心勃勃的主张在十年前似乎不合时宜……而时至今日仍然如此。

肖恩·哈格里夫斯·希普和雅尼斯·瓦鲁法克斯（Shaun Hargreaves and Yanis Varoufakis，2004，p.302）

通过逐步实施特别的标准来开发日渐强大的改进模型，是模型更具系统化发展的前提条件。最后，人们还希望找出足以作为公理的决策理论的标准来刻画改进。目前（有）两种改进……正在以不同的方式解决这个问题。第一种改进认为扰动……是数学的产物，可以用来识别带有欲望属性的改进，但扰动并不是多人理性决策的基本理论所固有的。而另一种改进则是直接实施决策理论的标准……它们最终的目标是刻画公理化的改进。但到目前为止，两种改进方法都没有获得有关纳什均衡的理想改进。

斯里哈里·戈温丹和罗伯特·威尔逊（Srihari Govindan and Robert Wilson，2008，p.12）

大多数博弈论建模人员不会因为听到各种批评人士的指责而放弃正向归纳、逆向归纳、贝叶斯理性、有限理性或CKR。相反，他们坚持认为任何问题都只是有待解决的数学难题。也许人们会轻易认定这种现象的出现主要是由于博弈论仅仅是用于分析的一种数学工具。除了奥曼（Aumann，1985）对博弈论目标的思考，克里斯蒂娜·比奇耶里（Cristina Bicchieri，1993）对她所谓的"理性悖论"的研究以及宾默尔（Binmore，2011）试图理解奥曼对逆向归纳的偏爱之外，很少有博弈论专家对相关的方法论问题进行认真的思考。当博弈论用于检验一种解释或描述观察行为的模型时，鲜有批评博弈论的学者对其结果感到满意。

4.2.1 博弈论和方法论的个人主义

非合作博弈一直是我在本章讨论的重点，那么合作博弈呢？在基本层面上，将博弈分为这两种类型取决于在博弈开始之前的保障（包括承诺、协议、威胁和补偿性支付）是不是强制性的。在非合作博弈中，所有参与者都必须根据自己对博弈的了解作出决策。既不存在与其他参与者的沟通，也没有办法执行任何先前的协议。从这个意义上说，非合作博弈与大多数经济理论学家认为理所应当的方法论的个人主义完全相容。方法论的个人主义探讨的是什么构成了社会生活中一个充分的解释。[①] 具体地说，正如我在第1章中指出的，方法论的个人主义是对建模者的一种方法论保障，建模者认为事物本身不会作决定，只有人才能够作出决定。在市场经济的教科书中，在只知道现行价格和自然给定约束（包括自然给定的生产能力和学习能力、资源可用性等）的条件下，决策者能够自主作出决策。对于博弈理论模型来说，只有博弈活动中那些自然给定的因素是不需要解释的。在非合作博弈中，任何自然给定的因素都被纳入博弈的结构之中。然而，任何非自然给定的（即社会的）因素都必须加以解释。正如马丁·霍利斯（Martin Hollis）和罗伯特·萨格登（Robert Sugden）所分析的那样（1993，p.32），

> 事实证明，把社会生活视为战略性互动的尝试是一个非常富有创意而又令人不安的悖论。博弈论为实践理性提供了一种优雅的、普遍的逻辑，它能够为那些把理性的概念看成是工具、把社会世界的各种看法当作是个

[①] 博兰德（Boland，2003，chapter 2）解释了方法论的个人主义在方法论中的作用和本质。

人主义者观点的人们提供很多支持。不过，在描述协调、信任和信守承诺等方面的解释时，仍然充满着各种悖论。

4.2.2　博弈规则与社会保障

虽然矩阵型博弈［使用卢斯和瑞佛（Luce and Raiffa，1957）的经典之作］以及对此类博弈选择行为的研究提供了一种优雅的方式来表达市场中的均衡概念以及冲突与合作的各个要素，但我从未将这些严峻的环境看成是实验经济学的全部。为了减少市场竞争，在发生交易的多种制度形式下，一个利润收益相互依存的两人（或多人）博弈矩阵对交换经济学造成了极大的破坏。一个明智的公司肯定能够明晰自己的成本、需求和利润函数，更不用说将这些函数和竞争对手的行动简化为一个与收益有关的双矩阵博弈［参见Shubik（1959，p.17）］。此外，通过把环境和制度的特有影响简化为它们对收益的净综合影响，形式化的博弈矩阵淡化了制度概念和市场语言。

弗农·史密斯（Vernon Smith，1992，p.275）

合作博弈给博弈论模型构建者提出了一个有趣的难题。只要保障可被执行，它们就应该被视为博弈结构和博弈规则中的固定部分。或者说，既然保障包含参与者有意识的参与，那么这样的参与是否应该被解释成是参与者的某种自主选择呢？即每个参与者都在按照某种方法论的个人主义方式去追求最大化呢？简单地说，社会创造出的保障、实施细则或者游戏规则都不属于自然因素。然而，博弈论模型的构建者们似乎并没有付出足够的努力来解释规则和保障从何而来。正如我一直强调的那样，造成这种情况的主要原因很简单，即几乎所有的博弈论专家都只对博弈论中的数学知识和数学工具感兴趣。也正如奥曼所说，任何数学工具的合理性或实际性都沦为了次要兴趣。日益增多的合理性问题也逐渐引起了批评博弈论的人士甚至那些专业博弈论模型构建者的关注。无法解决的现实性问题或者至少是合理性问题将仍然是博弈论模型的主要局限。

第 2 部分 实证模型

第 5 章 微观经济学实证模型与宏观经济学实证模型的构建

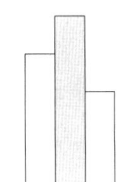

经济学中的定量方法有许多种表现形式,但每种表现形式都不应该与计量经济学混为一谈。也就是说,计量经济学并不等同于经济统计学,但它也与我们常说的一般经济理论不同,尽管一般经济理论中相当一部分内容具有明显的定量特征,计量经济学也不应被视为在经济学中数学应用的同义词。经验表明,在统计学、经济理论和数学这三大理论中,每一种理论本身都是理解现代经济生活中定量关系的必要条件,而非充分条件。不过,这三者的统一体则非常强大,而且也正是这种统一体构成了计量经济学。

拉格纳·弗里希(Ragnar Frisch, 1933b, p.2)

一些最基本的经济事实……已经呈现在我们的观察之中,就像生命本身所产生的数量事实。经济事实只有凭借其数值特征才具有意义。即使无法将经济事实转化为可衡量的量,也肯定存在着某种转换关系。不过,价格却始终无法脱离数值表达以及价格与其他经济事实之间明显的数值关系。

计量经济学只不过是对这样显而易见事实的一种明确认知,并努力正视事实的后果。鉴于上述特点,我们甚至可以说每一位经济学家都是计量经济学家,不管他是否愿意承认这一点,只要他的研究内容是我们学科的这个领域,而不是研究诸如企业组织的历史、经济生活的文化元素、经济动机、私有财产的属性等。很容易理解，为什么对这一事实的明确认知竟是如此困难，以及为什么要花费很长的时间才能获得明确的认知。

约瑟夫·熊彼特（Joseph Schumpeter，1933，pp. 5 - 6）

为了从计量经济学教科书里的数据中得出推断，作出一些异想天开的假设是有必要的。可是专业读者会适当地保留意见，直到证明某个推断完全不依赖于假设为止，而个人或集体针对推断脆弱性的这种杂乱无章的研究，会导致大多数人都无法确定某个由推断得出的结论是否可信。

爱德华·利默尔（Edward Leamer，1983，p. 43）

身为经济学家的我们能否同意，从数据中发掘真相是一项非常艰巨的工作？我们真正理解的东西仍然十分有限吗？是的，我们需要用自己的方法论词汇列表中的词汇来说明这种局限，并通过敏感性分析让这些局限逐渐消失。那些认为不需要这么做的人应该在自己的脖子上套上一个红色的字母 O，因为他们过于自信……

爱德华·利默尔（Edward Leamer，2010，pp. 22，39）

本书第 1 章讨论了微观理论模型与宏观理论模型的区别，本章将要讨论二者的实证模型。首先考察的问题是，在微观经济学和宏观经济学这两种不同的背景下，二者的实证模型是否存在差别？当然，对于这个问题，历来存在争议。在过去的五十年甚至更久的时间里，宏观经济学呈现出许多不同的风格，并且风格时常还会发生变化，这种状况一直持续到 20 世纪 90 年代。在此之前，选择哪本宏观经济学教科书用于教学往往都是一种挑战。在那些日子里，微观经济学家发现这种情况很有趣，因为微观经济学持有的观点不仅统一，而且在过去的五十年中也一直没有发生变化。然而，尽管纷繁的宏观经济学观点可能不会永葆正确，但统一的微观经济学观点也可能会建立在过时的实证微观经济学观点之上。也就是说，目前的情况可能已经发生了逆转，微观经济学中出现了各种多样性，而宏观经济计量模型的发展反倒更加受到限制。

5.1 微观经济学实证模型的构建

在微观应用中，比如在发展、教育、环境经济学、卫生、劳动和公共财政等领域，如果实际的实验看起来（至少在一段时间内）不可行，那么研究人员则会寻找可行、有效的自然实验。在这两种情况下，当代微观计量经济学应用的一个特点是关注概念的框架，该框架突出强调了变化的具体根源。

约书亚·安格里斯特和约恩-斯特芬·皮施克（Joshua Angrist and Jorn-Steffen Pischke，2010，p.12）

在20世纪90年代之前，人们一直认为宏观实证模型与微观实证模型之间的区别是相当明显的。具体来说，不同的实证模型常常可以通过描述或代表的实证数据的差异或模型处理问题的不同方法来区分。尽管一些微观经济学家今天可能会承认微观和宏观的明显差别，但宏观经济学理论家一般不认可这种差异。稍后会继续讨论宏观经济学的情况，但现在让我们看看什么是"实证微观经济学"。

从某种意义上讲，数十年来，人们一直通过使用的数据来区分实证或"应用"微观经济学。劳动经济学实证模型用于解释劳动力市场上的可用数据；公共财政实证模型一般用于解释政府数据；家庭或家庭经济实证模型用于解释汇总数据或面板数据；等等。除了使用标准的微观经济学理论来建立模型之外，微观经济学的各个子学科之间可能除了都使用计量经济学之外，几乎没有其他的共同之处，当然，这与计量经济学是一种常见的处理数据的实证方法有关。几十年来，似乎很少看到有人像今天这样把实证微观经济学当作一个独立的研究领域。因此，对于应用和理论微观经济学的历史及其曾经是独立的子学科，人们可能想知道，为什么现在有那么多的学院派经济学家把"实证微观经济学"作为他们的主要研究领域。

为了回答这样的问题，我们首先需要思考一下在不同子学科内部构建微观经济模型的不同目的。仅仅是为了解释观测数据吗？如果是的话，简单回归是否就足够有效了呢？或者进一步考虑，如果利用回归结果为经济政策提供建议，那么这种回归是否可靠呢？抑或是实证宏观经济模型无法实现上述目的吗？正如约书亚·安格里斯特和约恩-斯特芬·皮施克（Joshua Angrist and Jorn-Steffen Pischke, 2010）所言，不同于大型宏观经济学模型，实证微观经济学模型旨在明确因果关系，即"变化的根源"（p.12）。然而，以计量经济学模型的假设为基础而构建的实证模型能做到这一点吗？如果任何基于计量经济学的模型都依赖于"脆弱性"或"异想天开"的假设，目的是方便计量经济学的使用，那么，正如爱德华·利默尔（Edward Leamer, 1983）所言，如果实话实说，那么结果通常不是那么可靠或令人信服。如果构建实证微观经济模型的目的仅仅是为了建立一个模型以方便从计量经济学角度解释（或"拟合"）观测数据，那么也许什么事情都可能发生。不过，如果像安格里斯特和皮施克所建议的那样，建模的目的是要确定"变化的根源"，即原因，那么模型中包含的逻辑问题反倒限制了人们用自己的模型去提出主张。他们认为这是一个研究设计方面的问题。研究设计在很大程度上取决于建模实践的目的，并且通常也是研究结果可信度的基础。

如果为构建实证模型而选择了科学的目的，那么人们就会认为研究设计多多少少会与实验有关——当然，除非建立一个占卜模型，它可以与实验无关。对于大多数经济学家来说，很难想象一个人如何对整个宏观经济进行实验。被动的宏观观测，即使是刻意获得的观测数据，也会与用来构建占卜模型的数据一样没什么不同。但是，如果正在构建一个模型，目的是了解一个经济体或某个特定市场中一个小部门的运作情况，那么进行的某项实验就是可信的。正如利默尔指出的，我们需要的只是某种随机化。安格里斯特和皮施克（Angrist and Pischke，2010）讨论了在实证微观经济学中使用随机实验寻找变化根源的各种例子，他们所讨论的例子包括较小班级规模的效果和禁止死刑的效力。研究这种例子的重点在于，如果设计得当，研究不但可靠，而且可信，因此是令人信服的。这种研究能否作为巩固实证微观经济模型构建的主要手段，并且成为实证微观经济模型构建的未来发展趋势仍有待观察，但如果缺少这样的微观经济学模型，就不能忽视对数据分析的批评，比如大卫·亨德利（David Hendry）于1980年提出的实证建模似乎更像是占星术，而不是科学，以及利默尔对计量经济学应用乏力现状的批评。我将在第8章进一步讨论经济学的实证研究，并考察与行为活动相关的实证微观经济学、演化博弈论和实证宏观经济学。

5.2 宏观经济学实证模型的构建

在过去的三十年间，经济学家研究的宏观经济学理论和宏观经济学实践都已经发生了明显的变化，并且变得更好了。现在的宏观经济学以各种经济理论的原理作为自己的坚实基础。这样的进步不仅仅出现在象牙塔之中，与此同时，美国和其他国家都对各自国家的政策进行了改革，这些政策正是过去三十年间宏观经济学理论一直建议的。

V. V. 查理和帕特里克·J. 基霍（V. V. Chari and Patrick J. Kehoe, 2006，p. 3）

虽然早期的宏观经济学家是努力解决实际问题的工程师，但在过去的几十年里，宏观经济学家却对开发分析工具和建立理论的原理更感兴趣。然而，这些工具和原理在进入应用环节时却推行缓慢。随着宏观经济学的发展，一个常见的问题就是科学家和工程师之间的互动时而有效、时而无效。这种存在于宏观经济学的科学与工程学之间的巨大脱节，对所有从事该领域工作的研究者来说，都应该是一个令人感到惭愧的事实。

N. 格里高利·曼昆（N. Gregory Mankiw，2006，p.30）

曼昆（Mankiw，2006）在讲述现代宏观经济学历史的时候表明，建模有两个不同的目标。具体地说，一个是社会工程师的目标，即"解决实际问题"；另一个是科学家的目标，即"发现世界运行的原理"。虽然曼昆可能只是在谈论宏观经济学的历史，但选择哪一个目标却是每一个经济模型构建者都必须回答的问题，尤其是那些构建实证模型的人。

正如前面所指出的那样，长期以来，微观经济学中各种实证子学科之间是统一的。许多实证宏观经济模型构建者可能曾经认为这是一种特殊的情况，仅限于实证微观经济模型，但今天已经不再是这种情况了。原因很简单，因为现在的宏观经济实证模型的构建也是一个统一的领域（下一章将讨论）。不过，除了建模之外，作为一门独立的课程出现在大学课堂之前，宏观经济学的内容还广泛存在于经济周期、增长、货币理论和银行业等相对独立的理论子学科之中。而今天，当人们在刻画宏观经济学时，更多的是采用建模方法，而不是通过数据。

非实验性的实证模型发展至今，有一些支持者，比如在本节开始部分的引文中出现的 V. V. 查理和帕特里克·J. 基霍（V. V. Chari and Patrick J. Kehoe，2006），他们开展了一项非常成功的研究。当然，也有反对者，其中除了利默尔和亨德利，还有包括曼昆（Mankiw，2006）和索洛（Solow，2008）在内的新近批评人士。索洛认为（Solow，p.243）：

当 V. V. 查理和基霍提到牢牢根植于经济理论中的宏观经济学时，我们能够理解他们的意图。他们并非与众不同，只不过是宏观经济学中一个学派的出色代表，该学派的倡导者主管着许多一流大学的重要部门和一些最好的期刊，更不用说主导明尼阿波利斯联邦储备银行了。他们认为某一宏观经济学的学派是由某个模型推导出来的，在这个模型中，永恒的、单一的消费者-工人-工厂主，在无限的空间中，在完美的预测或理性的期望之下，以及在有利于一般的价格接受者行为的制度和技术环境中，最大化一个带有完美传统时间的效用函数。实际上，经济学在工业领域实现了具有代表性的消费者-工人-工厂主的愿望，而将某些矛盾和价格刚性与常规的结果结合起来。这当然是一件好事，但基本上这就是拉姆齐模型（Ramsey，1927），该模型把一个对社会最优增长的规范性描述转化成为一个积极的叙事，用来描述现代资本主义工业经济中的日常行为。模型的一个优点是，它适用于短期和长期的运行，并且各个运行之间不需要进行相对困难的调整。于是，整个过程被贴上了"动态随机一般均衡"的荣誉标签。

索洛的观点与我在下一章将深入讨论的内容相同，即今天的实证宏观经济学模型的构建不再脱离微观经济学理论。一方面，正如我在第2章中解释的那样，瓦尔拉斯一般均衡模型的作用很重要，因为有些人主张每个瓦尔拉斯一般均衡模型都在讨论相同的宏观经济。另一方面，任何一个宏观经济政策方案的微观基础问题都被代表性经济人广泛使用，这些经济人非常符合微观经济分析的条件，因此，许多宏观经济模型主要与微观经济理论的应用有关。然而，当为了构建宏观经济实证模型而涉及对计量经济学方法论的普遍依赖性时，我们尚不清楚是否避免了利默尔和亨德利提出的警告。

曼昆（Mankiw，2006）总结了现代宏观经济模型构建的简短历史。他强调说，虽然存在着两种思想学派，但最重要的是要记住，这往往不是在竞争性观点或理论性观点之中作出的选择；相反，正如我在本节之初介绍的，恰恰应该在工程师的方法论和科学家的方法论之间作出选择。然而，曾经流行的凯恩斯主义模型构建者和提倡新古典模型的"反对变革者"之间的思想斗争也一直存在。新古典学派出现了三次浪潮，首先是米尔顿·弗里德曼的货币主义；紧随其后的是故意挑战政府货币政策长期有效性的理性预期视角；最后一次浪潮形成了所谓的真实经济周期理论，它忽视了货币政策的作用，而专注于研究实体经济的随机冲击，比如那些由技术变化带来的冲击。基于真实经济周期理论的模型十分依赖于微观经济学中经常使用的假设，尤其是完美市场快速出清的假设。因此，建模工作更倾向于追求科学的目标，而不是比较实际的工程学目标。

在这期间，一些人开始追求更加倾向于对旧凯恩斯主义方法进行以微观经济学为导向的修正，而根据曼昆的说法，它也出现过三次浪潮。新凯恩斯主义模型的第一波浪潮是从放松完美市场的假设开始，之后的一波是在市场没有迅速出清的情况下使用了理性预期，最后一波是新凯恩斯主义者对构建实际模型的尝试。在实际模型中，模型假设更多地与不完全竞争相关联，并发挥更大的作用。曼昆（Mankiw，2006，p.37）得出的结论似乎是：这种新凯恩斯主义方法更多是为了推广建模的工程方法，虽然很少有新古典学派在政府中发挥作用，但许多新凯恩斯主义者却在其中发挥了作用。不过，曼昆认为，我们也要注意美联储前行长劳伦斯·梅耶（Laurence Meyer）公开发表的观点（p.40）：

> 本书（Meyer，2004）给读者留下了一个深刻的印象：由新古典学派以及新凯恩斯主义者共同支持的经济周期理论的最新发展对于实际决策几乎没有任何影响。梅耶关于经济波动和货币政策的分析既睿智又细致，但分析并没有体现出现代宏观经济学理论的痕迹。这种方法对于某些经济学家而言是非常熟悉的，因为他们学习的内容是盛行于1970年左右的新古典主义-凯恩斯学派的综合理论，并且从那时起他们就一直忽视学术文献。如果梅耶的观点过于特殊，那么它就很容易被认为是过时的流行观点，然而，事实并非如此。目前，执掌世界各国中央银行最高职位的人正是这些典型的经济学家。

实际上，人们普遍认为，复杂的科学经济模型对政府经济政策的形成几乎没有任何影响，这种状况并不新鲜。1977年，威廉·艾伦（Allen, W. R.）对那些为政府工作的经济学家进行了一项调查，得出如下结论（pp.86-7）：

在与现任或曾任政府官员的经济学家交谈时，人们会得出一个发人深省的结论：在政府工作的经济学家往往不像高度独立的研究者和分析师那样，可以首先自由地选择多个研究对象，然后再完全自由地公布自己的劳动成果；事实上，他们是一个组织的成员，通常需要花费大量的时间用于研究高层指定的主题……了解那些作为他们主要听众的行政长官的普遍意向和目的；此外，他还意识到能够直接地、或多或少地接受建议的决策者本身会受到世俗现实性和政治可行性的限制，同时伴随着决策者本身对经济分析领域的无知；这就导致了即使他们在政府工作刚开始时会给人们留下深刻的印象，但为完成工作任务积累起来的智力资本不会大大增加，甚至都不会得到很好的维持。那些或多或少可用的理论和技术储备，尽管优雅、精致、学术魅力十足，但这些储备对于信口开河的人来说往往太过费时，对于数据、同行和听众来说又往往太过深奥。

毋庸置疑，由于2007—2009年的"大衰退"，宏观经济实证模型的可信度也受到了严重的质疑。虽然安格里斯特和皮施克没有指出大衰退给计量经济模型可信度带来的挑战，但这肯定会促使某些质疑可信度的人提议，应该继续发展基于实验的实证微观经济方法。而查理和基霍推崇的宏观经济实证模型构建方法的支持者很可能会建议，采用更加复杂的模型来解决这个问题。或许他们是对的，但任何特殊的、复杂的新假设的可信度，仍可能面临大衰退之前实证宏观经济模型受到的批评。综上，在这种情况下，需要确定谁才是实证宏观经济模型的听众。克里斯托弗·西姆斯（Christopher Sims，2010，p.60）警告说，

应用实践的模型听众包括那些自身利益或思考方式将会受到应用结果的影响、却没有受过专业培训的人。因此，一方面，让应用实践的方法和信息简单易懂是有益的，即使这会导致不必要的简化或失实；另一方面，大多数无法理解论文书写过程的听众又可能会对论文的结论产生超出实际的重视，这又是有害的。

第 6 章 宏观计量经济模型的构建

> 宏观经济学不再坚持研究总体现象需要使用一种特殊的方法论；现代宏观经济模型是跨期的一般均衡模型，模型的基础与其他经济学分支所采用的优化家庭和企业行为的基础相同。
>
> 迈克尔·伍德福特（Michael Woodford，1999，p. 31）

> 计量经济学尽管潜力明显，但从凯恩斯1939年对丁伯根《经济周期理论的统计检验》的那篇著名评论开始，许多为经济学发展作出巨大贡献的人并没有认可计量经济学……而在此后的40年里，他的评论对于所有希望将统计方法应用于经济观察的人来说仍然是必读书目。
>
> 大卫·亨德利（David Hendry，1980，pp. 389，396）

> 我们不能指望同样的计量经济学让持有理性预期的计量经济学家学会均衡，因为计量经济学家身处模型之外，他们学习的是一种不会影响数据生成机制的次要活动。然而，当身处模型之内的人们学习均衡的时候，情况就不同了。他们的学习会影响决策，也会改变内生变量随时间的失衡的分布，并帮助自己确立变化的目标。
>
> 托马斯·萨金特（Thomas Sargent，2008，pp. 13–14）

本书的前言曾指出，经济学家构建宏观计量经济模型的历史已经超过70年。如今的学术界在宏观计量经济模型的构建中存在着某些同质性，尽管在不同地域的学术部门之间仍存在着一定的差别。在北美，构建宏观计量经济模型的一种主要方法是动态随机一般均衡模型（见第1章和第5章），通常称为DSGE（dynamic stochastic general equilibrium）模型。许多欧洲大学普遍使用的另一种方法则是常常被称为协整向量自回归的方法，也即CVAR（Cointe-grated vector autoregression）方法。这种差别还可扩展到方法论的选择方面，即把模型构建和对可用数据的统计性分析这两项中的哪一项放在首位的问题。本章将介绍上述两种建模方法，并将在考察实证宏观计量经济模型的发展过程中，特别是在据称完整的宏观模型都需要建立微观基础的情况下，再次讨论代表性经济人的使用。

在研究学术模型的构建方法之前还要注意，在探讨宏观计量经济模型的时候，不会使用前言中简单介绍的大型商业模型，即某些政府和大公司为了评估其未来政策而购买的计量经济模型。相反，我将讨论目前各个经济学院系正在构建的模型。不过，现如今经济学院系的宏观计量经济模型与政府和公司使用的商业模型之间存在着一个共同点，那就是它们都包括实证数据。当然，构建计量经济模型仍然是目前处理经济数据的主要手段，尽管人们仍会发现，宏观模型构建者讨论的不是计量模型的估计问题，而是计量模型的校准问题。

因为我将继续以"森林"而不是"树木"为主题，所以这里既不讨论构建实证宏观经济模型的历史，也不讨论构建计量经济模型的技术机制，好在有许多文献已经研究了它们的历史或机制（或在某些情况下二者兼而有之）[例如，Blanchard（2000）；Woodford（1999）；Hoover（2003）]。

6.1 宏观计量经济模型构建之路上的两个分支

经济模型包括根据特定方式安排在时间和空间中的经济人；对经济人

的禀赋及其商品偏好的说明；在不同的时间点和空间点把商品进行相互转换的技术；把经济人安排到联盟或机构中的机制；联盟内部及联盟之间决策的协调机制。经济模型的种类是如此广泛，以至于这样的协调机制究竟是瓦尔拉斯式的，还是与瓦尔拉斯机制相比似乎是一种"非均衡"的替代机制，都还没有定论。

托马斯·萨金特（Thomas Sargent，1984，p. 409）

每个实证模型的构建者都会遇到一个明显的选择问题，那就是在构建实证宏观模型的过程中怎样对待数据？是先收集宏观数据，后构建模型来解释这些数据，还是先使用现有微观和宏观的理论模型解释变量，后验证构建的宏观模型是否符合已有的数据？本章先重点讨论这个分支，然后在第10章和第12章还会继续讨论。第二个分支则与解释宏观经济观测数据的人所面临的主要问题有关，它也是所有大型经济体都需要克服的自身复杂性问题。

所有人都认同简化的必要性，但至于如何进行简化却并没有达成一致意见。在经济学的发展过程中，存在着两种处理复杂性的方法。第一种是阿尔弗雷德·马歇尔在其著名的《经济学原理》（1890）中对复杂经济的简化处理方法。他的方法又可细化为两个方面：一个方面只关注市场均衡状态下的个体决策者行为（因为无论何时，当经济处于均衡状态时，所有的个体都处于自身的均衡状态，否则一个或多个个体就会有理由去改变自己的行为，从而使市场处于非均衡状态）；另一个方面则体现在对个体行为的解释中，他通过分解个体在接受时间和发生变化的前提下选择的一系列相互关联的变量，采取了简化个体的决策。他的研究方法具备经济学导论中普遍使用的长期特征和短期特征，借此特征，经济学家首先解释了变化最快的变量。当然，这也需要借助经常遭到批评的一个条件来实现，即在其他条件保持不变的前提下，处理当期内的变量。他的思路是：为了解释那些变化较慢的变量，需要延长解释时间的长度，以便有更长的时间让那些变化较慢的变量发生变化。①

第二种简化处理复杂性的方法，即瓦尔拉斯方法，它与马歇尔解释策略形成了鲜明的对比。两种方法出现的时间大致相同，瓦尔拉斯认为，任何一个大的经济体都是由许多追求最大化的个体组成，同时，这些个体又在同一个市场经济中相互作用。尽管在构建经济中的一般均衡模型时，瓦尔拉斯的目的很容易引起其他人的质疑（有些人声称他的目的是寻找一种帮助市场的工具），不过，如果只是把他的目的作为数学建模问题来描述则是相当方便和通用的。在这方面，瓦尔拉斯的方法仅仅涉及它能够在多大程度上解释所有市场价格的可测数据集（或者按照我们现在的说法，是可以观察到的向量）。第 2 章介绍过，若要做到这一点，则需要有一个独特的价格集以保证所有的市场都可以出清（从而在一般均衡状态下，所有的参与者都能够实现最大化）。如果存在这样一个价格集，那么就可以使用这样一个模型来解释可测价格。人们可能会认为，求解瓦尔拉斯一般均衡模型的一个价格集，只是一个计算并确保方程的个数和未知量的个数相等的问题，但如前所述，事情远非如此。② 在瓦尔拉斯一般均衡模型的常规构建过程中，简化通常包括：（1）假设每个人对约束都有足够的认知，他们知道何时能够实现自身的最大化；（2）假设组成经济的个体之间的互动行为仅仅是市场中的买和卖；（3）假设经济中的货币量只能影响价格总体水平而不会影响相对价格。毫无疑问，还要假设时间与社会制度都不重要。

---

① 关于马歇尔方法论解释的讨论，请参见 Boland（1992, chapter 2）。
② 如 2.4 节的引文所示，瓦尔德（Wald, 1936/51, p.370）给出的例子是一个包含两个方程和两个变量的模型，但该模型中的 x 和 y 没有解；还有一个包含三个方程和三个变量的模型，其中的 x、y 和 z 有无穷多个解，关于这类问题，请参见 Boland（1992, chapter 4）。

6.2 作为微观基础的一般均衡模型

> 在新古典主义革命出现之前,以及在"微观基础"这个术语流行之前的很长一段时间里,宏观经济学的微观基础就一直问题重重……在如何完成分解的问题上,代表性经济人微观基础的倡导者与克莱因以及加总方法的倡导者面临着相同的困难,但不同之处在于,克莱因将数据作为约束条件:在数据允许的范围内进行分解,寻求与微观经济理论的总体一致性。与此相反,卢卡斯和代表性经济人方法的支持者把理论作为约束条件,即在一个易于处理的特定情况下进行理论分析,同时在微观经济学理论技术进步允许的前提下进行分解,寻找已有数据一般的、近似主观的一致性。
>
> 凯文·胡佛(Kevin Hoover,2012,pp.21,51)

我在第 1 章末尾曾指出,一旦认识到瓦尔拉斯一般均衡模型也在讨论整个宏观经济时,寻找经济学中微观和宏观之间的区别就令人怀疑了。如前所述,瓦尔拉斯一般均衡模型仍然是微观经济学的一部分,由于模型分析的基础是经济中单一个体的假设,也就是在瓦尔拉斯模型中简单假定马歇尔类型的最大化个体,因此可以说,我们有一个没有差别的区别。

在 1936 年的《通论》中,约翰·梅纳德·凯恩斯提出了与瓦尔拉斯解释宏观经济截然不同的一种方法。[①] 凯恩斯建议,在整个经济中可以对供给与需求进行加总,他接着又描述了这些加总变量的特点。针对凯恩斯加总的宏观经济学,一些批评者质疑他的方法是否可以提供一个具有真正微观经济学意义上的

---

① 正如我在第 1 章的最后一个脚注中指出的,人们甚至可以说,凯恩斯的微观经济学需要宏观基础〔详见 Boland (1982, p.83);(1986, pp.166-7);(2003, p.143)〕。

完整解释，而另外一些批评者则只是提出，如果利用一个宏观模型来考察政府政策的变化是否会对整个经济产生影响，那么就只有当所有个体行为都发生改变时，才可以确定某个宏观变量是否发生了改变。也就是说，微观经济学始终希望给个体为什么选择那些被加总成为宏观模型中宏观变量的微观变量提供理由。因此，对这种情况进行批评的人士声称，每一个宏观解释都需要微观基础，才能够保证对宏观变量的任何变化都有一个完整的解释。

在20世纪50年代凯恩斯模型发展的鼎盛时期，有些经济学家，比如唐·帕廷金（Don Patinkin，1956）试图通过把宏观经济学刻画成一般均衡分析的版本来纠正这种差别。在《新帕尔格雷夫经济学大辞典》第27页上，帕廷金（Patinkin，1987）书写的有关凯恩斯的词条是："《通论》的一个基本贡献是：它实际上是瓦尔拉斯一般均衡理论的第一个实际应用：是'实际'，而不是实证……但在这种意义上，可以将瓦尔拉斯含有 n 个未知量和 n 维方程组的模型简化为一个更好控制的模型，并且从这个模型中能够找到与现实世界相对应的含义。"目前，正如我在第1章和第2章中所言，一般均衡分析的理论范式就是阿罗和德布鲁（Arrow and Debreu，1954）对一般均衡模型的公理化分析，它从一个价格集的存在性开始证明，这些价格可以使所有的市场出清，包括今天的市场以及所有可预见的未来市场。换句话说，由于阿罗-德布鲁模型涉及多个时期①，因此基于该模型进行分析的宏观模型能够产生今天许多人认为是动态的一般均衡模型。当然，有人仍然可能认为，在凯恩斯模型中发现的内容不会比在阿罗-德布鲁模型中能找到的东西更多。在这里，它能否对宏观经济学给出一个合理的描述并不是一个重要的问题。重要的是要意识到，如果帕廷金是正确的，那么，对凯恩斯经济学的这种解释就意味着，构建凯恩斯《通论》模型的每一次尝试都存在现成的微观基础——至少在某种程度上，该基础使宏观与微观保持了一致性。

---

① 我在第2章曾指出这样做是有问题的，因为无法区分它们使用的时间索引与空间索引。

对这种解释持批评态度的人很容易指出的一点就是，该模型遗漏了凯恩斯《通论》中的许多重要内容，比如预期、非自愿失业、流动性偏好或解释投资决策时所需知识的不确定性。对凯恩斯主义经济学中帕廷金类型的瓦尔拉斯式解释的批评者也提出了一个根本性问题：这种解释只考虑了均衡模型的构建，而没有解决在解释微观投资时必须要面临的决策问题。

6.3 动态随机一般均衡（DSGE）模型

在给定某种机制的条件下，经济可以看作是动态博弈的解。在动态博弈中，每个经济人的策略都依赖于根据其自身的"本性"和博弈系统中其他经济人的选择而作出的策略。这种策略上的相互依赖性实际上就是假设当一个经济人策略的向量自回归[①]中的一个方程发生变化时，其他方程也将发生变化。宏观经济学中的"理性预期革命"包含着一系列广泛的研究，这些研究的主要目的是遵循策略相互依赖原则。

托马斯·萨金特（Thomas Sargent，1984，pp. 409 - 10）

在讨论 DSGE 模型之前，至少在介绍其现代发展之前，有必要回顾一下它在宏观经济学中的状况。在这种背景下，很难回避随时可能出现的关于思考方式的争议。具体来说，一方面，凯恩斯指出政府可能在促使经济走出深度衰退甚至萧条的过程中发挥着重要作用，但与他同期的那些习惯性地认为市场可以自己解决所有问题的政治家和经济学家们却对此感到不快。而且对于后来那些所谓的芝加哥学派学者而言（如米尔顿·弗里德曼及其追随者，但不一定包括

---

① 简单地讲，自回归是指一个时间序列分析，在这个时间序列中，一个变量的现值取决于它在前一个时期的值。稍后将对此进行进一步讨论。

今天在芝加哥大学教书的人），情况更是如此。事实证明，他们中的许多人也被帕廷金式的、基于一般均衡的对凯恩斯《通论》的解释所打击，虽然市场是基于均衡的，但人们仍然把市场看作是解决社会问题和经济问题的一种手段。显然，在市场信仰者的心目中，政府在任何模型中的出现，似乎都会使模型成为"凯恩斯主义"类型，即使该模型构建的基础仍是均衡，并且建模的目的是消除凯恩斯经济学的某些关键因素，比如非自愿失业或投资决策的不确定性，因为这两种因素都破坏了真正处于均衡状态的经济学观念。但另一方面，凯恩斯的追随者们往往又会拒绝对《通论》的任何均衡性解释，比如基于帕廷金式的一般均衡模型。这两种观点往往存在于思考方式的紧张气氛中。

我提出 DSGE 模型这种思考方式，不仅仅是为了回顾它的历史，也是为了解释如今的 DSGE 方法支持者认为它能够解决的问题。① 我认为，观察一种创新如何解决当下的难题有助于理解这个创新。那么，支持者认为 DSGE 方法解决了哪些问题呢？比如，相信市场有能力解决所有问题的人不仅会拒绝承认政府在经济中的任何作用，而且也会对 20 世纪 60 年代信奉"凯恩斯主义经济学"的人抱有不满情绪，同时还期待着"凯恩斯主义经济学"的失败。这样，当美国经济在 20 世纪 70 年代中期受到 OPEC 削减石油供应的冲击，并主要导致了通货膨胀和失业率的上升时，出现了一种声音，即凯恩斯模型无法解释这种"滞胀"现象，因此，拒绝"凯恩斯主义经济学"的时候到了。而凯恩斯的追随者则回应，问题不在于凯恩斯主义经济学，而在于帕廷金式的"凯恩斯主义"经济学的均衡基础。② 因此，罗伯特·卢卡斯反驳道，这恰恰表明，为了解释经济如何应对此类冲击，有必要将微观经济学纳入宏观模型中。

我认为，DSGE 模型的思考方式很简单，就是帕廷金式的凯恩斯主义模型，或者说最终被称为新凯恩斯主义的模型，它纳入了政府的影响，而不是单纯依

---

① 有关宏观经济学和 DSGE 模型历史更多的最新信息，请参见 Pedro Duarte（2011）。
② 只有当坚持从长期均衡分析和比较静态类型分析着手，通过改变诸如石油价格这样一个变量来生成滞胀时，滞胀才会难以被解释。但如果从一个长期非均衡模型开始，解释滞胀是可能的。

靠市场均衡来稳定宏观经济。然而，有另外一些新凯恩斯主义模型支持者还声称，制度价格刚性和决策者的不完全信息可能使模型很难实现均衡，即使是像均衡模型中经常假定的那种长期均衡也很难实现。

6.3.1 DSGE 模型的前世模型

宏观计量经济模型的观点于 20 世纪 80 年代之前就已经出现，远早于 DSGE 模型的出现。它是考尔斯委员会的产物。[①] 今天，它被称为以联立方程组结构为模型基础的研究计划，利用数据来估计模型确定的参数值。这种模型的一个实例是前面讨论过的超大宏观经济模型。詹姆斯·赫克曼（James Heckman，2000）在 20 世纪对计量经济学进行评论时提到了许多人对这种模型可靠性和可信性的质疑。他指出（Heckman，2000，p.78）：

> 在实际应用中，注重结构的计量经济学工作者为了便于计算，经常将许多不是经济学固有的假设强加给数据。

还有一个例子就是 20 世纪 70 年代早期发展起来的向量自回归（VAR，vector autoregression）方法[②]，该方法时至今日仍在使用。但是，赫克曼也指出（Heckman，2000，p.49）：

> VAR 方法……更贴近数据，从实证意义角度讲，它比结构主义方法[③]更成功。然而，它的批评者却指出了两点不足：一是在定义良好的经济模型背景下，很难明确地解释通过这种方法得到的估计值；二是 VAR 方法

[①] 它是 20 世纪 30 年代为促进经济理论的数学发展而设立的著名研究项目。作为经济理论的代表，该项目是 20 世纪 80 年代之前经济模型观点的主要支撑。关于考尔斯委员会在发展实证宏观经济模型方面的作用，请参见 Mary Morgan（1990）。

[②] 参见 Christopher Sims（1980）。自回归模型只是将变量的动态学视为与其滞后值相关的模型，即 $x_t = \alpha x_{t-1} + \varepsilon_t$。为了超越这样的单一方程模型，人们可以扩展向量 x，以使 α 变成一个矩阵，它包含所有的参数或系数。这个扩展就是所谓的向量自回归。正如赫克曼（Heckman，2000）所说，西姆斯反对考尔斯委员会模型所设定假设的"难以置信"的性质，并提倡以多元时间序列文献为基础的较为宽松的经济学模型应用……而经济理论的运用倒没有那么明显（Heckman，2000，p.48）。

[③] 结构主义方法是指建立含有联立方程组的模型。

的拥护者已经抛弃了为评估经济政策和解释经济现象而使用的考尔斯版本的经济学。

有关考尔斯结构主义经济建模方法和处理非实验数据 VAR 方法的大部分讨论主要集中在研究方法上而不是思考方式上——不过我还是怀疑，如果一个人钻研得足够深入，方法是否就会自然而然地出现呢？

对于那些相信市场的力量能够解决所有问题的人来说，一个重要的选择方案是所谓的真实经济周期（RBC，real business cycle）方法。为了避免将货币部门对实证问题的假设作为经济周期的基础，人们通常假定货币中立，就像在瓦尔拉斯最初的一般均衡模型中所假定的那样。RBC 模型的主要假设是，经济周期出现的唯一原因是市场内部某些实际变量的变化受到了其他外部实际变量变化的影响，比如生产力或生产技术的变化，但绝对不是受到了政府货币政策变化的影响。排除货币政策的影响，这与许多凯恩斯主义者的观点背道而驰，他们认为经济周期是市场失灵的结果，而市场失灵反过来又是各种刚性和错误预期的结果。与卢卡斯的早期工作一样，RBC 模型的预期使用了穆斯（Muth，1961）的理性预期假设，我在第 2 章中指出，通过把个体决策者假设成为真正的专家和理性的计量经济学家［请再次参见 Benjamin Friedman（1979）］，任何模型中的个体经济人都会形成与建模者相同的期望。建模者可用的任何数据也可提供给每个个体使用。由于 RBC 模型的构建者仍然相信市场，所以均衡总是在计量经济学估计和随机误差的随机限制内得到保证。

20 世纪 70 年代和 80 年代有关思考方式的紧张关系是 DSGE 模型发展的动力问题吗？这些问题似乎仅仅是宏观模型对微观基础的需要，而且根据理性预期假设，人们认识到，若构建动态实证宏观模型，则需要处理不确定性。显然，将 RBC 模型应用于已有数据时，以及在确定真正的冲击或者甚至是货币冲击的影响时都会遇到这些问题。因此，尚不清楚 RBC 模型在解释经济周期的动态性方面是否真正有效［参见 Hartley et al.（1997）］。

许多人都认为基德兰德和普雷斯科特（Kydland and Prescott，1991）没有使用 RBC 模型而使用了前面提到的 DSGE 模型。在讨论了计量经济学如何应用于一般均衡模型的某些早期工作之后，两人指出（Kydland and Prescott，1991，p. 169），现有的

> 这种方法不适合于经济波动的一般均衡建模，因为动态性和不确定性对于任何研究经济周期的模型来讲都是至关重要的。为了将一般均衡方法应用于经济周期波动的定量研究，需要使用动态随机经济均衡过程的各种计算方法，以及考察随机增长模型经济的具体方法。其中的递归竞争理论和线性二次型经济的使用都已被证明是特别有效的方法。这些工具可以计算范围较广的模型经济的均衡随机过程。

至于计量经济学本身，他们继续指出（Kydland and Prescott，1991，p. 169）：

> 在选择研究的模型经济时，出现了计量经济学问题。在缺少某些限制的情况下，变量的所有线性随机过程几乎都可以合理地作为这类模型经济的均衡行为。计量经济学的关键问题是利用统计观测值来选择实验经济中的参数。一旦选定了这些参数，应用于经济周期的一般均衡方法中的计量经济学核心部分就变成了计算性实验。它是把理论定量化的工具。实验应该在一个合理的或适当的能够解决问题的模型经济中进行。计量经济学分析的主要步骤包括：定义问题；构建模型；校准模型；报告结果。

除了使用数据对模型进行计量估计，计量经济学家还需要建立计量"模型经济"（Kydland and Prescott，1999，p. 170），并通过个人或家庭的各种数据资料进行模型"校准"，例如需求弹性的估算。然后，他们会根据这个模型经济进行"计算实验"，以回答关于经济模型的各种具体问题（Kydland and Prescott，1999，p. 171）：

> 如果所有的参数都能被高精度地校准，那么只需要做几个实验。然而，

在实践中，为了考虑问题答案的可信度，通常需要进行很多次实验。

看起来我们又遇到了第三个分支，也就是在构建宏观模型之后，我们是用已有数据校准模型，以方便实施计算性实验；还是像以往一样利用计量经济学方法估计模型参数，旨在将其应用于已有的数据？我们在 DSGE 建模过程中也能够发现这两个分支的实践者。

因为人们看到了 DSGE 模型的发展包括不完全竞争、工资和价格刚性以及不完全信息，所以一些人将 DSGE 建模方法看成是凯恩斯主义和反凯恩斯主义的一种综合。① 它可能促使 DSGE 成为主流的类型（尽管还可能涉及经济学学术内容中的社会学因素，如第 12 章所述）。从某种程度上说，如果这真的是一种综合，那么思考方式上的紧张关系就已经大大缓解了。尽管人们希望如此，但这样做的代价又是什么呢？到目前为止，似乎还没有人思考这个问题。

6.3.2　DSGE 模型的本质

DSGE 模型的显性要素包括阿罗-德布鲁一般均衡，这意味着，与 20 世纪 30 年代和 40 年代的静态瓦尔拉斯一般均衡不同，DSGE 模型至少在多期优化方面包含了动态。在任何时候，都可以假设决策者了解"状态变量"，这些变量代表决策者过去所有的决策结果，从而形成了有关决策者约束的一部分。目前，与古老的瓦尔拉斯模型不同，假设一个多期优化的决策者不再拥有完全信息，但决策也必须基于经济的预期状态。由于没有任何理由使所有决策者的期望都是完美的，因此实现一般均衡只是一个随机问题，这样的一般均衡在短期内不可能出现，只有在长期内才有可能出现。这主要是因为，与传统的基于一般均

---

① 曼昆（Mankiw，2006，p.39）分析它是新古典主义合成的产物，在新古典主义模型中，采用了动态随机一般均衡理论的工具。以偏好、约束和优化为起始点，而分析则是建立在这些微观经济学基础之上。新凯恩斯模型采用了名义刚性，并通过它们说明为什么货币政策在短期内会产生实际效果。最常见的方法是假定垄断竞争公司只能够间歇性地改变价格。这种合成的核心观点是，黏性价格（也许还有其他市场缺陷）导致了经济是一个偏离了帕累托最优动态的一般均衡系统。

衡的宏观模型不同，DSGE 模型通常不会假设存在即时的价格调整。因此，任何 DSGE 模型的构建者都必须说明模型是如何处理这些情况的。

在这个框架内，DSGE 模型构建者需要详细说明构成微观基础的个体所面临的情况。要做到这一点，最常见的方法是如第 2 章所讨论的那样，用一个代表性经济人来代表所有的人，然后分析该个体经济人的行为选择，用以解释宏观经济如何应对任何冲击或政策变化。这包括明确家庭或公司的约束条件和目标函数，以及公司需要的技术条件。在大多数情况下，为了描述代表性个体之间如何相互作用，还可能需要对当前的制度结构进行某种说明。

尽管人们希望对旧有思考方式的分歧置之不理，但分歧却始终如影随形，因此，现在看来，我们应该求同存异。在讨论如何处理诸如调整速度和预期准确性等因素的基础上，我们可以构建符合 RBC 或凯恩斯主义的先入为主的 DSGE 模型。当然，紧张状况可能仍然存在，但由于分歧双方至少都把 DSGE 模型作为研究和分析现实世界数据的共同框架，因此这种紧张程度会有所下降。

6.4　对使用 DSGE 方法构建实证模型的局限和批评

现在应该清楚的是，一个代表性经济人的假设绝对不是无须指责的事；它是一种虚构的假设，宏观经济学家通过这种虚构去证明均衡分析的合理性，并提供伪微观基础……当使用实证数据（不是特别频繁）来检验这种模型的结论时，如果结论恰好被拒绝，它事实上可能只反映了这样一个事实，即模型经济采用单一个体作为假设的方法是错误的。

阿兰·科曼（Alan Kirman, 1992, p. 125）

针对 DSGE 建模方法论的主要批评是，这种建模方法普遍使用了代表性经济人［如 Alan Kirman（1992）］并提供了必要的微观基础，以方便处理随货币或随实际变化而发生改变的情况。正如第 2 章中介绍的那样，批评者含蓄地指出，代表性经济人的假设毫无根据地假定经济中个体的差异性并不重要。从原理上讲，构建 DSGE 模型不需要代表性经济人的假设，之所以如此假设，也只不过是发现这样的假设十分方便而已。然而，现在的问题是，如何使用数据来构建实证 DSGE 模型，然后再将其应用到数据中去？

如前所述，当来到第一个分支时，人们可以选择第一个子分支，即构建 DSGE 模型，然后通过计量经济学方法将其应用于已有数据；或者选择第二个子分支，人们先要收集和评估数据，然后从统计学角度进行分析，以判断这些数据能否符合该模型用于计量经济学估计的目的。而在面对第二分支时，人们将把更多的时间花费在确保模型的假设与现有数据的统计特性并不矛盾这个方面。我将在第 10 章中详细讨论这个问题，但在此处需要十分清楚这两个分支的情况。

6.5 使用 CVAR 方法替代 DSGE 方法构建实证模型

> 在伦敦政治经济学院的框架下，描述模型的主要工作是寻找可以作为完全通用模型中简单有效的约束模型，约束模型内部嵌套了更多的简约模型，这些简约模型也是完全通用模型的有效约束，从这个意义上讲，在该框架下的模型寻找并非冗余。
>
> 凯文·胡佛和斯蒂芬·佩雷斯（Kevin Hoover and Stephen Perez, 1999, p.168）

由于需要解决完全不符合古典统计学的经济模型，计量经济学理论才得以发展（Kennedy，2008，chapters 1 and 3）。而在某种程度上，古典统计学也是为了处理可控的实验数据才发展起来的。但是，几乎没有任何宏观经济数据都是实验性的或是可控的（尽管有些人认为并非一定如此，参见第 8 章）。不过，由于这样或那样的原因，DSGE 模型经常受到倡导计量经济方法的伦敦政治经济学院（LSE，London School of Economics）的批评，这种情况促成了另外一种建模观点的出现，即在建模之前进行数据分析。凯文·胡佛和斯蒂芬·佩雷斯描述了伦敦政治经济学院的另类视角："如果模型符合下面几个条件，那么在伦敦政治经济学院看来，这种模型就权且是可以接受的。"即：(i) 与测量系统相一致（如在数据本身为正的情况下不允许出现负的拟合值）；(ii) 与数据相一致，即模型误差由白噪声及数据的鞅差分序列共同引发；① (iii) 稳定性（Kevin Hoover and Stephen Perez，1999，p. 169）。而且这些条件应该在实证模型构建之前进行讨论。

劳伦斯·萨默斯（Lawrence Summers）对于实证宏观经济学的状态进行了如下评论（Lawrence Summers，1991，p. 129）：

> 大多数宏观经济学家和计量经济学家相信并以此教导他们的学生：(i) 宏观经济学的实证研究应该集中在明确刻画偏好和技术的"深层结构参数"方面；(ii) 宏观经济学最好的实证研究正式检验了从经济理论中严格推导出来的实质性假设；(iii) 复杂的统计技术可以在包含许多相互依赖的变量系统中，在寻找因果关系方面发挥重要的作用。我认为这些观点构成了实证宏观经济学中科学设想的核心。

劳伦斯·萨默斯在文中继续分析道（Lawrence Summers，1991，pp. 129 - 30）：

---

① 白噪声和鞅差分序列是常规统计推理过程所必需的技术条件。在计量经济学教科书中可以找到更多的详细内容，请参见 Greene（2008，pp. 912 - 16）。

与对方法论问题的思考相比，那些试图"认真对待经济模型"的实证研究在实质性问题的严肃思考方面几乎毫无影响。相反，唯一影响实质性问题思考的实证研究，是建立在公开反对近年来流行方法论原理的基础之上。

卡塔丽娜·朱塞利乌斯（Katarina Juselius，2011）注意到，用于宏观经济学建模的 DSGE 方法是"萨默斯批评（Summers's critique）出现之后的一个重要发展"（Juselius，2011，p.405）。针对这种类型的宏观模型，她认为：

> 这些模型结合了代表性经济假设和"理性预期假设"……同时也结合了西姆斯提到的 VAR 中的一个动态随机结构。加入动态性和随机性之后，模型比早期代表性经济人的模型更加灵活。尽管如此，实践中的人们可能仍会坚持，DSGE 方法对理论模型的构建起到了主要作用，而 VAR 起到的是次要作用。在这个意义上，DSGE 模型表现出了理论的卓越性，而不是经验性，或者是体现出了我称之为"理论至上"方法的优势……在 21 世纪初，DSGE 模型在研究生课程中的普及、在顶尖经济学期刊上的频繁出现以及在央行研究人员范围内的广泛运用都表明，经济学作为一门科学，在理论和数据的应用方面已经趋于一致。

而萨默斯通过观察得出的萨默斯批评却是（Summers，1991，p.146）：

> 无论用什么确切的方法分析数据，好的实证证据都可以告诉我们它们自己的故事。在很大程度上，数据的简单性使其更具说服力，物理学家们并不会竞相寻找更多更精细的方法来观察掉落的苹果。相反，他们取得的巨大进步是因为理论已经从广泛的实证现象中获得了灵感。宏观经济学也可以采用同样的方式发展。但是，宏观经济学家在与真实世界的证据作斗争之前，如果需要一个随机的伪世界的盔甲，那么宏观经济学就不太可能取得进展。

朱塞利乌斯接受了萨默斯的挑战，并认为协整向量自回归（CVAR）方法[①]有可能解决萨默斯批评（Summers，1991）中的很多观点。由于假设 DSGE 模型与随时间发展的经济有关，因此 CVAR 的支持者，比如朱塞利乌斯，则认为还需要做更多的工作来确定需要解释的数据的本质。如果有些人认为这意味着在研究已有数据时自己需要变成一名考古学家，那么她认为这更像是要变成大侦探夏洛克·福尔摩斯（Sherlock Holmes）（Juselius，2011，p. 419）：

> 大约在 25 年之前，在我和斯伦·约翰森（Sren Johansen）开始研究 CVAR 方法的初期，就被这个模型自身的精美、结构的丰富以及它在严格的统计框架内解决高度相关问题时具备的潜质所吸引。但令我没有预料到的却是，数据却一直拒绝承担它们应该负责的部分。在经历了多次令人沮丧的尝试之后，我认为需要在以下两者之间作出选择：或者强迫数据讲述一个理论上可以接受的故事，或者在没有可靠理论指导的情况下接近复杂的现实。我选择了后者，并且以福尔摩斯的精神开始使用 CVAR 模型，而这种体验最好被描述成为一系列"为什么"。

至于伟大的侦探是如何引领 CVAR 发展的，她说道（Juselius，2011，p. 420）：

> 虽然解决经济难题比审问罪犯更加困难，但我相信，在夏洛克·福尔摩斯的精神世界里，一个结构良好的 CVAR 实证分析可以激发新的经济思维，但这需要基于以下重要的原则：（1）在不只存在一种理论背景的情况下，数据可以畅所欲言；（2）证伪比证实更重要；（3）与传统智慧相悖的结果相比，已证实的结果更加有趣。

显然，选择 CVAR 分析作为替代方法不单单是对 DSGE 建模的一个小小的

[①] 正如肯尼迪解释的那样，"如果非稳定变量的线性组合是稳定的（平均值、方差等不会随时间变化），那么这种线性组合的系数就被称为协整向量"，请参见 Hoover et al.（2008，p. 504）。

改进。尽管如此，如果 CVAR 真的像朱塞利乌斯和其他人认为的那样好，人们可能会想，为什么它没有在北美的实证宏观经济建模活动中占据主导地位呢？我将在第 12 章中回答这个问题。而此处只需注意，甚至在刚刚准备构建一个宏观经济模型之初就应该注意，CVAR 需要花费较多的时间来分析数据——就已经足够了。第 10 章讲述了在具体的检验背景之下，按照伦敦政治经济学院方法的要求，如何在构建实证模型之前对数据统计充分性的评估进行更加深入的分析。

6.6 放弃 DSGE 模型

标准宏观模型经常使用的兼具超理性和自利性经济人的唯一理由是，这样做可与微观理论中的描述保持一致。不过，这样的理由目前正随着行为经济学的兴起而渐渐失去它的价值。

大卫·科兰德、彼得·霍伊特、阿兰·科曼、阿克塞尔·雷因霍夫德和佩里·梅林（David Colander, Peter Howitt, Alan Kirman, Axel Leijonufvud, and Perry Mehrling, 2008, p.236）

在过去的 20 年里，一直关注宏观经济模型发展的学者们现在都在呼吁构建模型时应该放弃 DSGE 模型［比如 Colander（2006）］，同时提出了已经取得进展的几种替代方案。不过，提倡使用 CVAR 方法并不是真正的进步，这种提倡更多的用意是呼吁回到过去并重新开始。不过，有些提倡放弃 DSGE 模型而去寻求其他改进的人又认为，既然 DSGE 模型包含了某种形式的微观基础，那么其中的一种改进方案就是承认微观经济学自身已经开始审视基本微观假设中的行为因素。[1] 还有其他一些对 DSGE 方法提出批评的学者，比如保罗·博里尔

---

[1] 第 8 章将介绍这种放弃微观基础和 DSGE 模型的方法。

和利·特斯法森（Paul Borrill and Leigh Tesfatsion，2011），他们建议使用所谓的"基于个体的模型"（agent-based model，ABM）方法。这个备选方案提供了一种不同的数学形式。博里尔和特斯法森指出：

> 在一个不断发展的人际关系网络中，社会系统由具有异质性的、相互交流沟通的个体组成。研究关系网络的一个数学分支是图论，在该领域已经涌现出许多重要的创新观点和结果；另一个数学分支是范畴论，它把对象集合之间的关系（态射）与对象本身描述为一等公民。范畴论被认为是集合论的逻辑继承者，历来被认为是数学的基础。

> 包括社会科学在内的许多科学学科都支持把图论和范畴论作为演绎推理的有力工具。实际上某些类型的ABM可以表示为有限动力系统的对象，它们具有定义良好的态射类型，可以构成一个范畴。

然而，究竟有多少宏观经济模型的构建者会跳上ABM这辆马车，尚需观望。不过，有一些人还是会放弃使用DSGE模型。尤其是那些批评利用DSGE方法构建宏观经济模型的人士，理由是，这些模型没能预测2007—2009年的房地产泡沫以及随后的"大衰退"。兰德尔·沃里（Randle Wray，2011，p.467）认为（这里的建模者是指那些基于均衡的DSGE方法的建模者）：

> 目前的危机表明，这种方法与我们所做的经济分析没有关系。相比之下，以《通论》开始的凯恩斯革命倒是提供了让我们了解周围世界的新方法。凯恩斯提出的这种不同寻常的方法论方法使他能够发展出一种既有"一般性"又有"特殊性"的理论，该理论包括了那些导致危机的资本主义（企业）经济因素。按照这一传统行事的经济学家们觉察到了"经济危机"的到来，进而改革了有助于经济重新走上正轨的政策。这种改革不仅使经济更加稳定，而且有利于大多数人的利益。

作为一名学者，阿兰·科曼对于为了描述微观基础而使用代表性个体的现象进行了批评，他为大卫·科兰德出版于2006年的著作撰写了前言，主张宏观经济建模应该放弃 DSGE。科曼借此机会，就有关摒弃 DSGE 之后的备选方法给出了明确的建议。具体来讲，科曼建议（Kirman，2006，p. xiv，他特别强调）：

> 首先，我们要把经济作为一个系统。在这个系统中，个体之间存在着直接的互动，只需在某种程度上明确个体可拥有局部性知识而不是全局性知识，他们对世界的看法在很大程度上是有限的，甚至是错误的。其次，我们应该要求个体以"合理的"而不是"最佳的"方式行动，比如，他们应该可以使用简单的规则，并且不会违背自己的利益；同时，这些合理的代理人还应该能够从他们以往的经验中学习和成长。再次，系统应该随着时间的推移而发挥作用，但并不一定会收敛到任何特定的状态。如果有一个不同于标准均衡的均衡概念，也是件好事，这个概念可以对应一个不断变化的经济体。最后，无论我们开发出什么模型，都应该有一些可检验的结论；我们应该能够想象出引导我们反驳自己模型的一些实证证据。

赫克曼（Heckman，2000）似乎思考了放弃 DSGE 模型之后的另一种方法：不是应该回到基于参数估计的考尔斯委员会的结构主义方法，而是应该返回到所谓的计量经济学的"非参数"方法。他对这种研究方法的理解是（Heckman，2000，p.50）：

> 计量经济学和早期敏感性分析的统计研究认为，传统的结构化（和非结构化）方法中一直使用的函数形式和分布假设是它们缺乏可信度的主要原因，并力求用非参数方法确定经济模型中的参数，或对不同假设的敏感性进行检验估计。本研究方案中的非参数识别的分析方法阐明了函数形式和分布假设在识别因果参数方面的作用。利用假设的无限样本，在缺少函数形式和分布假设的情况下，该方案还可以区分出理论上可识别的和不可识别的内容。在大多数经济学家使用的有限样本容量中，有些人对非参数理论的实证相关性提出过质疑。但是，另外一些人则质疑这种方法的创新性。

他继续指出，结构主义方法和 VAR 方法在应用方面尚有许多不足之处（Heckman，2000，p.78）：

  在使用正规统计方法的时候请注意，由于统计方法具有"黑箱"特征，人们往往认为使用这些方法而产生的数值不具有透明性或可复制性。对透明性的追求是近年来所有计量经济学研究项目的动因，尽管人们在什么是透明性这个问题上仍然没有达成一致的结论。而计量经济学的非参数方法和敏感性统计分析方法可以从理论上减少这种随意性。

显然，无论采用哪一种方法，人们都需要继续开展许多相关的工作。

第 7 章

建模过程与预测过程

> 我们不应该过分期望取得的成果能够快速运用于经济政策或商业实践。虽然我们的研究目标自始至终都具有科学性，但只有通过定量研究，我们的科学才能为政治家和企业家提供积极广泛的建议。如果我们不能把论据变成数字，那么我们的科学之声，尽管偶尔有助于消除严重的错误，但将永远不会被实践者听到。
>
> 约瑟夫·熊彼特（Joseph Schumpeter，1933，p.12）

> 一个基本的方面是有必要区分"预测过程"和"预测结果"。预测过程是限定在实证模型或数据探索基础之上的外推，而预测结果则由理论模型生成。
>
> 克莱夫·格兰杰（Clive Granger，2012，p.312）

> 预测，尤其是针对未来的预测，确实非常困难。
>
> 约吉·贝拉（Yogi Berra）

数十年以来，经济学家们一直在构建计量经济学模型。他们一直希望通过模型的设计，让计量经济学模型能够捕捉到或表达出感兴趣的数据，以及由这些数据反映出来的模型经济运行的种种观点。模型的一个主要任务是寻找一系列参数或常数，用它们来刻画建模中的经济。这种模型被认为可以代表两类可观测数量之间的因果关系：外生变量是原因，被解释的内生变量是结果，外生变量的价值由自身禀赋或公共政策自主决定，但不一定独立于模型。真正的外生变量要么是由任何人都无法控制的事件决定的变量，要么是由先验的人为构造决定的变量，而这种人为的构造完全被政府政策①（如税率、补贴等）的制定者设计和控制。正是假定的固定参数最终决定着因果关系中任何变化带来的结果。我们一直希望，计量经济学模型构建者能够成功地开发一种模型，它可以准确地模拟经济的运行情况。对于这样一种模型，如果其所有固定参数值都能够被衡量，那么我们就有了一个可用于预测未来经济状况或政府政策变化效果的出色而又可靠的工具。然而，要做到这一点，模型的参数不仅必须能够代表过去的经济状况，而且必须能够代表未来的经济状况。可是，即使对这一点的可能性进行假设，都会招来质疑。

大多数预测专家对以计量经济学为基础的预测模型并不满意，同时模型预测一直也被认为是一个有待解决的难题。不过，很少有评论家承认这个难题是无法解决的。可是只要计量经济学是构建预测模型的基础，这个难题就不太可能得到解决。

解决这一难题的障碍是计量经济学方法论的基础。有一种基本观点认为，计量经济学理论的任务就是成为一种衡量固定参数值的技术。但是，希克斯（Hicks，1979，p.39）对此的解释是：

> 人们可能没有注意到自然科学和经济学之间的一个不同之处。在广阔的应用领域中，自然科学包含着各种大量的衡量数值，如温度的绝对零度是-273℃，人类受精卵中染色体的数目是46，但在经济学中却没有这样的衡量数值。虽然经济学中确实存在一些由法律规定的价格比率……但对于经济学家来讲，这些数值都是"人为的"，具有明显的特定性。另外，还有一些是真实的常量，或者是近似的常量，比如在1820—1870年大约半个

---

① 不幸的是，教科书常常错误地称自变量为外生变量，因为它们是通过常用的"其他条件不变的假设"被设定为常数。这样做的依据是教科书上的马歇尔均衡分析，即在短期内让一些变量保持不变，但在长期内将其视为内生的。

世纪的时间里，人们规定了跨度为 9~10 年的贸易周期［事实上，斯坦利·杰文斯（Stanley Jevons）曾大胆地将这种设定与太阳黑子的周期联系起来，从而将其简化为严格的物理术语］，但是这样的固定性波动并没有持续下去。虽然在我们的时代里，经济世界的状况日渐清晰，但它在本质上仍处于一种不断变化的状态之中。

因此，尽管物理学的基础是自然给定的固定参数，例如重力加速度或光速，但社会能否真正受到一组自然给定的固定参数的支配，仍然是值得怀疑的。认为固定参数可以作为解释整个社会基础的观念，最终将导致的一个结论是：所有个体的行为都是由自然给定的固定参数提前决定的。

这种困难让预测者被迫作出选择。一方面，如果人们认识到参数只能在短期内才是固定的（假设本来就是固定的），那么只有短期预测才是有保证的，而且只有在最近阶段内收集数据的基础之上才是有保证的。另一方面，如果只构建短期的预测模型，那么预测就会受到短期数据固有的噪声的干扰，比如市场价格的每日记录。这种噪声往往是由一些意外的异常事件造成的，这些异常事件可能会暂时扭曲价格和其他数据，使其偏离通常的季节性或趋势性的相关值。许多预测研究人员似乎陷入了以下困境：要么拒绝基于模型进行预测的可能性，要么接受基于计量经济学预测所固有的必要的不准确性程度。自 2007—2009 年的"大衰退"开始以来，摆脱这一困境变得更加紧迫。有些人［如 Levin (2010)］认为，摆脱困境仅仅是一个开发"非线性"模型的问题，这些模型可以应对如此剧烈的变化——但这样做又会带来一个问题：这是避免了再次陷入困境，还是把困境的难度降低了呢？稍后我们将会讨论这个问题。目前还有人认为所有的过程都需要借助人类的直觉，但这似乎是接受了计量经济预测模型批评者的观点。

尽管发表在《计量经济学》期刊上的拉格纳·弗里希和约瑟夫·熊彼特的观点过于乐观，但首先需要牢记的一点是，（为经济或政府）制定政策才是构建预测模型的唯一目的。纯粹为了兴趣而构建预测模型的经济学家，即使有，也非常少。因此，这里令人感兴趣的唯一的问题就是，经济学家和计量经济学家能否真正去构建有用的模型，而不是只关心模型的数学表达是否优雅？

7.1　模型构建中的一般因素

无论是否使用数学符号，经济学知识与其自身的应用逻辑都是相同的。不过，针对理论学家提出的一个结构关系集合是否具有内在一致性的检验，以及针对是否可以通过观测从数值上确定该集合的检验，数学表述的作用非常大。为了评估结构（如果假定结构不会发生变化）或者评估结构的简化形式而采用适当的统计方法进行观测时，必须采用数学形式。

雅各布·马尔沙克（Jacob Marschak，1953，pp.25-6）

理论经济通常被认为是确定性的，因为在这种假设之下，往往更容易获得结果。

克莱夫·格兰杰（Clive Granger，2012，p.312）

我在前言中曾指出，今天的理论经济学等同于构建的经济模型。有许多迹象表明，理论商业学科和其他社会学科也早已朝着建模的方向前行了。虽然目前利用经济分析方法的许多模型只是表达时间序列数据的单方程模型，但大多数与建模方法论有关的问题都来自复杂模型的构建，特别是在前几章中讨论过的那些含有方程组的模型。在进一步考察预测模型之前，在构建复杂模型的过程中有一个基本问题必须要解决好。它是一个形式问题，与重要的哲学思想有关（即根本不存在能够解释万事万物的理论或模型），它要求模型必须加入某些"假设"或外生变量。虽然目前这个问题被认为是理所应当的，但它仍然十分重要，因为它不但在逻辑上先于任何为了统计目的使用模型的尝试，而且也会让模型的解释更具局限性。还有一个普遍性的问题，即模型的随机性，模型设计的初衷是处理不完全准确的数据，因为所有模型变量的观测值都会受到观测误差的影响。①

"随机"一词可以基于目标②的理念，特别是基于命中目标附近的方式（从某种意义上说，假定在以目标为中心的附近区域内，距离目标的单位长度越大，命中目标区域的频率或密度就越低）。实际上，计量经济学模型以"现实世界"这个目标为射击靶心。模型错失目标的原因有很多，大致可以分为两大类：（1）这是一次"糟糕"的射击，即该模型要么是逻辑无效，要么是实证失败；（2）目标发生了移动，即最初设计模型去解释（或者作为某种解释）的对象存在着随机且无法解释的变化。随机模型是一种允许目标移动的模型。特别是，随机模型遵循的是既定的方法论，而不是试图去完美地解释一切事情。正是由于每一个非随机模型都声称可以给出一个完美的解释，其基本的解释逻辑也就都是非随机性的。也就是说，大多数解释性的理论在本质上都是非随机性的（那些涉及已知风险问题的理论却是明显的例外）。实际上，模型的非随机性逻辑决定了模型的有效性。③

7.1.1 处理真正的随机模型④

为了便于讨论，也为了让每件事情都表述清楚，我们在回顾第 6 章中构建实证模型的不同方法的同时，也要重新考虑经济学初学者遇到的简单情况，它是讨论预测模型的一个良好起点。为此，首先考察一个关于市场均衡价格（P）和某

---

① 还有一个问题就是，决策者可能并不总是像教科书里经常假设的那样完美，但如果是完美的，那么还需要增加一个模型，它可以解释决策者的行为，但不会将此类行为视作观测误差的根源。

② 事实上，它来自希腊词汇 Στόχος，意味着目标或标靶。

③ 为了简单起见，我没有考虑决策者能够处理的不确定性模型，这些模型也可以引入一个随机因素，但这种随机因素与计量经济学和构建预测模型的基本因素无关。

④ 若读者已经掌握了构建初级计量经济学模型的基础知识，则可以跳过这一节，直接学习 7.2 节。

一特定商品数量（Q）之间非常简单的非随机理论模型，初级计量经济学允许我们在模型里加入两个可观测的外生变量，即年降雨量（R）和人口规模（S）：

$$\alpha - \beta P - Q + \mu S = 0 \tag{1}$$

$$\gamma + \lambda P - Q + \omega R = 0 \tag{2}$$

对于一个刚开始学习经济学的学生来说，方程（2）与方程（1）看起来可能非常相像；两个方程中的 P 和 Q 都是线性相关的，除了受到两个外生变量（在理论模型中通常假定其他条件保持不变）的影响之外，它们不受其他任何因素的影响。对市场模型的一般解释是，这两个方程中的 P 和 Q 都是均衡值，也就是市场出清时的价格和数量。要确定这两个内生变量的值，显然可以把这两个方程看成是联立方程组，因为它们已经被假定是同时成立的。

通过假设和设计，参数（即 α、β、γ、λ、μ 和 ω）的值都是固定的常数①，这意味着，无论何时进行观测，如果 R 和 S 为自然给定的常数②，那么 P 和 Q 的观测值将永远不变，明确这一点很重要。也就是说，如果不改变非随机模型的外生变量，除非至少有一个参数值发生变化，否则 P 和 Q 就不会改变，而这一点正是模型设计之初需要排除的。不过，如果我们给每个问题都增加一个误差项以期构建一个随机模型，那么即使参数和外生变量不发生变化，P 和 Q 的观测值也会发生变化。

70 年以前，特里夫·哈维默（Trygve Haavelmo, 1944, section 13）检验了一种构建随机模型的方法，并指出统计测量参数（比如对未来价格的估计）很容易产生不可信的结果。主要的问题在于，如果利用计量经济学方法测量的参数值去替代表示供需曲线的非随机方程（如供需理论模型），那么还不能将价格 P 和数量 Q 合理地作为联立方程组的代数解进行处理。这是因为任何方程的

---

① 为方便刚接触经济学的学生学习，应该指出，μ 和 ω 的出现仅仅为了帮助把度量单位转换成相同的单位，从而使方程中的每一项都采用相同的单位来衡量。在方程（1）和（2）中，每一项都采用与 Q 相同的单位来度量。

② 显然，人口规模不是自然给定的，但为了简单起见，我们假定人口规模在很长一段时间内保持不变。

代数运算逻辑和规则的基础是变量具有精确值。但是，鉴于不可避免的观测误差，统计学只能提供在特定范围内具有观测误差概率的平均值。换一种说法就是，假设总消费与总收入水平呈线性关系，如 $C=\alpha+\beta Y$。统计学可能表明，边际消费倾向的值有 90% 的可能性为 0.74 ± 0.04。如果常数 α 的估计价值同样也只有 90% 的可能性是准确的，那么总消费 C 的计算准确性会在很大程度上低于 90%。与此同时，在含有较多变量和参数的模型中，计算量也会非常大。

在对参数值进行统计估计的过程中，还存在其他更加明显的问题。先撇开统计估计技术在数学方面取得的所有进展不谈，我怀疑目前大多数的参数估计，尤其是在应用经济学或商业模型中的参数估计，可能仍然需要利用经典的最小二乘法，即参数估计值可以使计算值与观测值之间的误差最小化。[①] 使用最小二乘法进行分析的经典统计推断的所有法则都是基于所观测变量性质的特定假设。许多计量经济学理论家谨慎地分析，这些假设的提出是为了处理实验产生的数据。一般来讲，也就是假设任何内生变量或因变量都是关于一系列特定自变量的线性函数，同时也假设为了控制误差的目的再加入随机变量（误差的均值为零）。而自变量的情况则比较特殊，人们假定自变量（通常位于函数表达式的右侧）以某种特殊的方式独立——也就是说，从实验收集到的数据中可以体现出的某种特性。在实验可控的情况下，通过实验设计可以假定自变量之间是相互独立的。然而，构建计量经济模型（特别是包含多方程的模型）的全部意义就在于，让人们认识到了变量之间的相互依存关系。本书第 6 章曾指出，有些人正在极力证明，计量经济学理论的研究一直是在致力于寻找能够克服偏离经典统计推断规定的方法。

现代计量经济学模型明显地认识到表达可观测变量之间关系的各个方程尽

---

① 还有其他一些改进的方法，包括工具变量法、广义矩方法和非参数方法，更多内容参见 Spanos (2012, p.336)。我们也可以使用计量经济学中的贝叶斯替代方法［如 Lancaster (2004)］继续简化问题。

管可能不准确，但还是解决了很多方法论的基本问题。为了改善这种不精确性，给每个方程都引入一个误差变量，以便对模型进行调整，该误差变量代表不精确性（即它偏离了一个等式）。比如（这里继续尽可能地保持简单），为了考察有关市场需求与供给的一个简单的非随机两方程模型，首先改写方程，把因变量 Q 放在等式左边，而把自变量 P（这里假设需求者和供给者都是价格接受者）、S 和 R 都放在等式右边（为了满足方程的统计识别性，需要假设 R 和 S 是外生变量①）：

$$Q = \alpha - \beta P + \mu S \tag{1}$$

$$Q = \gamma + \lambda P + \omega R \tag{2}$$

该模型可以简化如下：

$$Q = \alpha - \beta P + \mu S + \varepsilon_1 \tag{1'}$$

$$Q = \gamma + \lambda P + \omega R + \varepsilon_2 \tag{2'}$$

其中，ε_1 和 ε_2 用于纠正不精确性；也就是说，它们的出现使得没有 ε_1 和 ε_2 的不等式变成了含有 ε_1 和 ε_2 的等式。

如果我们能够在多个时间点进行观测，就可以假定误差均值为零。② 但是，当使用这样的模型估计参数值时，仍然会存在许多问题，其中最重要的一个问题是，误差变量彼此之间的相关性或随时间的推移而出现的相关性。③

对包括误差变量的一个公开辩解是，承认观测数据存在人为的错误，如观测报告中可能出现的错误；不过，建模显然可能会导致出现更加严重的错误（如可能遗漏了一个变量）。然而，即使基本的非随机模型准确地表达了真实世

---

① 统计识别性是指传统的识别问题，反过来又指由多方程组构成的计量模型的逻辑要求。从历史上看，当使用只由交易价格和数量（即没有外生变量）构成的市场数据时，就会出现问题，即当观测变量发生变化时，该变化究竟是由需求变化、供给变化引起的，还是由两者共同发生的变化引起的呢？换句话说，这些数据不足以支持针对市场的任何变化进行建模。人们需要用一种方法区分需求曲线和供给曲线的不同变化，若要做到这一点，则双方各自需要一个不同的外生变量，比如，供给方年降雨量的变化，需求方人口数量的变化。

② 或者人为构造一个常数项，假定它可以抵消从零均值误差中产生的任何偏差。

③ 另外还有人可能会提出对各个方程单独进行估计，这样做也许具有可行性，但估计却不会十分精确。

界的各种关系（即没有遗漏任何变量），模型也不可能通过不精确的观测值来实现精确的拟合。当不精确性存在的唯一原因是随机观测引发的普遍误差时，假定误差均值为零就是合理的。实际上，也有导致误差出现的其他原因，其中的一个明显原因是，与初始假设相反，关系并不总是线性的；而另外一个原因则是，假定的关系既不能识别已被标明的所有相关变量，也无法包含一个不是真正相关的变量。例如，真实的供给关系可能如下：

$$Q=\gamma+\lambda_1 P+\omega_1 R+\lambda_2 P^2+\omega_2 R^2+\xi PR \qquad (2'')$$

这意味着，除非 $\lambda_2 P^2+\omega_2 R^2+\xi PR=0$，否则式（2'）中的 ε_2 只能部分代表所谓的结构误差。类似地，真实的供给关系也可能是这样的：

$$Q=\gamma+\lambda P+\omega R+\xi W \qquad (2''')$$

其中，W 代表现有的平均工资率。在式（2'''）中，存在一个曾被称作误差变量的变量（但今天我们通常称之为遗漏变量）；也就是说，误差变量必须补偿式（2'）中的遗漏项 ξW。显然，除了假定一个零均值误差之外，似乎没有什么更好的理由了。换句话说，误差变量可能还不足以避免不精确的估计和运算。

7.1.2 使用计量经济学模型检验理论

第10章将讨论，如果一个计量经济学模型能够表达所有的可观测变量（如国民收入、总投资、利率等）之间相互关联的一个特定理论，那么就可以把这样的模型看作是检验该理论的一个有用工具。通过构建理论模型来检验理论时存在无法回避的判断问题。一个常见的判断问题是，具有某种统计意义上的特定模型能否"拟合"现有的数据？

就研究目的而言，有两种检验观点。一种积极的观点认为，根据可接受的统计标准，当用于解释理论的模型能够拟合数据的时候，我们就获得了一个成功的检验。简而言之，一个成功的检验就是证实。另一种批判性的观点认为，根据普遍接受的统计标准，当模型没有办法被证实的时候，我们也会获得一种成功的检验。也就是得到了一个模型无法"拟合"数据的结论。毋庸置疑，一个特定的模型能否"拟合"数据并不取决于统计标准的强弱,而是取决于判断的方向。

模型是否可以作为经济理论的检验基础是一个逻辑问题。具体来讲,由于每个模型都与建模者的决策有关(如判断消费和收入之间的关系是线性关系还是非线性关系),而"拟合较差"的模型并没有强迫我们放弃经济理论或者模型所代表的理论中的行为假设。也许一系列不同的建模决策并不会使模型产生较差的"拟合"。

同样地,每一个声称已经证明了经济理论为真的模型都存在逻辑问题。不仅有统计标准强弱的判断问题,而且也有一个悬而未决的问题,即是否可以利用已有数据来证实其他解释理论的模型?除此以外,还存在的一个问题就是,纳入未来的数据是否依然能够产生一个证明为真的检验?本书第3部分将针对利用模型进行检验的内容继续加以讨论。

7.1.3 有助于理解的初级模型:度量参数

从 20 世纪 30 年代计量经济学的正式发展开始,人们就希望计量经济学能够使经济理论与数学和统计学结合起来。正如本章前面介绍的那样,这种结合被认为是度量经济特征的值,就像物理学中的某些特征值,如众所周知的引力系数、光速或者晦涩难懂的玻尔兹曼常数及普朗克常数等等,因此,长期以来人们一直希望可以在经济学中实现这种度量。例如,在凯恩斯主义宏观经济模型的活跃期,人们常常认为,在 12 个月中的某个月内,消费品总支出(C)是该时期国民总收入(Y)的简单线性函数。具体地说,它是前面提到的教科书里的 $C=\alpha+\beta Y$,β 代表心理学上给定的"边际消费倾向",被假设为自然给定的常数。[①] 在某些版本的总消费理论模型中,系数 α 被当作反映生存最低需要的一

---

① 这种"倾向"被假定为自然常数,即当给定 1 美元的额外收入时,消费者总是花相同比例的 β 美元。

个支出常数。7.1.1 节中介绍过已经发表的一个 β 项的计算结果，即边际消费倾向值为 0.74。甚至在初级经济学教科书中也有这样的常量，如某些特定商品的"需求弹性"。[1] 而且人们往往认为，某些商品在一个特定时间段内的弹性相对稳定，因而尝试了许多方法来度量这种弹性［参见 Stigler（1954）］。

当然，建模者所能得到的数据鲜有精确。数据由人收集[2]，而人容易犯错。也就是说，建模者必须经常处理这类观测误差，而且使用其他人在未知环境下收集的数据时，更容易出现问题。在没有观测误差的情况下，复杂模型的构建在很大程度上可以看作是代数应用的练习，即在假定方程组未知量存在着精确观测值（如国民收入、利率等）的前提下，求解一个联立方程组。例如，如果产品的销售水平与国民收入水平的比例固定，那么就可以在观测国民收入水平和销售水平之后再计算这一比例。当然，如果不存在观测误差，那么可以检验任何持有固定比例观点的理论，方法是使用在不同时间点上得到的观测值来表达这个固定比例。但是，在认识到这些观测值可能不准确的同时，还必须认识到，即使通过第二次观测发现得到的比例值与第一次不同，也不能肯定地得出销售和国民收入之间的真正关系不是固定比例的结论，因为明显偏离固定比例现象的出现可能完全是由存在的观测误差引起的。虽然人们早已知道观测误差的说辞并不充分［例如，Marschak（1953），Lucas（1986），Davidson（1991）］，但也必须认识到，模型的基本参数结构可能已经发生了巨大的变化。这就意味着，教科书中对政府有效政策概念的讨论远比构建宏观经济学计量经济模型中对该概念的初级设想要复杂得多。

---

[1] 与每个经济学学生所掌握的概念一样，它仅仅是价格每变化一个百分比时所需要的产品数量的百分比变化。

[2] 今天的人们至少可以直接或间接地使用一个数值型数据库。

7.2 使用模型进行预测

人们通常对经济变量的预测值更感兴趣，它们不仅包括一个时间点或一个时间段上的预测值，而且包括一系列这样的时间点或区间段上的预测值。人们感兴趣的还有变量随时间变化的发展路径。经济学家认为路径的性质（如收入的波动幅度或是增长率）与个人和国家都息息相关。

假设外生变量/结构在未来将发生特定的变化，并且可以忽略任何扰动和误差。同时，每个内生变量的值不仅由外生变量精确地决定，而且将在整个时期按照相关方程的简化形式所规定的方式发生变化。①

雅各布·马尔沙克（Jacob Marschak，1953，p.17）

对于许多常规的决策，随时间变化而产生本质上的统一性和一致性的假设本身（即遍历性假设）可能就是处理手头问题的一种有效的简化方法。而对于涉及投资和流动性决策的问题，如果无法排除在较长时期内发生不可预见的重大变化，那么后凯恩斯主义不确定性模型的适用性会更好……经济学家必须放弃的假设是，个体在面对现实的不确定性时，一定要使用客观或主观的概率分布来作出经济决策。这样得到的结果更具有一般性，它包括遍历概率和非遍历不确定性两种情况。

保罗·戴维森（Paul Davidson，1991，pp.142-3）

我们可以暂时假设，利用已有数据能够构建一个证明为真的计量经济学模型，该模型代表了一个可以处理经济中许多相关变量的解释理论。那么，如何

---

① "简化形式"是指对由两个或多个只含有一个内生变量的方程联立构成的一个系统，当求解方程组时，其解是一个含有多个外生变量的函数。

运用这样的模型对未来的经济状况进行预测呢?

由于对未来进行预测时必须以某种方式包含时间,因此一个模型是否可以用于预测取决于它所代表的解释理论是否至少包含一种基于时间的关系,以及这种关系在模型中是如何表达的。从理论角度来看,时间在一个模型中有多种表达方式。由于即使我们什么都不做,树木也会自然生长,因此,模型可以包含这样一个方程,它利用树木大小和年龄变化的关系描述树木的增长率。类似地,尽管总消费是一种静态关系[①],但随着时间的推移,在各种商品之间会出现消费分布的变化。在这种情况下,为了区别出分布中的各种变化,该模型必须对消费进行分解。如果一个人正在进行针叶木材市场的建模,他不仅需要考虑(并建模)影响树木种植的动态因素,还必须考虑到木材市场需求的变化,比如利率(或抵押贷款利率)的变化。如果有充分的理由表明第二年的利率会下降,那么就可以根据人们对利率下降的反应进行猜测,并通过一个模型来预测第二年针叶木材的价格。

一个模型能否用于预测,主要取决于该模型是否充分地整合了基于时间的诸多关系。显然,在处理投资决策时,也必须包含基于时间的关系。今天的投资决策在很大程度上取决于人们认定在未来的某一天会发生什么事情,也可能取决于最近发生的事情。

将时间纳入预测模型的基本方法有两种。一种方法是把距今最近的过去时期看作是"时间滞后"的变量。例如,我们很容易理解今天的一些决策往往取决于昨天发生的事情。[②] 我们还可以看到,总投资与总收益水平之间的关系可以被看成是今天的投资是一个包含今天收入和去年投资之间的线性函数——如果处理的是累积较少的变量,那么我们可构建形如第 6 章中讨论的所谓的 VAR 模型。另一种方法则会生成相当复杂的模型,这样的模型不是简单地区分一个

---

① 比如 7.1.1 节中讨论的线性关系。
② 第 6 章介绍了这种基于时间的关系与所谓的自回归有关。

变量或向量（例如今年和去年）的两个观测值，而是对涉及的所有变量进行时间标注，就像第 1 章和第 2 章中讨论的阿罗-德布鲁模型的"动态学"那样。通过确定变量的日期，可以将 2024 年针叶木材的供需问题看成是完全不同于 2014 年针叶木材的供需问题。也就是说，并非在不同的时间点上对同一产品进行建模，而是在每个时间点上找出不同市场中的不同产品。虽然在商品市场中，这种处理时间的理念是一种建模基础，但该基础会导致十分庞大和十分复杂的模型出现；也就是不得不增加模型中变量的个数。尽管如此大规模的模型可能适合理论的解释，但考虑到其复杂性，该模型对于政策预测来说是毫无实用价值的。因此，时至今日，大多数用于预测的模型仍在使用时间滞后的变量方法。

几十年以前，人们希望可以构建经济周期的模型。因为，如果拥有这样一个模型并且它能够被证实，那么该模型可以预测经济周期的各个阶段。在这种充满希望的情景中，利用这样的模型进行预测可能是相当机械的，这是一个明显的障碍。也即如前所述，建模工作假定模型参数是绝对固定的或恒定的（按照参数假设技术的术语来讲是它们具有"遍历性"）。在柏拉图式的观念中，一个人无法处理变化，除非他首先承认固定的事物——简言之，变化只是相对于某些固定参照物而言才有效。所以，只有在成功地估计了这些固定参数之后，才能有一个基础去预测或理解我们希望预测的变量是如何受到具有自主或内生动力的其他变量的影响的。希克斯也曾指出，固定参数在物理学里也许是有意义的，但其在经济学中的作用仍然会受到质疑，除非在相当短的时间内可以进行预测并得出预测结果。

7.3　作为经济预测基础的模型

偶尔，那些习惯作出完美的、前瞻性假设的经济学理论家会批评经济预测者作出的不完美预测。

克莱夫·格兰杰（Clive Granger，2012，p.319）

几乎在每一个企业中，预测都起着至关重要的作用。预测范围从公司产品交货时间的短期简单估计到投资决策中价格的长期复杂估计。目前似乎还不存在一种可靠的、长短期通用的经济预测技术，因此，针对短期和长期的预测，人们开发出了不同的技术。最常用的短期技术方法是从现有信息和数据中进行单方程序列时间的外推，而长期技术似乎需要更加复杂的多方程计量经济模型的介入。

长期以来，个人电脑的普及使得预测成了一项几乎所有管理者都可以利用台式电脑或笔记本电脑进行的工作。但这种情况也有局限性——预测的主要限制是，它只能以数据信息为基础，即所有的定量预测都要基于大量的定量数据。例如，可能需要收集在过去十年中每个月不同产品的产量、销售量、库存量、材料成本、工资等方面的数据。这种多样化数据信息的质量本身会对预测质量产生重大的影响。当然，收集所需数据的成本也可能非常昂贵。

组织数据的主要方法是构建模型。一个模型可以像线性方程那样简单，如之前给出的例子中表示销售量与国民收入水平成正比的一个模型。同样地，一个模型也可以相当复杂，它可以包含多个变量和多个方程。复杂模型的开发和维护费用可能非常昂贵，因此只有大型公司才能负担得起这类大型预测模型的开发。本书的前言曾分析过，如果对整个经济的宏观经济变量进行预测，那么将需要利用经济中宏观经济许多方面的预测。而规模较小的公司可能会发现，从成本角度考虑，利用大型公司的服务比自行开发模型更加划算。

为了有效利用预测模型，人们还需要了解模型自身的局限性。基于模型预测的主要局限在于模型及其建模技术都是从计量经济模型的研究中推导出来的。通过这样的设计，计量经济建模技术会更加适合建模和评估经济解释，而不是给出经济预测。因此，较为简单的模型往往表现得与成本较为昂贵的复杂计量

第7章 建模过程与预测过程

经济模型一样好甚至更好。

本章的余下部分将探讨根据模型的预测是否存在改进建模方法论的渠道，从而突破计量经济模型部分或全部的局限性。

7.4 动态预测模型的结构要求

基于模型进行预测所面临的困难都与基本的权衡问题有关。每个计量经济学模型构建者都会遇到的基本的方法论问题是，模型以事先收集的数据为基础（例如，1954年，1955年，……，2013年的针叶木材的每周价格），并利用这些数据来估计所有自然给定的参数值（物理学意义上的值）。但是，如前所述，现在没有充分的理由说明为什么这些参数不会随着时间的推移而变化。也就是说，如果一个模型能够处理不同年份的观测结果，那么它的参数就不可能是常数。目前，人们可以通过缩短收集数据的时间跨度来克服这个非固定参数的问题，并且有两种方法可以做到这一点，但它们各自又都有不可逾越的障碍。其中的一种方法只是简单地将时间跨度缩短到一个更有可能使参数保持不变的时间段内。例如，不是收集1954—2013年的月平均价格，而是缩短时间跨度，只收集2003—2013年的年平均价格数据。但这种方法的缺陷在于，就模型规模而言，这样做可能会导致缺少足够的观测值进行估计，也即无法估计参数的值。而另外一种方法是收集每周或每天的数据，以便在没有足够数据的条件下，即使缩短了时间跨度但依旧有可以接受固定参数的假设。我曾指出，第二种方法的问题在于，短期数据本身很有可能就是"噪声"。也就是说，虽然月平均价格可以在一整年内保持稳定，但每天或每周的市场价格却会出现大相径庭的情况。日价格或周价格的多变性本身并不是真正的问题，真正的问题在于，这种变化本身何时具有欺骗性？比如，在某个星期内出现的一次电力中断导致电力供应受限并引发了高出正常价格的电价；再比如，在某个星期内由于假日或飓风导致的电力需求下降以及随之出现的同样反常的价格下跌。通过使用时间跨度更长的数据，许多虚假的变化将被抵消；而使用短期数据的一个问题则是，很难判断数据是否会受到长期趋势或季节偏差的影响。

通过讨论上述既明显又基本的方法，很容易理解为什么即使是短期的预测也难保准确。原因同样是，为确保模型的可识别性，人们需要大量的数据①，因此必须更加频繁地收集数据。显然，年度数据也无法达到一定的要求，因为即使是10年的平均价格数据也不足以满足下一年的预测需求，更糟糕的是，为了确保足够的数据，需要的时间是如此之长，以至于对一系列稳定的固定参数的任何假设都会受到怀疑。除非参数值保持不变，否则用于测量这些参数的常用计量经济学方法将会受到严重质疑。而且，如果缺乏这些参数的确切值，根据理论模型进行预测几乎是不可能的。因此，我们可以明白，为什么在许多基于模型预测的批评者心目中，长期预测和短期预测之间的权衡是没有办法实现的。无论如何，他们都会发现，预测并不准确。

这些问题能否得到解决呢？在有关计量经济模型构建技术的各种调研文章中，对克服这些困难的可能性表示乐观的人并不多。几十年前，一些富有冒险精神的计量经济学家提出了处理内生非固定参数的方法［参见 Swamy（1970）］，但很少有预测研究人员注意到这些问题的存在。原因是一样的，具体而言，预测模型构建者必须在为收集数据而延长的时间段内对模型参数稳定性怀疑的规避，与在为适应识别需要而缩减的时间段内因扩大观测值数量导致的噪声之间进行权衡，当然，人们可能往往会忽略权衡，学会接受和适应固有的不精确的预测模型。后面我将讨论，如今预测模型的构建者应该如何解决这些

---

① 这里的可识别是指一个特定模型的属性，即若把模型假定成为一个观测数据的"生成器"，则该模型可以做到从观测数据中推断（或识别）出一个独特的结构。我的意思是，通过这个假定的生成器，如果参数的真值给定，那么当把外生变量的观测值输入模型时，内生变量的值则被认为是由模型的结构生成的。如本章前面所述，为避免任何给定模型的识别问题而使用的数学方法至少要确保外生变量与内生变量的数目一样多。

问题。

在处理大型动态模型时,传统的识别问题一直被视为一个障碍。① 目前,大多数动态研究的基础似乎都是自回归模型,但许多计量经济学预测使用的都是向量自回归(VAR)模型,而不是我们一直在讨论的基于理论的结构模型。② 不过,当数据的时间跨度增大时,同样的非固定参数问题仍然会出现。

7.5 计量经济学预测的艰辛史

> 根据标准教科书进行经济预测的方法中存在的问题是,在大多数情况下,它只能处理"已知的不确定性",即只能解析性地(或通过模拟近似)推导出量化的可变性。而已知条件则来自模型的估计和未来的冲击。依据这些"已知条件",通过标准方法可以计算出预测区间,但是每当出现意想不到的间歇性位置偏移时,这种区间预测会缩小可能的结果范围,也会出现系统性的偏差。众所周知的问题是,人们不知道自己究竟不知道什么?因此,仍然很难解释"未知的不确定性"。
>
> 迈克尔·克莱门茨和大卫·亨德利(Michael Clements and David Hendry,2008,p.11)

早期计量经济学研究仅限于经典统计理论模型中的相关理论。现代计量经济学时代始于20世纪40年代初,当时的人们意识到必须要承认模型中的误差。如今的计量经济学理论已成为数理统计学的一个特殊分支,其主要的工作是对非实验数据进行统计分析。

---

① 参见上一页脚注。
② 也就是多方程结构模型。

20世纪50年代可以说是代表了对构建计量经济模型各种方法的整合时期。自20世纪60年代起，计量经济建模开始在经济学专业中占据主导地位。[1] 一个显然的原因是，在西方经济中，政府介入的成分增加。20世纪60年代，几乎所有政府资助的计量经济模型都以凯恩斯宏观经济学为基础。许多政府政策的决策者相信，他们可以利用大型的计量经济模型"微调"经济。20世纪70年代，计量经济学模型经历了快速稳步的发展，这主要得益于大型计算机的开发和使用。而另一个原因是可用数据库的增加。20世纪80年代，随着越来越多先进的统计评估技术和评估工具的发展，这一趋势得以持续。到了20世纪90年代末，任何拥有台式电脑的人都可以使用现成的且价格低廉的计算机软件进行复杂的计量经济学建模活动。

直到20世纪60年代末，除了那些始于20世纪40年代并最终成型于50年代的少数大型联立方程模型之外，如前言中讨论过的克莱因-戈德伯格模型，大多数预测模型都局限于简单的单方程时间序列估计模型。对于那些使用单方程模型的人来说，唯一的问题是，能否在观察到的时间序列中确定趋势或季节性？20世纪70年代的预测受益于人们引入的所谓"博克思-詹金斯"方法（"Box-Jenkins" method)[2]，该方法为时间序列分析提供了一种系统化的方案［参见Kennedy（2008，chapter 19）］。但是"博克思-詹金斯"方法存在着严重的局限性，因为一方面，它需要假设时间序列具备足够的稳定性，另一方面，还需要拥有大量的数据来确保时间序列模型的可识别性。

在20世纪70年代，多方程结构计量模型与20世纪40年代早期和50年代出现的模型一样，开始被广泛地应用于经济预测，其动机似乎是承认了人类的判断在本质上就是错误的这个前提。而根据计算机的预测则被认为是没有偏差

---

[1] 其占据主导地位的一个原因可能是，理查德·利普西的经济学教科书《实证经济学》（1963）在全球范围内——至少在美国的经济学院系之外，广受欢迎。在美国的各个经济学院系中，萨缪尔森的《经济学》处于主导地位，但它并没有对任何实证分析，如计量经济分析，起到重要的作用。

[2] 这种预测方法只关注预测变量过去的行为，而不是解释计量经济模型的现状。肯尼迪（Kennedy, 2008, p.297）指出，"实际上，这是一种复杂的外推方法"。

的，并且能够比人类预测者更加有效地处理数据。在 20 世纪 70 年代，专注于评估计量经济学预测结果的文献开始不断增加，特别是那些与不太复杂时间序列分析的结果进行比较的文献。虽然计量经济学模型可以同时处理多个变量和复杂的交互关系，但这种能力要以拥有非常详细的数据为前提。只不过收集这样的数据需要付出高昂的成本，因此存在的问题往往就变成，相对于较为简单的时间序列分析而言，是否还有必要支付额外的成本？每当谈到成本，就会出现一个提供数据，甚至提供已有模型和预测的商机。因此，如前所述，用于预测的商业计量模型开始出现。

多项研究表明［如 Zarnowitz（1967），Klein（1971），Miller（1978），Dawes et al.（1994）］，基于计量经济学进行的预测未能达到预期要求。在计量经济模型领域里，大多数建模者认为［如 Zellner（1978）］，短期模型的预测应该会更好，因为模型参数可假定为常数。而另外一些人，如阿姆斯特朗（Armstrong，1978）则认为，长期模型的预测可能会更好，因为模型能够纳入更多的变量，从而更好地反映长期趋势的影响。但是这两种预测的效果并未得到文献记载资料的有效支持。一些批评者，如斯佩诺斯·马克里达基斯（Spyros Makridakis，1986）甚至认为，在模型拟合过程中，尽量降低误差的措施并不一定是保证精确预测的最佳方案。

自从 20 世纪 70 年代起，人们对计量经济学预测效果的不满情绪日益高涨，显然，现在有必要搞清楚究竟是什么导致了基于计量经济学的预测会失败。也许开发的新技术能够克服这些明显的缺点。然而，某些类型的计量经济学模型或评估方法是否的确优于其他类型呢？因此，在 20 世纪 70 年代末期，为了明确一些具体的问题，有些人已经作出了公开的尝试。斯佩诺斯·马克里达基斯（Spyros Makridakis）和米歇尔·希邦（Michele Hibon）于 1979 年着手开展了此项工作。

马克里达基斯和希邦在多个序列之中，对主要的时间序列方法进行了大量的比较分析。从现有数据的横截面数据中选取了 111 个时间序列，它们涵盖了广泛的现实生活领域（商业公司、工业和宏观数据）（Makridakis and Hibon，2000，p.452）。两人得出的主要结论是：有些"简单的方法，如指数平滑法，优于复杂的方法"（同上）。但由于这个结论与许多统计学家的观点相悖，为此，马克里达基斯发起了一场利用不同的预测模型和不同的方法对时间序列进行实证比较的竞赛（Makridakis et al.，1982）。

这就是著名的M竞赛。在这一届比赛中，序列数目是1 001个，使用的方法或者方法的变形共有24种。本界M竞赛的结果与马克里达基斯和希邦早期的研究结果相似，两人归纳出如下结论（Makridakis and Hibon，2000，p.452）：

（a）统计学中高级的或复杂的方法不一定会比简单的方法提供更加精确的预测。

（b）根据采纳的不同计量精度判断各种方法效果的相对排序。

（c）这些不同方法组合在一起的时候效果更好，一般来说，组合精度胜过单个方法的精度。

（d）各种方法的精度取决于预测范围的大小。

其他研究人员在随后的许多研究中似乎都在重复着上述结论（同上）。马克里达基斯和希邦指出，尽管这些结论现在还是经常重现，但仍然存在"对实证精确性研究的情感排斥"问题（Makridakis and Hibon，p.453）。

随后举办的第二届M竞赛（即M2竞赛）主要探讨了预测模型和方法的精确度（Makridakis et al.，1993）。同样地，我们希望了解究竟是什么影响了计量经济模型预测的准确性。M2竞赛"与4家公司合作，并在实时基础上设计和运行了6个宏观经济序列"，这些公司负责提供数据和专家（Makridakis and Hibon，2000，p.453）。M2竞赛"持续了两年，参赛选手必须提交未来15个月的预测数据，并与之后15个月的实际数值相对照，以核查他们一年前所作预测的准确性"（同上）。结论是（Makridakis and Hibon，2000，p.453）：

第7章 建模过程与预测过程

M2 竞赛的结果与 M 竞赛的结果基本一致。较高级的或复杂的统计方法并没有提供比简单的方法更加精确的预报。各种方法效果的相对排序根据所采纳的计量精度的不同而不同。各种方法组合在一起的精度往往优于所使用的单个方法。不同方法的精度取决于所涉及的预测范围的大小。

马克里达基斯和希邦再次指出，尽管上述结论被看成是"强有力的实证证据"，但理论统计学家仍然坚持认为，还是需要更为复杂的模型或方法来进行更加精确的预测。因此，马克里达基斯和希邦又策划了一次 M3 竞赛，该竞赛包括了更多的方法、更多的数据序列和更多的研究人员。此次竞赛有 3 003 个时间序列。最后，马克里达基斯和希邦（Makridakis and Hibon，2000）报告了 M3 竞赛的结果。

这些检验的精确性可能存在一个明显的问题：如何度量精度？在 M3 竞赛中，采用了五种度量精度的方法：中位数百分比的绝对误差、平均排序、中位数对称百分比的绝对误差、较好的百分比和中位数相对绝对误差。

马克里达基斯和希邦得出的结论是：M3 竞赛证实了之前 M 竞赛中的最初结论——尽管这届比赛包括了一个更新、更大的数据集合。除此之外，他们还通过"竞赛再次证明，在很多情况下，采用预测人员开发的简单方法，表现出了比类似 ARIMA 和 ARARMA 模型等复杂统计方法更好的效果。"(Makridakis and Hibon，2000，p.460)[①] 他们还发现，其中有三种新的方法（在以前的竞赛中没有使用）表现很好，其中的一种虽简单却很出色，并且这三种方法全部优于其他方法。

---

① ARIMA 模型是差分自回归移动平均（autoregressive integrated moving average）模型的简称，ARARMA 是继 ARIMA 模型之后的又一个非稳态自回归模型。有关 ARIMA 的定义和差分必要性的解释，参见 Kennedy（2008，p.397）或 Maddala（2001，p.524）。

7.6 可以克服方法论上的障碍吗？

人们经常讨论、深入分析、广泛发表并全面使用宏观经济预测……然而，大多数宏观经济预测的实践基础是与人类直觉相结合的计量经济学模型的预测，比如来自国际货币基金组织、世界银行、经济合作与发展组织、联邦储备委员会、联邦公开市场委员会（FOMC）和欧洲央行等机构的预测。这种看似不可避免的结合却使预测常常会出现偏差，因此，它们的评估会变得很不标准。

菲利普·汉斯·弗朗西斯、迈克尔·麦卡利尔和里安·勒格斯泰（Philip Hans Franses, Michael McAleer, and Rianne Legerstee, 2012, p. 2）

目前，许多计量经济预测模型的构建者已经在求助于"直觉"[参见 McAleer（2011）]或所谓的"专家系统"。很明显，这样的做法可以得出较为精确的预测，但预测结果的可靠性又如何呢？大多数对专家系统持批评态度的人士认为，事实并非如此。贝尼托·弗洛雷斯和斯蒂芬·皮尔斯（Benito Flores and Stephen Pearce，2000）考察了作为M3竞赛中的专家系统之后发现，"总体来说，专家系统介入的工作量很大，但并没有提高系统的精确性"（p. 485）。但有些时候，咨询一位专家之后还是可以改善精确性的。我记得一位同事曾经讲述过他在加拿大银行工作时的一个故事，当时的加拿大银行正在使用一个大型计量经济模型。有一天，一些专业计量经济学者们在预测GDP的值为正数的工作中遇到了困难。于是，他们拖着沉重的脚步走向地下室，那里有一位年长的、头发花白的统计员正在工作，他们向老人家寻求专业咨询。在老人给出回答之后，他们立刻冲上楼去修正模型，并得出了这位老专家给出的预测结果——当然，这个预测更为精确。不过，可靠性问题依然没有消除，专家系统仍然被认为是不可靠的。

毋庸置疑，这一切都需要一种经济预测理论，它能够说明各种预测模型和方法之间存在精确性差异的各种原因。与 M 竞赛相关的一个问题是，预测模型如何处理误差并实时校正它们？有些纠错程序只不过是通过移动截距以抵消观测误差，出现的争议依然是：该误差究竟是由基本结构的临时性变化造成的，还是由永久性变化造成的？究竟是由模型的一个关键参数或外生变量的结构变化引起的误差，还是由模型中未识别的变量的变化造成的误差，从而使我们无法知晓是什么导致了这种差异？

作为计量经济学理论家，亨德利认为经济预测理论所面临的基本问题是[1]：

> 待定的未知量是个关键性问题，特别是在建模之前的基础过程中没有预料到的变化。

他接着指出：

> 目前，计量经济学模型的构建者严重地误解了理论和证据的作用，一般来讲，并没有人从经济学的预测失败中吸取教训。

多年以来，像亨德利（Hendry，1980）这样的计量经济学理论家一直认为，计量经济学模型的一个首要问题是，建模人员往往会作出与已有数据的概率结构不一致的假设。阿里斯·斯帕诺斯（Aris Spanos）认为[2]，

> 预测能力带来的伤害使得人们忽略了统计上的错误描述。为了实现最佳的预测，人们使用的计量经济模型的统计充分性应该首先被确定，而且

---

[1] 请参见 2011 年 6 月 7 日的私人信函。
[2] 请参见 2011 年 5 月 11 日的私人信函。

带有约束的任何理论都应该提前被数据检验和接受。

直到计量经济学预测的潜在商业用户或政府用户坚信模型会更加可靠并不太可能失败之前（这也许是按照亨德利、斯帕诺斯和其他经济学预测理论家的建议得出的结果），商业用户是否会在短期内很快地求助于计量经济学模型的构建者，这件事情仍然值得怀疑。

第 7 章

建模过程与预测过程

第 3 部分　检验和模型

第8章 实验经济学与行为经济学的作用与局限

无知是一个强大的敌人,为了获得哪怕是微不足道的胜利,经济学家们常常需要利用所能收集到的一切资源和武器,包括思想实验(理论),以及从非实验、意外实验和设计实验等渠道获得的数据分析。我们应该祝贺那些取得微小但真正胜利的经济学家,因为他们能最有效地使用工具;但对于那些拥有最庞大、最耀眼和最难懂的武器的人们,我们也应该减少对他们的崇拜。我们将受益于真正的谦逊,也将受益于对"使命已经完成"的炫耀感的远离。当然,这永远不可能发生。

爱德华·利默尔(Edward Leamer,2010,p.44)

一般来说,行为学研究没有必要假设人们自始至终按照标准的理论进行活动,尤其是没有必要强求对在研究早期中不断出现偏差的情况给予纠正;可是现在,人们对于偏差的根源及其含义等方面的关注却越来越多。

杰克·奈奇(Jack Knetsch)[1]

从某种意义上说,识别理论无法解释的行为是有用的,因为观察结果将迫使理论学家重新思考理论。通过"为检验而建立的理论"来确认理论表现得并不好……

同样地,如果通过实验设计能够判定哪些结果会失败,哪些结果会成

---

[1] 请参见2013年4月13日的私人信函。

功，那么它将是非常有益的。在多数情况下，成功和失败都取决于一个参数估计的统计显著性，因此实验设计似乎显得无关紧要。然而，实验工作的优点之一就是能够控制环境并设计检验，它把我们的注意力从统计显著性转向经济重要性。实验的优点往往就体现在这类"失败"的内容上……

重要的是，理论模型和实验结果的解释都要足够精确，以应用到那些发生在实验环境之外的情况。这样的外推应用可以大大提高单个研究的力量。

拉里·萨缪尔森（Larry Samuelson，2005，pp. 100 - 1）

我在序言和前言中曾分析过，在1980年之前的几十年里，建模是为了给理论观点和行为假设提供数学的表达和严谨的支持。从这个意义上讲，理论和模型是不同的。而如第1和第2部分所述，今天的建模工作是经济学学术活动的主要内容，现在的人们通常不对理论和模型加以区分，而只是区分模型的两种不同类型，即理论模型和实证模型。在我称为1980年之前的观点中，构建一个模型通常是为了模拟或检验某人的理论或理论命题，而不是观测数据。当然，计量经济学是进行这种检验工作的主要工具。

今天的人们认为对经济学的检验也属于实验经济学和行为经济学的领域。[①] 具有讽刺意味的是，我将在本章说明实验经济学和行为经济学的观点是对20世纪80年代之前的理论和模型的一种回归。但先让我们认识实验经济学、了解实验经济学的作用与实验经济学的支持者所面临的主要问题。

8.1 构建实验经济模型

实验室微观经济是真实存在的经济系统，它在行为方面比参数化理论

---

① 关于实验经济学原理及其历史的讨论与分析，请参见 Francesco Guala（2012）。

系统更加丰富。因此，对于经济科学来讲，理论学家必须弱化自己的文献导向，重视实验室实验的数据和学科作用，甚至要把自己的理论作为潜在的可检验的假设……同样重要的是，实验专家要认真对待包括理论、实验设计和观察相结合的综合专业任务。

弗农·史密斯（Vernon Smith，1982，pp. 923 – 4）

在一个经济学实验中，通常要求实验对象在匿名情况下完成相当简单的决策问题，并根据他们的表现来支付报酬。在实验对象中，除了定义一种能够明显诱发经济动机的报酬结构之外，经济学家还小心翼翼地在实验对象中引入了相当中立和抽象的问题情境，以避免互动背景对参与者主观感知的干扰，从而防止实验对象按照（或无视）他们自己认为的实验目标去行动……

安娜·C. 桑托斯（Ana C. Santos，2011，p. 46）

实验经济学家的首要任务是提出一个实验设计方案，该方案至少能够提供一个主要的行为假设。实验设计是一个模型，是针对特定行为理论或理论命题的一个应用模型。在实验经济学发展的早期阶段，实验设计的目的是检验主流的微观经济学理论。经济学实验检验的一位主要支持者是弗农·史密斯，他检验了基本的理论命题，他首先在20世纪50年代进行了独立研究，然后于60年代与其在普渡大学的同事展开了合作研究。已故的克利夫·劳埃德是史密斯的一位同事，也是我在西蒙弗雷泽大学的同事。劳埃德于1965年在《计量经济学》上发表的一篇文章中阐述了如何反驳"传统需求理论"的逻辑。他于1977年早逝，他之前曾在加拿大拉布拉多哈德逊湾公司的一家普通商店里安排了自己的经纪人，为检验传统需求理论进行了周密的部署。他的经纪人可以调整价格，从而能够对标准的需求理论（Lloyd，1980）进行检验。不过，与劳埃德的现场实验不同，史密斯（Smith，1962）在实验室中展开了对传统微观经济学理论的检验，在那里他可以控制干扰因素，而且任何"人为构造的"因素都可以得到逻辑上的支持。然而,大卫·莱文和郑捷却发现(David K. Levine and Jie Zheng,2010):

> 那些认为实验经济学在某种程度上颠覆了多年理论研究的观点是荒唐可笑的。也许一个较好的实验例子就是著名的囚徒博弈。无论是在理论上还是在实验室中,没有任何一种博弈能够像囚徒博弈那样被如此深入地研究过。由此可以得出这样一种普遍的观点:当理论认为不应该合作的时候,人们就会在实验室里合作。但请注意,实验经济学非常有效的一个方面就是突出了理论的薄弱之处,并在理论改进和实验事实改进的解释之间插入了一个重要的反馈回路。

尽管如此,近年来,实验经济学家们还是纷纷追随史密斯的脚步,转战到实验室,以期生成可观测、可重复的行为佐证或行为模式。罗伯特·萨格登(Robert Sugden,2008)指出,我们今天会发现,实验设计的工作就是设计模型,模型被设计出来不是给理论命题提供虚假的证据,而是寻求对这一理论命题的支持和可信度。他尤其强调(pp.621,624,627):

> 作为我称之为"证据"的一种积累结果,实验经济学开始超越理论检验(即可复制的实验设计,能够确保产生有趣的结果),成为实验设计感兴趣对象的证据……"证据"……正在承载一些过去只有理论模型才能具备的功能……实验设计正在取代理论模型,成为增强直觉和评估其可信度的新工具。

无论是希望通过实验室的实验来证伪传统经济理论和行为命题,还是希望建立可重复的实验设计以积累可信的"证据",目前的大多数实验模型构建者都已经意识到某些不可避免的批评和建模过程中出现的内部逻辑性问题,无论该模型只是一个实验设计,还是通过建模来检验基于20世纪80年代之前观点的理论,并以此考察模型是否符合已有数据的一个实验设计。现在主要有两种批评的声音:一种是对检验的"外部有效性"或是由实验设计形成的证据的"外部有效性"的质疑；另一种是对由实验需要的额外假设或条件所决定的结果的"内部模糊性"的质疑。这两种批评只不过是今天的实验经济学家们熟知的杜赫姆-奎恩问题（或杜赫姆-奎恩声明）的两个方面，这个问题在前言中曾简要讨论过。

正如史密斯解释杜赫姆-奎恩问题时所说："实验结果往往会给出一个理论（无论这个理论在形式上有多么清晰）的联合检验（Smith，2002，p.98），该理论激发了这个检验并提供了实施该检验的一切准备。"本书第 9 章将通过考察某种类型的模型（如实验设计模型、被动实验模型、实地检验模型）来评估声称实验证据可证伪或者声称实验证据可证实的"有效性"。杜赫姆-奎恩问题是一个逻辑问题。这是因为任何一个包含多个假设的模型都是一个复杂观点的陈述——也就是说，它是众多陈述的一个联合表述，表现形式可以是多个方程或者多个条件——而且只有在全部的陈述都为真时，模型才成立。① 此外，可以使用逻辑上有效的模型来支持某些预测或模型的逻辑推理是正确的，只是因为该复杂观点本身是完全正确的——毕竟，这是我们使用理论和模型来解释可观测事件的一种方式。如果一个预测或逻辑推导出的观点是错误的，那么我们就会知道，逻辑上有效的模型中至少有一个陈述肯定是假的。问题很简单，因为

---

① 这是任何一个解释成立的逻辑基石。对于那些不熟悉形式逻辑的人，我先给出一些说明。论证包括一系列假设和推理，并且每一个假设和推理都为真。一个逻辑上有效的论证，如果它所有的构成陈述均为真且在逻辑上有效，那么从这个论证推导出的任何观点在逻辑上也都必须为真。从逻辑的角度看，某些给定观点为真的解释（也许是关于某一特定经济事件的陈述或假设）就是构成一个逻辑上有效的论证的全部陈述的联合。这种明确模式下的论证（即解释某一命题为真）被称为肯定前件式（modus ponendo ponens）［请参见 Kneale and Kneale（1962，p.98）］（但一般情况下，往往省略 ponendo，只简单写成 modus ponens）。现在，如果可以从一个逻辑上有效的论证中推理得出的一个观点为假（也就是说非真，暂且先不谈我们如何知道一个观点的确为真抑或为假），那么我们就可以证明，至少一个逻辑上有效的论证中的某个构成假设是错误的。这是因为，如果所有陈述均为真且论证逻辑有效，那么由此逻辑推导出的观点必定为真，因此，如果所得观点为假，那么所有的假设不可能都为真。最重要的是，在一个论证中，如果存在两个或两个以上的构成陈述，那么在逻辑上不可能知道错误的推导是由哪一个构成陈述引发的。这就意味着，从与统计学无关的角度来看，检验诸如解释性模型这样的论证恰恰是对一个观点进行推理并确定其是否为假的过程，也就是说，如果观点为假，那么它将与全部假设所假定的事实相矛盾。这种否定模式下的逻辑论证被称为否定后件式（modus tollendo tollens）（在一般情况下，同样可省略 tollendo，而简单写成 modus tollens）（同上）。

我们不知道哪些陈述的构成是假的——也就是说，我们不清楚推断出来的观点为假的原因，是由于我们试图检验的理论的某个行为假设，还是由于我们为构建模型所加入的某个额外假设。在寻找可信证据的情况下，我们无法确定在应用某一特定的实验设计时，所观察到的显性行为规律是否归因于为保障实验切实可行而增加的那些额外假设。这一逻辑上模糊不清的状况就是史密斯希望得到解释的杜赫姆-奎恩问题。

8.2　构建实验模型时面临的逻辑问题

在一个计算实验中，研究人员首先会提出一个定义良好的定量问题；接下来会运用理论和度量方法构建一个模型经济，即国民经济的一个计算机表达。模型经济由家庭、公司，常常还有一个政府共同组成，模型经济中的人作出的经济决策与现实世界中的经济决策相对应，例如，家庭作出消费和储蓄的决策，并决定在市场上提供多少劳动量；然后，研究人员对模型经济进行校准，使其按照一系列精心指定的维度模拟现实世界；最后，用计算机运行实验来回答上述定量问题。

芬恩·E. 基德兰德和爱德华·C. 普雷斯科特（Finn E. Kydland and Edward C. Prescott，1996，p.69）

被基德兰德和普雷斯科特称之为计算实验的只是计算，而非实验。在经济学中，与实验科学不同的是，我们无法设计出旨在解决理论不确定性的观察；即使再多的计算也不能改变这一点。

克里斯托弗·西姆斯（Christopher Sims，1996，p.113）

除了杜赫姆-奎恩问题提出的检验结果模糊性这一逻辑问题之外，还有一个

200多年前大卫·休谟提出的所谓归纳问题[见 Boland（1982，2003，chapter 1）]。一些实验经济学家可能会认为，与其设计一个实验去检验一个行为理论或命题，倒不如利用实验设计来提供一种证据，从而"归纳出"行为命题或假设的真实状态，然而，这样做也将会面临一个不可避免的问题。在伊姆雷·拉卡托斯（Imre Lakatos）工作的基础上，史密斯提出了一个简单的命题，"从任何可检验的理论中衍生出来的特定假设都隐含着某些观察结果；但对应的逆命题却不正确"（Smith，2002，p.94）。该逆命题为假的原因是，我们不可能通过一系列有限的奇异观测值来证明（通过纯粹的归纳法）实证性一般命题为真，而这些奇异观测值的真实状态隐含在实证性一般命题之中。① 相反，必须要证明的是，如果这种实证性一般命题确实为真（或者正如某些人所述，需要"证明其逆命题"），那么就肯定不会存在被逻辑否定的任何可能的"观测结果"。

史密斯（Smith，2002，pp.92-4）认为，当讨论来自博弈理论模型中可检验假设的问题时，人们会发现：

> 经济（博弈）理论中可检验假设的源头在于定义的均衡点或构建的理论均衡策略函数的边际条件……符合均衡理论的观测行为点无法用来演绎或推导出用于定义均衡的方程，也不能用于推导出均衡条件的理论逻辑和理论假设。因此，在证据确凿的情况下，仍然质疑该理论的正确性是很重要的……总之，即使存在着大量的实验观测数据，我们也无法从实证均衡条件逆向归纳至初始模型。理论的作用恰恰是使问题具有更丰富的结构，而不是从数据中推出结论。

---

① 从技术上讲，"实证性一般命题"是一个普适的命题（例如"所有决策者都是最大化者"，而不是"某个决策者是最大化者"）。

8.3 避免杜赫姆-奎恩逻辑问题

似乎所有的实验经济学家都认为杜赫姆-奎恩问题是一个无法解决的问题。因此，在大多数情况下，实验经济学家宁可放弃对虚假检验或有效证据的真实状态作出任何判断，而去求助实验提供"行为中某种特定规律的有效证据"（Sugden，2008，p.625）。针对这种情况，史密斯（Smith，2002，p.103）指出，很多实验室工作都在致力于

> 通过改变程序、背景、指令和控制协议来获得关于实验结果的新实验知识的技术改进。新知识也许包括应用于初始环境以外的其他领域的新技术。这一过程受到杜赫姆-奎恩问题的驱动，但实践者无须了解科学文献中的原理，就可以在实验室采取正确的局部步骤。缺少深谋远虑的短板，在这里不是一个不利条件。

缺少深谋远虑可能不是一个缺陷，但它不能回避杜赫姆-奎恩问题面临的外部有效性问题的挑战。然而，实验室的实验结果能够做到的就是提出理论学家和理论模型构建者需要解决的难题。毕竟，经济学理论应该运用于真实的经济情况，即使实验室的实验有局限性，它们也会涉及据称可以用传统微观经济学理论和模型解释的选择行为。如果一项实验设计提供了一些看似异常的证据，那么该实验可能表明人们还需要做进一步的工作——比如说，也许需要修正传统理论中的某些方面。

显然，建立外部有效性的困难之一就是，任何观察都不能达到百分之百的精确。关于任何实证观点真实状态的说法——无论是关于异常状况，还是关于正在实验室接受检验的理论或行为命题的要求——与任何统计结论一样，这种

说法必须是定性的。经济学专业的学生通常会学习各种常规的统计标准,用于评估有关实证性命题真实状态的有限要求。也就是说,除了符合可接受的统计学标准(如可接受的 R^2 值)之外,从来没有人声称可以利用观测数据来证明某个命题甚至是某个伪命题。下一章将介绍一种方法,它至少在检验经济假设时可以克服所谓的杜赫姆-奎恩问题。

8.4 使用实验模型

马克·艾萨克(Marc Isaac,1983)指出,实验室工作的一大优点是它(迫使科学家)使用理论模型,并对模型和实验的几个方面进行反思,否则人们不会认为它们是有问题的。

弗朗西斯·瓜拉(Francesco Guala,2012,p.608)

安娜·桑托斯(Ana Santos,2011,pp.50-5)解释了"两种经济学实验之间的认知差异"(p.51),而我要阐述的则是利用实验的两种不同方法:(1)技术型:与机制设计有关;(2)行为型:它包括决策实验和博弈论实验,也许还包括寻找行为规律和行为模式,抑或只是试图制造异常和困惑(如8.1节所述)。桑托斯(Santos,2011)所说的差异是指从两种实验中得出的不同"知识结论"。而我要考察的则是如何从实验中得到知识的两种不同方法。

8.4.1 "技术型"实验模型

由于发展出了一些解决经济问题的新颖独特的方法,实验主义者获得了赞誉。其中的一种方法是把实验作为制度设计的检验平台……这类实验为社会科学提供了类似风洞实验的一种模拟:实验检验的"模型"通常是新的制度形式，比如拟议中的监管机制。实验的目的是探讨拟议中制度设计的行为，并把这种操作视为未来的制度在该领域中应用的前奏。

克里斯·斯塔默（Chris Starmer，1999，p. 24）

双向拍卖是史密斯（Smith，1962）早期实验的一个主题，该实验旨在检验传统的价格理论。实验往往与特定市场的制度有关。当然，为了让市场的结果符合某些预期结果，它们提供了激励和反激励的规则。早期实验的检验内容是：传统的市场理论能否被充分具体化，并借此产生传统市场行为理论所假设的结果。

因为这些实验是在实验室进行的，所以仍然存在外部有效性问题。当把在实验室里学到的东西应用到现实世界中时，常常会出现一些问题。一个典型的例子就是联邦通信委员会（Federal Communications Commission，FCC）运用机制设计进行的某广播频谱的拍卖。当联邦通信委员会为个人通信系统的许可证进行拍卖时，他们理应从经济学的实验方法中获益（Plott，1997；Guala，2001）。不过，与类似的基于博弈论模型的英国频谱拍卖获得了巨大成功不同的是，美国联邦通信委员会的频谱拍卖却没有得到如此的认可［请参见 Nik-Khan（2008）］。然而，问题的根源可能恰恰是在联邦通信委员会的拍卖中聘请了博弈论专家（Smith，2002，p. 101；Banks et al.，2003）。[①] 对于这个情况，爱德华·尼克-卡恩（Edward Nik-Khan，2008，p. 76）认为，

> 与其为财政部获取巨额收入，倒不如以低廉的价格向这些电信公司发放许可证，这种说法更接近于信用博弈论专家的理念。但与人们持有的普遍观点相反，拍卖理论未能促进公共政策。

[①] 也可能出现这样的情况：在实验室实验中，投标人的隐私会得到保护，但在 FCC 的案例中，联邦通信委员会实际上却将每个投标者的情况公布于众。如果真是这样的话，就有可能出现某种形式的串谋［见 Smith（2008，p. 121）］。

实验经济学家当然会指出，这是由于没有正确地采用实验主义者的建议。① 然而，作为社会工程的工具，技术型实验模型显然具有局限性。如桑托斯（Santos，2011，p.52）所说："从技术型实验应用的各种阐述中可以清楚地看出，机制设计的成功取决于市场参与者的行为能否得到控制。"她又补充说："虽然实验者可以在实验室中获得很高的控制水平，但这种控制水平在实验室之外却很难达到。"（Santos，2011，p.52）外部有效性的问题似乎不会轻易消失。

8.4.2 "行为型"实验模型

控制是实验方法的本质，在交易实验的研究中，比如在两个实验之间，重要的是能够说明个体的价值（如需求或供给）在特定的某些方面是相同的还是不同的。为了诱导与行动有关的规定的货币价值，可以通过一种奖励结构来实现这种控制。诱导估值的概念取决于非饱和性假设，这一假设适用于在估计值已知的条件下，检验价格理论命题的实验。而为了检验偏好理论中的某个命题，可以设计一个独立的实验。

弗农·史密斯（Vernon Smith，1976，p.275）

我们必须清楚，完美控制的实验是一种理想化状态，在现实世界中总会出现不受控制的背景因素、测量误差等问题。为了消除这些缺陷，实验人员往往会使用各种技术，比如随机化技术。在随机化实验中，实验对象被随机分配到各个实验环境中，于是，从长远观点来看，潜在的误差和偏差就会均匀地分布到不同的实验环境中。而这样做相当于在数据推理中引入了一个重要元素，即概率。

弗朗西斯科·瓜拉（Francesco Guala，2012，p.615）

显然，行为实验经济学的观点已经出现一段时间了。目前，在学院派经济

---

① 具体地说，应该使用"组合"拍卖［请参见 Ledyard, Porter, and Rangel (1997)］，而不是使用"同步加价"拍卖。

学中，行为实验经济学正呈现出蓬勃发展的趋势。与根据实验室的知识经验为在现实世界中建立市场而设计的"技术型"实验不同，行为型实验的设计可以不需要外部有效性的保障。其基本观点是：既然经济理论和模型声称与现实世界中经济行为的解释有关，那么它们肯定也与实验室行为的解释有关。因此，如果精心设计，任何用于解释实验室行为的经济理论或模型的检验都相当于该理论或模型在外部世界中使用的检验。

许多类似的实验室检验都会出现一些所谓的"异常现象"，而这些"异常现象"实际上是传统经济行为理论（如效用最大化）的预测未能得到证实的情况。实验室里的各种"证据"或行为规律与传统理论和模型中的假设背道而驰。早期著名的例子有"偏好逆转"[见 Lichtenstein and Slovic（1971）]以及根据问题框架的变化而作出不同选择的证据[见 Kahneman and Tversky（1979）]。偏好逆转是检验偏好理论内容时出现的观察行为，而观察到的框架问题是检验效用理论预期时产生的结果。

观察到的实验结果是否构成一个必须处理的异常现象，可能只是一个如何解释的问题。在决定如何处理一个异常结果时，丹尼尔·弗里德曼（Daniel Friedman，1998，p.942）认为：

> 经济学家应该主要关注两类问题：一类问题是，哪些学习环境能促进或是抑制特定类型的异常？另一类问题是，哪些制度对异常选择行为比较敏感？当与利益有关的经济情况（如一个简单的竞争性市场）包含对异常行为不敏感的制度时，或者当制度允许有效学习的时候，异常现象就会被忽略。否则，经济学家应该认真对待异常现象，不是放松与选择理论有关的公理，而是应该对特定制度的敏感性及不完美的学习过程进行建模。

不过，考虑到实验设计是一种经济行为模型，经济行为可以用常规的微观经济理论来解释，我认为值得注意的是，虽然人们声称观察到的异常现象可以构成对经济选择行为这种理论解释的反驳是一回事，但声称实验室所观察到的规律具有外部有效性又是另外一回事。而且更糟糕的是，即使所观察到的异常行为可以反驳传统理论的观点，它也不能帮助人们走出困境，因为这样的观点无法回避前面讨论过的史密斯（Smith，2002）提出的杜赫姆-奎恩问题。

正如史密斯表明的那样，实验经济学目前进行的研究正在努力学习和完善用于检验经济行为理论和模型的实验方法。这是一个连续发展的过程，甚至那些因存在杜赫姆-奎恩问题而被忽视的实验，也可能帮助实验设计的修正。毕竟，这是科学发展的一般规律。然而，当实验对象是有情众生，而不是像原子那样的无生命物体时，实验设计方法的修正能否帮助克服外部有效性的挑战，仍是一个值得怀疑的问题，或者至少应该对此问题保持警惕。

8.5 基于实验室的宏观经济实验模型

> 经济学家在提供关键数据方面所能做的实验微乎其微……天文学家虽然无法进行相关的实验，但是他们却比我们拥有更多的数据。宇宙学虽然缺乏相关的数据，但既不缺乏有争议性的理论，也没有服务于政策决策方面的压力。流行病学一般与政策有关，对实验也有限制，但某些实验对它是开放的，特别是动物模型实验。尽管大气科学的实验能力有限，但在天气预报方面，却能够比我们获得更多的数据，面临更少的有关预测效果的政策要求。然而，在对大气污染和全球变暖的影响进行建模时，借助提出不同政策方案的竞争模型，大气科学开始接近经济学。
>
> 克里斯托弗·A. 西姆斯（Christopher A. Sims，1996，pp. 107-8）

与西姆斯（Sims，1996）的观点相反，我认为支持宏观经济模型和理论的"关键数据"——尤其是微观基础的数据（虽然不是完全的），可以在实验室里收集获得。这样的实验检验可以补充利用现场数据进行实证分析的情况，如在分析跨期消费/储蓄决策、理性预期、效率工资或李嘉图等价定理等时。除此之外，还有许多宏观经济理论，如货币起源、太阳黑子、投机冲击和银行挤兑等理论，评估这些理论至关重要的数据在现场无法获得。不过，在实验室，我们可以制造这样的数据，以满足被检验理论对精度的要求。在宏观经济系统中，这类数据不仅包括个人的长期选择，而且经常包括个人对未来变量的预期——这样的数据在现场并不容易获得。

约翰·达菲（John Duffy，即将发表，pp. 67-8）

在约翰·达菲即将发表的实验性宏观经济学的研究调查中，他发现在过去的几十年里，宏观经济学最重要的一个发展是广泛采用了完全理性的、微观基础的、校准的动态随机一般均衡模型作为评估宏观经济理论和政策的实验室方法（在原文第67页重点强调）。他认为目前还存在着"另外一种方法论的研究，虽然这种研究目前的规模较小，但使用者却越来越多，其特点是把进行实验操作的实验室当作评价宏观经济理论和政策的实验室"（重点同上页）。与流行观点截然相反，我们在这里要考察的观点是：人们能够在实验室里通过实验检验宏观经济模型和理论。

我认为达菲对实验室和模型的区分是有误导性的。毕竟，实验室的实验设计也是模型，只不过是模型的另外一种形式而已。但二者都与行为假设有关，并且都加入了额外的假设，于是可怕的杜赫姆-奎恩问题仍然存在。虽然基德兰德和普雷斯科特的计算机模型（Kydland and Prescott，1996，p. 69）无法真正、直接地解释经济的某些方面，但实验设计确实可以作出某种解释——尽管方法有时候具有局限性。不过，实验设计类型的模型还是无法避免外部有效性的问题。

考虑到这一切，那么该如何设计宏观经济实验呢？或者我们应该先问一问，什么是宏观经济实验？显然，人们会认为这样的实验应该包含大量的研究对象。可达菲却认为，"研究表明，获得竞争性均衡的结果可能并不需要大量的研究对象"(Duffy，即将发表，p.3)。具体来说，"只有10个受试对象的经济体产生的市场配置与纯粹交换经济中的竞争性均衡难以区分"（Duffy，即将发表，p.4)。因此，他总结道："一般来讲，虽然在获得竞争性均衡结果方面，较多的受试对象比相对较少的受试对象情况要好，但利用实验室里少量的受试对象建立的竞争性市场环境似乎也还是可行的。"

达菲把实验设计分为两种，并分别称之为"学会预测"的设计和"学会优化"的设计。他解释说①：

> 在"学会预测"的实验过程中，实验只能推导出受试对象的预测，而计算机程序则利用这些预测来解决实验对象的优化问题……在"学会优化"的设计中，则要求受试对象选择行动，让他们从反复的互动中学习自己应该如何行动；他们的预测隐含在其行动的选择之中。

这样的实验有助于形成"一种方法，用于评估实验室的时间序列数据是否收敛于预测的均衡水平的方法"(Duffy，即将发表，p.68)。

现在看来，大多数所谓的实验性宏观经济学实际上就是实验性的一般均衡经济学，而且，每当宏观经济学需要微观基础时，许多人就把这种现象看成是分析宏观经济的一种不同方式。因此，这些实验设计旨在明确在间接互动中承担不同角色的个体之间的并发决策，比如处于多市场背景下的不同个体的决策。与博弈论建模一样，问题的焦点在于，能否确保获得一个均衡协调。

显然，与实验性微观经济学不同，实验性宏观经济学会遇到难以避免的复杂性问题。然而，如达菲所言，"这个复杂性问题是可以解决的，但是它需要合理的实验设计，这些设计可以使宏观经济环境极其简化，或者只涉及操作环节，比如用于确定均衡价格机制的规范性"(Duffy，即将发表，p.2)。尽管如此，他也认为，"目前的实验方法可以而且应该作为宏观经济学家使用的建模和实证

---

① 请参见2013年6月23日的私人信函。

方法的补充，因为实验室方法可以揭示与微观经济基础有关的实证关联、因果推论、均衡选择和制度作用等重要问题。"（Duffy，即将发表，p.2）批评人士还会说，宏观经济学简化后的实验设计需要额外的假设，因此，对于从中得出的每个结论，仍然会面临杜赫姆-奎恩问题。而且无论如何，外部有效性的问题始终存在。

除此之外，达菲还声称（Duffy，即将发表，p.4）：

> 迄今为止，宏观经济实验的主要观点包括：(1) 评估宏观经济模型中的微观假设；(2) 更好地了解在宏观经济模型中发挥关键作用的前瞻性预期的动态问题；(3) 解决多重均衡环境下的均衡选择（协调）问题；(4) 验证缺少现场数据时的宏观经济模型的预测；(5) 掌握各种宏观经济制度和政策干预对个体行为的影响。

与实验性微观经济学不同的是，实验性宏观经济学研究方法论的发展尚处于起步阶段，因此还有许多工作需要去做——尤其是要说服实证宏观模型的构建者接受实验性宏观经济学是其应该学习的一部分。

8.6　模型与行为经济学

行为经济学的核心具有这样一种信念，即增强经济学心理学分析基础的现实性可以从经济学自身的角度去改善经济学（比如形成理论洞见、作出实地现象的更好预测），并提出更好的政策建议。这一信念并不意味着对新古典主义方法的全盘否定。新古典主义方法依然有用，因为它为经济学家提供了一个理论框架，该理论框架几乎可以适用于任何形式的经济行为（甚至非经济行为），而且作出了可以被反驳的预测。这些预测中有许多通过了检验，而部分预测没有得到肯定则意味着新理论的出现。

科林·凯莫勒和乔治·洛温斯坦（Colin Camerer and George Loewenstein, 2003, p. 3）

在行为经济学大多数模型的核心内容中，仍然存在着这样一种行为主体，行为主体在一定的因果空间中实现最大化，并在大多数情况下，最大化的解仍然包括标准的均衡概念。然而，行为经济学家并不专注于通常所说的理性动机的研究。一个经济寓言（或者一个我们称之为模型）的核心是公平、嫉妒、当下的偏见等，它现在不仅被接纳，甚至是被推崇的。

阿里尔·鲁宾斯坦（Ariel Rubinstein, 2006, p. 246）

显然，这些情绪具有经济含义……通过对这些情绪进行正式建模，人们可以开始更严格、更全面地理解它们对经济和福利的影响。

马修·拉宾（Matthew Rabin, 1993, pp. 1281-2）

在未来的10年里，神经经济学仍将继续是经济学的热门话题，而且恐怕是最热门的话题之一。这种流行并不是因为任何等待被发现的真相，也不是因为有一些迫切需要解决的现实问题。相反，推动经济学（或许还有其他学科）发展的力量，在某种程度上类似于支配其他流行趋势出现的力量。

阿里尔·鲁宾斯坦（Ariel Rubinstein, 2008, p. 485）

从赫伯特·西蒙在20世纪50年代的早期工作中可以发现，行为经济学显然已经出现了一段时间了。自此之后，心理学最主要的特点是，无论何时，只要对人类的决策进行解释，心理学就都应该发挥作用［参见 Sent（2004）］。简单地说，行为经济学模型就是微观经济学模型，它包含了心理学视角的一些额外假设。在西蒙看来，这只不过是一种说法，即就人类固有的认知能力而言，很难看出任何个体如何能够真正像主流经济学理论中假设的那样，保证实现简单的效用最大化。西蒙指出（Simon, 1955, p. 101）：

实际上，人类的理性追求充其量只是一种极其粗糙和简化的近似，类似博弈论模型中隐含的全局理性。虽然人类使用的这种近似可能不是最好的——即使他们能够处理复杂的计算——但人们也可以在研究人类和其他生物体采用的近似方案的过程中学习到很多可行的机制。

一旦人们想要质疑微观经济学常见行为假设的现实性，那么实验就不是不可能的了。众所周知，目前主要有两种类型的实验：实验室型实验和计算机型实验——尽管有些人建议采用其他一些替代方法，如基于调查的实验、实地实验和"自然"实验。在以实验室为基础的行为经济学案例中，正如本章前面所讨论的，模型只不过是在实验性研究设计中的假设内容。而在基于计算机的实验中，模型是计算机程序中的假设内容。

8.6.1 "行为"计算机模型

目前，行为经济学模型的讨论内容大部分与实验行为经济学有关，不过却很少有人讨论基于计算机的演化博弈论，它通过聚焦于可能影响行为的演化遗传学［参见 Samuelson（2002）］来研究互动式行为。所考察的演化仅仅是具有两种（或更多）基因类型的个体在博弈中反复互动的结果［进一步的内容，可参见 Friedman（1991）；Boland（2003，chapter 9）］。因此，突变、复制和均衡等演化稳定状态的概念，以及从演化生物学中引入的其他观点常常被建模并被编程为计算机程序。不用说，很难看出这样的计算机模型怎样可靠地提供外部有效性。然而，演化行为经济学并不一定要建立在博弈论或计算机程序的基础之上（参见 8.7 节）。

8.6.2 经济学以外的基于调查的行为实验

历史上，经济学家一直质疑通过调查获得的实证数据的合法性。[①] 但在商业研究等领域，那些不是经济学家的人把调查作为一种实验形式，反倒对调查的负面评价也就会少得多。例如，经济学家可能会怀疑，允许股东参与公司首席执行官薪酬的决定是否会得出更好的决策。或许，尽管美国联邦立法要求此类参与，但参与的效果取决于非专业投资者的知识程度。对这个效果还需要进行检验吗？显然，人们不可能在现实的董事会或真正的投资者身上进行实验，但可以模拟这种情况，比如通过MBA学生来进行这种模拟［参见Kaplan et al. (2013)］，假设学生是投资者并对其进行调查[②]，以考察他们如何应对各种假设，比如他们对公平现象或正当程序的态度如何？当然，把MBA学生作为董事会的替代者，也相当于构建了一个董事会模型。一个使用替代调查对象的实验设计至少是关于拟研究对象的一种模型，如本例中的董事会[③]——但也有人质疑，像本例这样基于调查的实验太容易引发外部有效性问题，更不用说杜赫姆-奎恩问题了。

8.6.3 作为个体行为模型的自然实验和现场实验

第5章讨论了一种自然实验。该实验与构建微观经济的实证模型有关，支持者认为这类模型属于自然实验［如Angrist and Pischke (2010)］。这些实验是关于诸如较小班级规模的影响或者禁止死刑的效果等问题。另一个公开发表

[①] 目前还不清楚，今天的经济学家们达成的这一共识是否超越了狭隘的偏见。当然，可以设计一些询问个体决策者的调查问题——如询问大公司或大企业的管理者——他们的意见可能对政府决策者有帮助，比如，管理人员如何应对有关规制或税收的各种假设的变化？从大多数行为经济学家的角度来看，仍不清楚基于均衡的管理决策是否总是符合教科书中与公司有关的经济学理论的假定。

[②] 此外，一些调查也会将学生首先置于"第三人称"的背景之下，然后再询问如果面对这样或那样的情况，他们会怎么想、怎么做。但使用这种方法还是会引出另外一个问题。我们究竟在检验什么——是单独某个个体对自己的态度，还是个体对待他人的态度？

[③] 如果这个问题包括与董事会成员行为有关的经济或社会行为理论，那么它采用的就是1980年之前版本的模型。

的自然实验的例子是一项关于职业高尔夫球手参加美国职业高尔夫球协会（PGA，Professional Golfer Association of America）巡回赛的研究，该研究考察如何将注意力集中在标准杆的精度上，以避免出现比标准杆多出一杆的现象（Pope and Schweitzer，2011）。实地实验包括故意改变现场的一些小情况，并观察变化的影响——比如在 8.1 节中简要讨论过的，劳埃德通过哈德逊湾公司的商店来检验消费者理论。在正常情况下，这种实验是不会发生的，因为它们可能对实验中不清楚真相的受试者产生真正的影响，所以往往会引发伦理问题。在这些案例中，人们都在利用各种社会科学的假设，在某些社会行为的情境中建立一个微观模型，模型或者直接出现在实地实验中，或者实际上出现在自然实验中。当然，这两种情况都可以被视为行为假设的检验，因此，即使它们显然不会受外部有效性问题的影响——因为观察到的行为已经存在于外部世界中——但根据杜赫姆-奎恩问题，它们仍然备受质疑，因为所有的自然实验和实地实验都包括基于额外假设的解释。

8.6.4　作为行为经济学模型的实验

有趣的是，除了行为经济学（以及用于检验各种经济概念的活动）之外，1980 年之前的一种老观点是，对任何行为理论的检验都需要构建一个数学模型，该模型可以处理在计量经济学看来似乎毫无用处的数据。1980 年之后的观点则是，理论和模型这两个概念是可以互换的，这种观点现在看起来似乎很普遍，但无论在博弈论模型中，还是在实验经济学中，这种互换都是不存在的。也就是说，对于大多数建模者来说，构建博弈论模型显然需要基于行为的假设，目的是通过构建这些假设的模型来检验这些假设。[1] 同样地，对这些行为假设的一个实验性检验的任何研究设计也就是为了构建这些假设的一个模型。[2] 在

---

[1] 这些假设必须与博弈理论中的数学知识保持一致。
[2] 这些假设必须与统计推断中的数学知识保持一致，如对随机性的要求。

行为经济学中,建模者之间的唯一差别似乎是术语,而不是方法论。正如前面已经多次指出的那样,外部有效性问题和杜赫姆-奎恩问题(即通过增加建模假设来检验行为假设而产生的歧义性)仍然存在。

8.7 模型与演化经济学

大多数经济演化模型都十分复杂,以至建模者或其他人在推导所有参与者的最优策略时往往会遇到巨大的困难。这种状况精确地反映了现实世界的经济参与者所面临的问题恰恰是经济演化理论的一个基本前提。

罗伯特·纳尔逊和西德尼·温特(Robert Nelson and Sidney Winter,2002,p.40)

在经济学研究中采用的演化方法并不能使人相信,经济实体中体现出的相对生物适应性最终决定了经济系统中的演化趋势。在经济学研究中采用的演化分析方法只是给在经济演化中出现的事物提供了可能,但这种演化与经济主体的生物适应性影响毫无关联。事物的演化对相关经济主体的生物适应性产生不利的影响也是有可能的。

杰克·弗罗门(Jack Vromen,2004,p.227)

虽然演化经济学家经常批评新古典经济学家开展的分析并非具有历史性,但包括纳尔逊和温特(Nelson and Winter,1982)在内的许多人提供的只是模拟,而不是能够直接处理历史数据的模型。

约翰·福斯特(John Foster,1997,p.433)

在19世纪末,托斯丹·凡勃伦(Thorsten Veblen)怀疑经济学能否成为一门演化科学。但是到了20世纪70—80年代,在理查德·纳尔逊和西德尼·

温特（Richard Nelson and Sidney Winter，1974；1982）开始推广演化经济学之后，一些学者在演化经济学模型构建发展过程中付出的广泛而艰难的努力才开始被世人注意。

有些人可能会天真地认为，经济学中任何演化模型的首要任务都是确定演化生物学的基本因素，比如基因、基因突变、复制、选择等等，这些因素通常被认为是自然选择的基本组成部分。当然，从这个角度来看，有些人可能会说，竞争性市场似乎是自然选择中最明显的一个模拟［参见 Alchian（1950）］。基因突变的模拟也相当明显，比如经济学中的创新似乎就可以作为此类模拟。不过，复制却缺少如此明显对应的模拟，因为人们很难想象出什么可以作为企业间生物性复制的模拟形式。但是，复制通常取决于被认为可以当成基因模拟的内容。纳尔逊和温特（Nelson and Winter，1974，p.892）建议使用公司的内部惯例或"决策规则"作为复制的模拟，它们应该是管理或生产决策的基础。两人接着明确指出："在我们的演化理论中，这些惯例的作用与基因在生物进化理论中的作用相同。"（Nelson and Winter，1982，p.14）从这个意义上说，可以把创新或突变看成是对这些规则或惯例变化的一种模拟，也可以把创新或突变看成是"R&D"[①]的结果。但是，这种针对基因的模拟能够作为演化问题的一种解释吗？杰克·弗罗门认为，"即使对基因和技术有着全面的了解，我们仍然不能预测个体行为、惯例行为和公司行为。"（Vromen，2006，p.545）因为不论是在上述哪一种情况下，任何演化模型似乎都需要包含描述演化生物学要素或模拟对象的必要假设。

在最近的一篇文章中，弗罗门（Vromen，2012）提出了两种不同的达尔文式的演化经济学观点，这种演化经济学的基础是进化论假定的生物进化论观点中的本体论。本节着重关注两种（或更多）不同的演化经济学建模方法，一种是1980年之前的建模观，另一种是1980年之后的建模观。后者实际上包括行

[①] 也即研究与开发。

为经济学的内容，因为它侧重于研究个体是如何依据进化方式作出决策的，尤其是他们的偏好来自何处。

8.7.1 演化经济学模型的两种观点

> 演化经济学关注随时间发展的经济转变及其对当前生产和消费状况的影响。转变过程的源泉是人类的学习、问题的解决、知识和资本的积累。个人在学习和创新方面的努力和能力在任何时候都会促使各种创新技术、制度和竞争性商业活动的产生和传播。竞争及由这种竞争所引发的经济和社会方面的调整推动了经济内部的转变进程。
>
> 乌尔里希·威特（Ulrich Witt，2012，p.493）

> 在分析水平和技术（而非组织）理论趋势方面，演化经济学与新古典主义理论并无太大的不同。但是，它们在解释（即理论）框架的关键性假设方面又是迥异的。演化经济学没有使用（静态）均衡分析和理性假设。经济主体在大多数情况下是有限理性的，他们选择的是满足而不是最大化。更重要的是，经济主体，尤其是公司，彼此之间的行为属性十分不同，即存在着异质性，因此，放弃了代表性经济人的理论。均衡理论也同样被放弃。不存在经济（或行业）处于均衡状态的假设，甚至都不存在经济（或行业）会趋于均衡状态的假设。
>
> 杰克·弗罗门（Jack Vromen，2012，p.739）

在1980年之前，纳尔逊和温特提出了一个主要的演化模型（Nelson and Winter，1974）。他们在文章中阐述了经济增长的演化理论，并报告了与美国1909—1949年期间经济增长数据有关的一个模拟模型的结果。实际上，温特（Winter，1971）根据西蒙1955年的行为模型建立了一个形式模型，他在文章中提出了一个竞争性行业公认的局部均衡理论的修正版模型。

如今的演化经济学似乎更多地与1980年之后的模型有关，而不是回归到不太注重建模的理论概念上。以往的大多数演化经济学模型都与行为经济学有关，比如询问消费者的偏好和信仰等是如何受到生物进化论影响的［参见 Robson (2002)］。那些不太关注模型构建的人认为，我们应该首先努力理解经济学，而不是只寻求基于均衡的解释［如 Hodgson and Knudsen（2006）；Witt (2012)］。弗罗门（Vromen, 2012, p.739）说明：

> 在演化经济学中，如果均衡的概念适用于所有分析（作为一个标尺），那么经济可能会一直处于非均衡状态。另外，如果一个经济体收敛于均衡，那么它也无法保持长久的均衡状态，因为外生变化和内生变化随时都可能会打破这种均衡，静态（或比较静态）均衡分析可能被这种动态过程的分析所取代，动态过程的分析无须为了获得解析解而采取易于分析的模型。目前有人正在尝试为内生技术变革（创新）提供发展空间，并挑战封闭的系统理论。

与纳尔逊和温特方法不同的是，人们不必依赖达尔文的进化论观点来构建一个演化模型，认识到这一点很重要。例如，肯尼斯·卡劳和理查德·利普西（Kenneth Carlaw and Richard Lipsey, 2012）在不依靠任何达尔文主义观点的情况下[①]，着重探讨了演化模型的构建。对他们而言，"经济学家面临着两种相互矛盾的市场经济观点，这两种观点反映了两种截然不同的模式"（p.736）。在其中的一个模式中，

> 经济行为被看作是由相反的力量相互作用产生的结果——这些力量可以是市场需求者和供应者或是竞争性寡头，他们在市场中运作，市场以负反馈为特征，而负反馈使得经济重返经济静态均衡或稳定的均衡增长路径。

而在另一个模式中，

> 经济行为被看作是由许多不同的力量共同作用的结果，特别是技术革

---

① 文中提出了一个明显的非达尔文式的演化模型（Carlaw and Lipsey, 2011）。

新的力量——这些力量不仅会随着时间的推移而发生内生性的变化，而且会受到许多外生性冲击的影响，技术革新还往往发生在容易受到正反馈影响的市场上，在这样的市场上，经济主体是在真正不确定的条件下进行运作的。

卡劳和利普西强调的主要区别在于"前者是稳定性的，后者是非稳定性的"。当然，达尔文进化论并不是描述非稳定性的唯一方法。

8.7.2 超越个体的演化理论

虽然纳尔逊和温特（Nelson and Winter，1974）将他们的演化分析主要集中在公司的行为模型上，但演化经济学也可以是更加宏观的演化论观点。然而，还存在一个明显的问题就是人口动态学问题（这也是大部分计算机演化博弈论的主要研究内容）。有人甚至可能声称，由于演化经济学更多的内容是关注变化，因此演化经济学应该被看成是一个挑战宏观经济学中古老的瓦尔拉斯一般均衡观点的视角。于是，演化模型也就无须再钻研生物性隐喻或生物性模拟。

演化模型的构建者认为需要解释的一个主要问题是"选择"这个基本概念——尤其是当需要将此类模型作为解释演化变化的基础时。变化是一个类似基因复制过程的结果，还是一个环境间相互作用的结果，或者二者兼而有之？近年来，许多演化经济模型的构建者把目光投向了遗传学家乔治·普莱斯（George Price）在其著作中引入的所谓"价格方程"（Price，1972；1995）。价格方程在演化经济学建模中的作用很大（Knudsen，2004，p.155），并可以证明它与纳尔逊和温特的演化经济学保持了形式化一致。价格方程在演化经济学动态建模方面的作用仍有待商榷。如果演化经济学模型包含着引发杜赫姆-奎恩问题的假设，然后我们再试图检验这些假设，那么我们就无法确定将会得到什么成果。不过，这个问题在逻辑上也许是可以克服的，下一章将对此进行讨论。

第 9 章 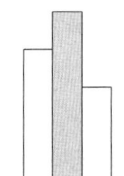 使用实证数据对模型进行可信检验的逻辑充分性

> 人们透过斯宾诺莎（Spinoza）所说的"哲学的镜头"来审视宇宙——天知道如果他是一个布丁制造商，他会把"哲学的镜头"称呼为"哲学的什么呢"！
>
> "瓦尔特·冯·德尔·福格威德教授"（又名塞文·达登）'Professor Walther von der Vogelweide' (a. k. a. Severn Darden，1961)

在本书中，我试图批判性地分析构建经济模型或经济方面的明确过程。但在建模应用实践范围如此广泛的今天，对建模过程合理性的质疑工作变得越来越困难了。即使接受了教科书中的传统理论，可对于理论如何应用于实践的过程来讲，仍然必须由人来作出决断。可见，建模过程肯定不是自动生成的。在利用给定的行为假设构建模型时，人们可以创造出无数个可供挑选的模型。其间，无论把建模过程看成是从现有成熟模型中进行选择的一个过程，还是从零基础开始着手构建的一个过程，或者说建模只是从假设到假设的一个过程，这些问题都变得不再重要。

而迄今为止，在大多数讨论中显而易见的一点是，模型构建者必须解决的第一个既简单又重要的问题应该是：构建模型的目的是什么？要注意，没有一个模型能够满足所有的目的。为描述或解释现实世界而构建的模型未必适合构建该模型时所采用的行为假设的检验。同样地，为快速应用于政策问题而构建

的模型可能尚不具备充分的现实性，还不足以给出合理的解释或是应对可信的检验——回顾一下第 5 章，这也是曼昆（Mankiw, 2006）提出的工程师和科学家之间的工作差别。有些时候，我们并不确定大多数经济学家能否充分理解或赞成上述考虑。成功满足了一个目的（如数据描述）的模型，经常会被假设成可以自动满足另一个目的（如检验需求）。而我在本章讨论的模型只是为了满足检验的目的。本章的一个突出特点是：这里的检验以奇异观测为基础，而在下一章中讨论的检验则以统计观测数据为基础。学习时，要注意本章一直在强调区分这两个基础的不同之处，因为逻辑充分性问题不一定包含统计学，尽管它与统计检验明显有关。本章只关注奇异观测的检验，因为这是明确检验逻辑需求的最佳方法。回想一下，正是逻辑上的要求让许多人，如史密斯和科曼，提高了对所谓的杜赫姆-奎恩问题的重视程度，该问题也让分析建模失败的各个结论都显得非常模棱两可。

与持有 20 世纪 80 年代之前模型观的人相比，那些在 80 年代后接受教育的经济模型构建者往往很难区分检验的逻辑问题与更加广为人知的统计检验问题。同样地，那些把现实世界先验地看成是一种必然"随机环境"的读者往往也很难作出这种区分。这种情况发生在充满随机性的赌场之外，也就是说，只有我们的模型是随机的，而不是我们试图解释的世界是随机的。①

在经济学研究中，针对检验和建模的第二个重要问题是：我们从哪里开始？历史上，实施检验的一个主要方法是用理论或模型处理实证数据。其目的是确定实证应用的真实状态或者仅仅是判定实证应用的可靠性，因此常规的做法是收集数据或观测数据，以判断这些数据是否与从有关理论或模型中逻辑推导出的结论相矛盾。在这种情况下，为了完成这样的检验，必须要确保逻辑的有效性能够完成这样的检验。实施检验的另一个方法是先收集观测（非实验性的）

---

① 我能够意识到一些读者很快就会指出，在缺乏完全知识的情况下，现实中决策者的选择可能也是随机的，对于这类随机，我后面将会作出解释并建模，但在这里不能把这类随机作为无法解释决策的一个借口。

数据，再来看看究竟需要解释什么内容。这要求构建有关数据本身的模型，以确保其提出重要实证问题的充分性。本章探讨的是前一种方法，也就是说，为了确定需要哪些数据对模型进行逻辑检验，我们将从一个（理论或实证）模型开始，然后再去寻找这样的数据（实验数据或是非实验数据）。下一章将介绍后一种方法，也就是针对已有统计数据进行建模，以明确它们用于实证分析和检验的充分性。我还要强调的一点是，本章中讨论的统计数据绝对不会受到质疑，另外，下一章中出现的观测数据的统计充分性问题也与本章内容没有任何关联。

我称之为拥有 1980 年之后模型观念的许多读者，对于这方面的认识，刚开始可能会有些困难，所以我想稍后再对此进行讨论。本章之初的引文中也提到了这样的困难。引文与 17 世纪的巴鲁克·斯宾诺莎（Baruch Spinoza）有关，他的工作恰巧是磨制透镜。因此，喜剧演员塞文·达登（Severn Darden）曾说，斯宾诺莎认为人们透过"时间的镜头"来审视宇宙，但也正如达登所言，"天知道如果斯宾诺莎是'布丁制造商'，他又会怎么认定！"这就是问题所在。我将讨论的是对理论模型的检验，而不是对统计模型或其他统计数据的检验。而那些持有 20 世纪 80 年代之后观念来研究模型的人，或者是那些只从计量经济学角度看待经济学或检验问题的人，如果在缺少统计学和统计数据（这是计量经济学理论的主题）的情况下，他们一开始可能不知道该如何进行检验。与之不同的是，本章中的观测值是相当分散的，不是由一个或多个变量的许多观测值构成的样本。这是因为我将讨论非随机性模型和理论，借助这种"非随机性"，我排除了对随机数据的考虑，也就是说，观测值被认为是精确的，并且是绝对精确的。① 我还排除了任何可能被描述为赌博行为或其他随机性的行为。那些坚持使用计量经济学的读者，也许可以把这种做法看成是一种忽视误差的假设，而不是关注观测值的假设，因为误差是不可观测的。无论如何，我之所以做这件"奇怪"的事情，只是因为我希望从被检验理论或模型的"信息量"

---

① 稍后我会对该条件稍加放松，但这仍然不是统计学或随机性的问题。

角度出发①，集中探讨理论模型与观测实际值之间的逻辑关系。在这种情况下的检验意味着，如果理论或模型肯定是百分之百正确的话，那么明确拒绝某些可信观测值的情况就有可能出现。下一章将讨论当下较为普遍的数据观，即通常人们不会假设观测数据是精确的。

9.1 检验过程与现代经济学的可检验性

萨缪尔森（Paul Samuelson，1947/65）在其博士论文中提出了一项现代经济学声明。声明的基本观点是：经济命题或定理必须始终是可检验的，对此要认真对待，或者用他的话说，经济命题或定理必须具有"操作上的意义"，因此，"一个有意义的定理仅仅是一个关于实证数据的假设，若在理想的条件下，这些假设就有可能被推翻。从这个角度看，一个有意义的定理也许就是一个谬论。"（Samuelson，1947/65，p.4）需要说明的是，萨缪尔森当时讨论的观测数据类型也就是本章将要讨论并采用的数据类型。

虽然哲学家和方法论学家可能会把萨缪尔森的陈述解读成什么是"科学"的声明（Blaug，1992），但这样的解读与上述问题无关。相反，如前言所述，他的声明是对20世纪30年代经济学越来越多地使用数学建模现象进行批评的一种回应。他认为，批评数学应用只能产生恒真命题的说法是错误的。请记住，无论陈述中的非逻辑用语的含义如何，恒真命题是一种永远正确的陈述。例如，

---

① 信息量是指在理论或模型完全正确的情况下，否定可信观测值所需的数量。举一个简单的例子就是，如果"所有的天鹅都是白色"的命题是百分之百正确的话，那么就不可能在世界上某个地方或某个时候观察到一只不是白色的天鹅——或者换句话说，将有无数的可信观测会被拒绝，因此，如果该命题为真，那么人们将不得不检查无数的天鹅。一个低信息量的命题则是"有些天鹅是白色的"，除非人们知道宇宙中有多少只天鹅，否则即使观察到一只不是白色的天鹅，也不会与这一命题的正确性相矛盾。更多关于信息量的内容，请参见 Boland（1989，chapter 6）。

不管我是谁，也不管我在哪里，"我在这里或我不在这里"这句话永远都是正确的。这样的陈述不可能具有实证意义或具有信息量，因为人们永远无法想象出能够反驳这种说法的数据。因此，如果人们有一个可以检验的经济命题，那么可以想象，人们也肯定会有一个错误的陈述，而这个陈述不是一个恒真命题。在他的论文中，萨缪尔森反复说明了如何从常规经济学简单的数学模型中推导出可检验的命题。当然，他也因此证明了那些批评家们是错误的。他还论证了一个将在本章中使用的观点，即在本章前言末尾处提到的，我们探讨的检验无须涉及统计学、计量经济学，或者换句话说，不用借助概率。

如今的经济学以建模者的活动为特征，而不是以经济哲学家和思想家之间的辩论为特征。经济学家们认为自己正在经历一场建模传奇。几十年以来，经济学家尝试建模过程中的一般基本行为假设和行为理论可能并没有发生任何实质性的变化，但各种模型的出现却是此起彼伏。

在各种建模技术被不断否定（而不是实证性的反驳）的过程中，建模工作得到了明显的发展与进步。在20世纪30年代，经济理论学家普遍利用微积分证明理论命题，因此，为了完成一个均衡模型，常常指定效用函数或生产函数是处处连续并处处可导的。到了20世纪40年代初，先锋派理论家的工作是构建一般均衡模型，旨在能够证明均衡价格向量或均衡产量向量的存在。第2章曾讨论过，确定函数的目的是为了满足布劳威尔不动点定理的要求，该定理通常用来完成这样的存在性证明①［参见 Wald（1936/51）］。在20世纪50年代，作为构建一般均衡模型基础的微积分最终被否定。在后来的模型中，连续的效用函数和连续的生产函数都被"上半连续"的集合论所取代。这些要求较低的规则之所以被认可，是因为角谷静夫不动点定理［参见 Debreu（1959）］的出现。而检验的标准——如果我们希望按照这些术语建模——是形式主义数学家

---

① 尽管这样的情况几乎只出现在非英语国家，但在20世纪40年代和50年代后期，北美也开始逐渐关注这种证明，那时的文献翻译开始日益增多。

使用的标准。任何不能被证明符合"当代形式主义数学学派严格标准"（Debreu，1959，p. XIII）的模型都会被否定，同样地，不符合当前公认的实证检验惯例标准的实证模型，也将遭到拒绝。

使用微积分还是使用集合论，这种选择恐怕是20世纪60年代的一个热门话题，同样地，今天的人们可能也会不得不在其他多种更先进的建模技术之间作出选择，而本章要讨论的是另外一种选择。具体来讲就是，如果我们正在使用计量经济学构建一个实证模型，那么我们就必须认识到对估计便利性的选择都是计量经济学模型额外的和不可分割的一部分。既然这是一个选择问题，它当然会拿出理由来拒绝一个偏离某个指定观察检验结果的模型。

至此，我不希望在本章对这个话题产生误导。本章讨论的检验问题只与检验的逻辑有关，尤其是与只包含一个奇异观测的检验（它可以被正在接受检验的陈述或模型的真实状态在逻辑上否定）或者与只包含一个样本的检验的逻辑要求有关。但如果我们不考虑统计数据或随机数据的复杂性（这些内容将在第10章中进行讨论），那么检验这两种情况的基本逻辑就会清晰明了，因为检验只需要一个独立的分析。

9.2 为检验经济假设而构建模型的基本逻辑

从历史发展来看，20世纪50年代和60年代构建的模型是用来判断在给定的实际情况下，行为假设或理论是否有效的一种手段。为此，建模的任务就是构建一个在很大程度上符合工程学设计精神的行为假设模型或理论模型。正如前言中讨论的那样，设计工程师可能会为了飞机机翼的设计而另外构建一个微缩模型，以检验其在风洞中空气动力学的情况。换句话说，工程师们研究的是特定的模型。当然，根据各种特定的比例和材料，可以构建出许多不同的模型——但它们全部都是基于同一种新型机翼的设计理念（类似于经济学中的行为假设）。不幸的是，长期以来，在经济学研究中，当使用非实验观测数据时，按照工程师的这种工作方式（在风洞中使用缩小版模型）进行检验的机会却很少。当然，如第 8 章所述[1]，随着实验经济学和行为经济学的发展，现在的情况已经发生了很大的改观。

9.2.1 建模过程的三个基本阶段

粗略地讲，无论是构建一个工程模型还是一个经济模型，都可以把建模过程看作是一个包含三个阶段的过程。构建经济模型的过程当然是这里考察的重点，但是在介绍这些阶段之前，我先为读者说明一个情况，它体现出了 1980 年前后对模型和理论的观点差异。也就是，1980 年之前的观点认为建模过程有三个独立的阶段，而 1980 年之后的观点认为建模过程有两个阶段，因为后者认为前两个阶段并没有什么差别。在了解了这个情况之后，下面再来考察建模过程的这三个阶段。

第一个阶段从一个包含基本行为关系的自主性推测集合（有些是显性的，有些是隐性的）开始，但目前很少有人讨论建模的第一个阶段。而且最重要的是，这个集合必须或显性或隐性地包含相关变量的说明[2]；进而还必须说明哪些变量是外生的，哪些变量不是外生的，因为从根本上讲，该集合是经济学（因果）阐述的基础。当然，简单地说，设计模型的目的就是为了解释内生变量，从阐述的因果关系意义上讲，外生变量是原因。[3] 模型中的行为假设所传

---

[1] 以及在第 5 章中讨论的诸如实证微观经济模型的例子，该模型被设计成对更一般问题进行小规模检验的模型（例如班级规模的效果或者死刑的有限威慑效力）。当然，一些宏观经济模型构建者（例如卢卡斯、基德兰德和普雷斯科特）也把他们的模型作为检验政策问题的工具，但这些仅仅与工程师曾经利用风洞控制实验所使用过的原型模型遥相呼应。我指出的"曾经利用"是指过去的人们通常只有根据物理原理和原材料的已知参数才能进行检验，现在的工程师则更多地使用计算机进行机翼模型的设计工作。

[2] 从一个非常基本的层面上说，确定相关变量的一个列表是建模中最有理论意义的想法，因为任何假设的关系都将受限于这些变量——而且，模型不会考虑对决定内生变量的赋值不起作用的虚构变量。

[3] 有关外生性和因果关系之间的更多内容，请参见 Boland (2010, pp. 533-5)。

递出的信息就是外生变量如何使内生变量获得相应的特定值。

我们会发现，今天的人们把建模的第一个阶段和第二个阶段融合在一起了。在过去的这个融合阶段，人们向假定的行为关系中单独添加某些具体的或简化的假设，这些假设本质上取决于简化或具体的内容（即行为假设本身）。另外，讨论的参数通常是这种添加的结果。那些接受1980年之前观念的人会发现，添加这些额外假设的必要原因是，几乎没有人希望消费者（或生产者）理论的行为假设与那些要求可以被直接观察到的行为假设（或从指定的内容中预测）一样具体。然而，那些接受1980年之后观念的建模者，自然要求第一个阶段的行为假设和第二个阶段那些必要的行为假设一样具体。实际上，对于今天的大多数建模者来说，第一个阶段（简称阶段Ⅰ）和第二个阶段（简称阶段Ⅱ）是合二为一的一个融合阶段。

最后，若希望将模型应用于实证数据，还必须增加一个集合，以便处理阶段Ⅱ产生的参数值（无论参数值是否仅在阶段Ⅱ产生），其方法是直接指定这些参数值，或者间接提供衡量这些参数的标准。我将依次介绍这些阶段，但请注意，在接下来的讨论中，我会尽量简化例子，以避免可能只会在较为复杂的模型中才出现的不必要的问题。上面提到的含有三阶段的过程，为我们提供了模型构建的以下流程工具：

(Ⅰ) 第一个集合：是人/机构的行为假设集合。例如，这个集合可能包含教科书中的简单观点：总消费水平（C）取决于总收入水平（Y）。

(Ⅱ) 第二个集合：是第一个集合中各种关系简化假设的集合。例如，这个集合可能包含教科书中有关总需求的非常简单的行为命题，如 $C=f(Y)$，其中 $\partial C/\partial Y$ 为正，或者可以进一步假设，行为理论中的总需求函数被指定为一个线性函数，$C=\alpha+\beta Y$，其中 α 为正，β 介于0和1之间。

虽然在大多数情况下，很多建模者会把这两个集合看作是两阶段建模过程的一个特征（把它们作为一个融合的阶段），但是我说过，建模过程还有一个阶段。尽管在一般情况下，把统计方法作为单独的问题来对待是理所应当的，可还是有一个阶段Ⅲ，它也包含着一个集合，该集合假定模型能够应用于实证数据，即：

（Ⅲ）第三个集合：是具体描述假定参数的集合，其参数值产生于第二个集合。第三个集合可以直接假定参数的真实值，或者更有可能像目前这样，指定度量参数的标准。例如，可以假定参数 β 的值为 0.33（简单地讲就是可以对模型进行"校准"处理，如第 2 章所述），或者根据某一特定的统计标准，不要求上述总需求模型一定要拟合已有的数据。

下面首先主要考察建模过程的前两个阶段，然后再详细地讨论第三个集合。

9.2.2 直接反驳模型时的模糊性

对每个模型至少是前两个假设集合的联合研究引发了人们开始思考究竟是什么构成了成功或失败的检验。对于用来解释所谓的特征事实或数据的理论模型来讲，人们通常不需要为构成已有观测数据的实证拟合制定标准。不管事实是否具有特征化，现在让我们肯定数据是完全精确的，这样做简单且描述真实（即这样做可以排除所有的观测误差①），以便在考察精确的观测数据时，我们可以清楚地定义什么构成了一个成功或失败的检验。具体地说，如果没有观测误差（因而也没有测量误差），只要发现一个预测是错误的，那么借助否定后件式（modus tollens）② 方法，便可以得出结论：至少其中有一个假设（或组成部分）必定是错误的。然而，正如在第 8 章中讨论的那样，至于哪一个假设，以及哪一种类型的假设造成了错误的预测，还存在着逻辑上的模糊性——是阶段Ⅰ的基本行为假设、还是阶段Ⅱ引入的某些简化的假设该对此负责呢？但是，

---

① 今天的很多计量经济学家会使用"测量误差"一词，但在本章，我将使用"观测误差"一词，因为它更具有一般性并支持简单的观测。而且，观测误差包括测量误差。

② 有关否定后件式（modus tollens）的解释，请参见第 155 页脚注①。

无论如何，如果某个阶段的某个假设是错误的，那么某些可能的预测也将是错误的。此外，由于每个集合的假设都可能是造成问题的错误假设，仅仅指出其中一个预测是错误的，却无法告诉我们哪一个假设"导致"了错误预测的情况，就会又遇到同样的问题：是一个行为假设，还是为构建模型而增加的一个简化假设该对此负责呢？这个模糊性问题正是弗农·史密斯提到的杜赫姆-奎恩问题，我在第 8 章中曾讨论过这个问题（第 8 章也提到了被哲学家称为杜赫姆-奎恩问题的模糊性①）。我们将看到，对于使用模型来反驳行为理论或假设的建模者来说，模糊性问题尤为突出（可见，这个问题与第 8 章中讨论的问题并无二致，任何试图利用实验来反驳行为理论和行为假设，或者利用实验提出可信实验证据的人都会遇到这个问题）。

阿兰·科曼（Alan Kirman，1992）对宏观经济模型进行了详细的说明，模型包括在构建和检验宏观经济模型时，以代表性个体形式存在的简化假设。科曼所说的引入一个简化假设，也就是使用一个单一的经济人来代表整个宏观经济中的所有个体。他告诉我们，当使用代表性个体作为实证检验的模型时，代表性个体表现出了一定的缺陷：如果某一特定的行为假设被拒绝，那么就不清楚人们是真正拒绝了这个假设，还是拒绝了只有这个个体拒绝的额外假设（Alan Kirman，1992，p. 118）。在第 6 章 6.4 节之初的引文中，他特别指出，"当利用实证数据检验模型的结论时，"如果碰巧被拒绝，那么可能仅仅反映了这样一个事实，即利用一个单独的个体来代表经济中的群体的这个假设是错误的（Alan Kirman，1992，p. 125）。他接着阐述，"换句话说，每当检验一个代表性个体的模型时，就是在检验一个联合假设：个体特定行为的假设与确实可以通过追求效用最大化的个体来代表的那个群体的加总选择的假设。"（Alan Kirman，1992，p. 125）

---

① 博兰德（Boland，1989）第 8 章中提出了这个问题，我在此处给出的名称是直接反驳模型时的模糊性，这样能够包含更多的信息。

9.3 克服直接反驳模型的模糊性

与一些经济哲学家的观点相反，普通的实践经济学家（他们把构建和应用宏观或微观经济学模型看作是自己的任务）常常用自己的实际工作对出现的模型反驳是一种常见经历的说法加以佐证。如果想要做出一个令人信服的检验，人们也许需要对 9.2 节讨论的模糊性进行重新思考，与此相比，尽管需要花费时间来反驳某些特定的模型，但却没有解决某些特定行为假设带来的检验问题，这样的结果似乎并不令人满意。但毫无疑问，杜赫姆-奎恩问题中固有的模糊性是可以被克服的。接下来我提出的检验方法在一定程度上能够克服构成杜赫姆-奎恩问题的模糊性。此外，人们如果试图反驳一个或多个行为假设的话，那么在试图采用最新的建模技术之前，还需要做一些额外的努力。

9.3.1 批判性的解释只不过是模型

本章主要研究的是行为假设（或行为理论）的检验，研究的工具是模型或包括这些假设的模型。到目前为止，我只是主张对行为假设模型的证伪并不一定意味着对行为假设本身的证伪（杜赫姆-奎恩问题），方法论问题的讨论关系到模型和行为假设之间的逻辑关系以及常规逻辑原则给出的限制。请注意，这里的所有检验都是关于被检验的行为假设的联合，以及我称之为阶段 II 中的一些必要的额外假设。也就是说，用行为假设构建的一个模型来检验这个行为假设。然而，人们不能期待通过观察一个错误的模型[①]就可以证明行为假设本身

---

① "观察一个错误的模型"意味着将模型看成是所有假设的一个联合，然后将其处理成一个复合命题，如果联合假设中的某一假设为假，那么作为整体的这个复合命题也为假。

是错误的。如果一个人认为假设或理论是以这样的方式被反驳的，那么他的工作就显得太过随意了。例如，人们可能会在行为假设中附加一个已知的、错误的额外假设，从而构建出一个自动出错的模型。当然，这样的检验充其量是"不公平的"。但同样可以肯定的是，我们没有理由期待行为假设的支持者会接受对其假设作出如此这般的"反驳"。那么，构建出来的一个行为假设模型又是以何种方式构成了对该假设的检验呢？

许多经济学家似乎一度认为，建模就是建立对行为假设或理论的一个检验，因为详细描述的建模过程相当于对理论的一种解释。例如，在对米尔顿·弗里德曼1953年发表的关于方法论的著名文章进行评论时[1]，特亚林·库普曼斯（Tjalling Koopmans）声称，如果对理论的任何一种解释都是错误的，那么该理论肯定是错误的（Koopmans，1957，p.138；1997，chapter 2）。这种批评方法是把"解释"假设成一个过程，相当于从一系列给定的假设中得出一个逻辑推断，并且不需要附加任何其他假设。也许只有纯粹的数学家才会提出这样的主张，因为经济学家使用的纯数学模型在逻辑上总是被假设为是完美的。对于完美的模型，得出错误解释的一个可能原因就是在逻辑推导过程中出现了错误。当然，也可能存在造成解释错误的其他原因。如果是这样，那么在什么情况下，对某个观点作出的错误解释才算是构成了对这种观点的批评呢？

除了库普曼斯的假设，"解释"（如模型构建）这个词的一般意义总是包含着额外的假设（如"我猜你的意思是……"）。此外，任何假设都有可能是错误的。在数学模型中使用数字代替字母是表达等式的一种常见做法（如阶段Ⅲ）。[2] 大多数解释都需要对变量作出如此具体的描述，这样的描述至少涉及自身维度或范围的假设，而且这种描述也可能会包含错误的假设。换句话说，模

---

[1] 弗里德曼的文章指出，唯一相关的检验是对理论预测的检验，而不是对假设的检验。这种说法可能会被那些持有工程学观点的人接受，但不会被那些持有曼昆（Mankiw，2006）讨论过的科学家观点的人所接受。

[2] 目前，仍有人会把这种描述视为第6章中的校准。

型只是解释行为假设或理论的一种方式。更重要的是，一个模型或一种解释只有在添加的内容是正确的时候才能得出一个成功的直接批评（或检验）——请记住，人们在不了解事实真相的情况下才会想到假设。这正是问题产生的根源。利用额外的假设来检验行为假设，然后却发现最终的模型无法拟合数据，但这样做往往也得不出行为假设（不是额外的假设）是错误的结论，因为我们加入的假设本身可能也是不正确的。由于任何有关行为假设或理论的解释都需要增加额外的假设，因此这样的解释只不过是一个模型。

有些读者可能会说，这个问题的真正根源是，明确一个假设正确与否始终是困难的或是不可能的。他们也许是对的，稍后我将分析建模者是如何处理这个问题的。但就目前而言，我们仍然假定进行真实的观察是可行的，这样，就不会产生模型能否"拟合数据"的模糊性问题，进而就可以最终证明，利用数据建模并检验行为理论或假设并非完全不可能。随后将探讨利用模型检验行为理论或假设的明显不可能性完全是由于没有进行深入研究造成的。后面的论证还将表明，如果利用同样简化和指定的假设，人们构建了行为假设或理论的一个模型与行为假设或理论的一个可信的反例[①]模型，那么，使用一般的常规检验就能够进行令人信服的检验。

9.3.2 使用反例模型的检验

当使用这种方式进行令人信服的检验时，会出现一些困难，在讨论遇到的这些难题之前，我们需要考察是什么构成了反例（即一系列可信但逻辑上被否定的观察），以及一个反例模型何时（在逻辑上）构成了对行为理论或假设的一个反驳。

首先，为了明确是什么构成了反例，我们需要明确究竟要检验什么。是检验一个行为假设的真假，还是要检验阶段Ⅱ中假设的真假？在这两种情况下，

[①] 或者，用宾默尔（Binmore, 2011）的话说，它是一个"反事实"，第4章中曾讨论过。

与其构建一个行为假设的模型来判断反例是否"拟合"已有数据，倒不如考虑把反例看成是通过建模来检验行为理论或假设的一种方法。如果我们希望检验一个单独的假设，那么在使用假设构建一个模型之前，需要增加一个我称之为"简化假设"的内容（即在阶段Ⅱ中，关于行为假设所认可的内生变量和外生变量之间具体函数关系的额外假设），这样，我们可以尝试找出在逻辑上仅仅用行为假设就能够直接否定的一个或多个陈述或命题①（即没有借助阶段Ⅱ中的规定）。相反，如果这是对阶段Ⅱ中假设的一个检验，那么拟合失败不会让我们否定阶段Ⅰ或阶段Ⅱ中的假设，因为这里存在着杜赫姆-奎恩问题②，还有一个关于对阶段Ⅱ中指定行为假设备选建模方法的检验，而对那些对这种检验感兴趣的人来讲，杜赫姆-奎恩问题倒显得并不重要，因为他们会简单地规定这个假设是正确的，或者至少规定它是不受质疑的。尽管如此，为了作出明确的区分，我在这里讨论的内容仍仅限于对阶段Ⅰ中行为假设的检验。

乍一看，使用反例的这种检验方法似乎太简单了。比如考察一个行为假设，它只包含两个内生变量和一个外生变量的关系。可以使用如下方法构成这种关系的一个反例：利用内生变量和外生变量的两个观测值，这两个值说明了外生变量的值没有变化，但只有一个内生变量的值确实发生了变化。因为若要使内生变量与其模型的变化保持一致，那么模型中至少要有一个外生变量必须发生改变——毕竟，这是区分内生变量和外生变量的一个规定。于是，我们可以说，如果只有内生变量发生改变，而假定外生变量没有变化的观测在逻辑上就构成了上述关系的一个反例。在这个检验过程中，可以看到，只需要（全部变量中的）两个变量的观测值就可以构成一个反例。

还有其他可信的反例，不过，它们可能需要更多的观测（也许是变量的向

---

① 例如，如果"所有天鹅都是白色"的命题为真，那么就不可能观察到一只不是白颜色的天鹅。也就是说，观察到的一只不是白色的天鹅将被"真"命题的真所否定。

② 为了在构建过程中避免这个问题，人们可能会考虑一种非嵌套式的假设检验［参见 Pesaran and Deaton (1978)，以及 Pesaran and Dupleich (2008)］，它更适合于检验阶段Ⅱ假设的建模——稍后将讨论这类检验。

量值)。当我们考虑涉及多个关系的行为假设或考察哪一个假设包含多个外生变量的时候,事情就会变得更加复杂,而且观测的数目也会随之增多。然而,我在1989年著作的第2章和第3章中指出,对于简单的代数方程组模型,观测数目的最低要求可以根据内生变量和外生变量的数量(以及假定关系的代数性质)来确定。显然,很多这样的方法都会增加观测的最低数量值。

如果对于读者来说,需要多少观测数量才能构成反例的解释并不直观,那么请思考下面这个广为人知的几何学原理。假设一个图像上存在三个点,显然,任意给定的两点之间都可以连成一条直线。但是,如果第三个点不在这条直线上,那么这三个点就不能表示一个线性关系(记住,本章总是假定这些点代表精确的观测值)。于是,在这种情况下,我们就可明确反驳线性关系所需要的最小观测数目是 3(用图像上的点表示)。① 我在1989年书中介绍的就是对这一原理的详细扩展,即介绍了一个计算观测数目的公式,目的是为了构建一个基于外生变量数目和内生变量数目的反例。②

反例的构成也会受到量词逻辑的限制。借用一个哲学家的例子来讲,如果我们的理论主张只是所有的天鹅都是白色的,那么仅用观察到的一只不是白色的天鹅就可以构成一个决定性的反例。如果我们的观点是,至少存在一只粉红色的天鹅,那么仅用观察个案作为反例就是不可能的了。在这种情况下,反例意味着大量的观察,用以证明所有的天鹅都不是粉红色的——但起码这是不切实际的,因为在时间或空间不受限制的前提下,所有的天鹅意味着可能存在于任何时间(现在或未来)或任何地方(在宇宙中!)的所有天鹅。

严格地讲,人们无法直接观察到这样一个反例。相反,通过构建一个与被检验的行为假设相关的可信的反例模型,从而去检验该反例模型肯定会(作为一个逻辑问题)反驳这个行为假设,这个做法是可行的。显然,对于相关性关

---

① 请注意,如果仅仅描述一个正相关关系,那么只需用两个观测值就可构成一个反例。
② 由于构造公式是为了检验所有的模型,它也与建模过程阶段Ⅱ中代数方程的幂次有关,这意味着,当方程的最高次幂增加时,最低观测数量也会增加。

系，反例的模型必须使用与阶段Ⅱ相同的描述，但相关性问题超出了建模技术的范围。

相关性这个要求显然没有得到广泛的重视。但在关于吉芬效应的讨论中，经常会出现反例。① 对吉芬效应进行逻辑上的观察是否会被认为是对传统序数需求理论（不管用什么方式建模）的一个反驳呢？刚开始，人们都会认为这是一种反驳。但是，从逻辑上讲，这样的看法是一种严重的误导，因为它假设存在一个向下倾斜的完美需求曲线理论，即所谓的需求定律。需求理论曾经试图解释为什么需求曲线总是向下倾斜［参见 Hicks（1956，p.59）］，但序数需求理论从未成功做到这一点（Samuelson，1953，pp.1-2）。简单地说，序数需求理论并没有完全否定吉芬效应的存在；因此，它的观测情况就不能被视为一个反驳［参见 Samuelson（1948b）］。②

一般地，某一特定观察能否构成对某一理论命题的检验（反驳或证实），必然依赖于该命题在逻辑上肯定什么或否定什么。这种依赖性（或"相关性"）并不是一个单纯的判断问题。在精确（非随机性）变量的情况下，这种依赖性一直是一个逻辑问题。构成一个检验的内容总是取决于被检验的理论命题。每当一个行为理论被认为具有真实性和信息量，它肯定已经否认了可信的具体观察。理论的信息量越高，被否认的可信观察就越多。信息量和可信反例数目之间的联系是萨缪尔森寻找"具有操作性意义命题"的方法论基石。但更重要的是，

---

① 这个效应是 19 世纪统计学家罗伯特·吉芬（Robert Giffen）在考察爱尔兰土豆饥荒情况时作出的描述：尽管土豆价格上涨，但对土豆的需求也在上涨。这种现象被认为是所谓的需求定律的反例，因为需求曲线的斜率通常为负。

② 或者，可以说，吉芬效应与传统价格理论背道而驰［请参见 Boland（1977a）］。传统上，需求理论本身是对价格均衡理论的逻辑支持。我会在后面深入探讨，在一个真正独立的决策者眼里，向下倾斜的需求曲线对于一个稳定均衡的必要性［请参见 Boland（1977b，1986）］。从这个意义上讲，序数需求理论是解释需求曲线为什么向下倾斜的一系列原因。特别是，这些原因必须与独立的决策相一致。众所周知，传统需求理论只能告诉我们吉芬效应何时发生［例如，斯勒茨基（Slutsky）关系的影响——吉芬效应意味着一种比价格变化的替代效应更强大的反收入效应］。因此，除了价格理论之外，吉芬效应在逻辑上并未被否定，无论"检验"是什么意思，仅凭对吉芬效应的简单观察还无法构成对序数需求理论的检验。因此，这样的检验与这种情况毫不相关。

一种理论所否认内容的重要性决定了其中的利害关系。

让我们先来假设能够排除一些可能的异常因素：（1）不存在相关性问题；（2）可以直接检验行为假设，即无须构建模型；（3）出于讨论的目的，构成理论或模型的行为假设集合或制度假设集合的逻辑一致性尚未确立。接下来再考虑行为理论与其众多反例之一的联合检验。一方面，利用理论"拟合"① 其所有变量的一个观察结果来证明该理论是不可行的，也就是说，利用理论对已有数据的一个"良好拟合"不能证明该理论，因为无法保证未来是否会出现其他的观察结果也将满足这样的拟合。另一方面，如果反例确实拟合数据（如观察到了内生变量发生变化而外生变量没有发生变化），那么只要把观察看作是真实的陈述，我们就不得不承认，任何否认观察到反例可能性的并在逻辑上完全且一致的理论，已经在实证上和逻辑上被反驳了。也就是说，在行为理论和这个反例的任意组合中，二者不可能同时为真。

现在考察一个行为理论（它可能只是一种行为假设，也可能是不止一种行为假设的联合）联合检验的四种可能结果及其对应的逻辑反例。如果理论及其反例都无法拟合已有数据，那么我们就可以轻松地指出，理论可能不是逻辑一致的。同样地，如果理论及其反例都能够拟合数据，那么我们也可以轻松地指出，这个理论也可能不是逻辑一致的。② 当然，得出这些结论的前提是承认观测结果为真（即观测零误差）。如果理论是逻辑一致的，那么我们可以预计，对该理论及其反例的任何联合检验都会导致理论或其反例的拟合——也就是说，至少会出现一种拟合，但是二者的拟合不会同时出现。如果当反例拟合数据的时候，这个理论显然被反驳了——要么直接被反例"验证"了这一点，要么间接地揭示出理论的一种不一致性，即使这个理论在有些时候满足了拟合。如果当理论拟合数据，而反例却无法拟合时，那么对于正在检验的行为假设的真实

---

① 例如，即使目前只观察到了白天鹅，也不能保证明天我们不会看到一只非白天鹅。
② 这两个观点并不新鲜，它们正是上一章中提到的肯定前件式（modus ponnens）方法的含义。

状态而言，并没有取得什么进展。一方面，这种情况是逻辑一致性成立的一个最低条件，另一方面，这仍然只是一个单方面的拟合，（正如我已经指出的，）它并不能保证该理论可以拟合未来的观测（或者其他可能的逻辑反例是否可以拟合当前的数据）。

这种联合检验方法的重要性在于，如果接受观测结果为真，那么我们就能够解决杜赫姆-奎恩问题中的难题。9.2 节指出，使用一个特定行为理论或行为假设去构建的模型没有产生一个好的"拟合"并不能证明用于建模的理论或假设是错误的，因为人们必须证明的确不存在运用相同的行为理论或假设去构建的一个肯定会产生良好"拟合"的模型。虽然针对某一行为理论的一个差拟合模型并不能作为反例（即使我们认为这些观测是精确的），但当观测被认为是精确的时候，一个拟合度良好的理论反例模型可以形成一个反驳。为此，我们再次假定行为假设是逻辑一致的，因此，或者这个假设为真，或者它的反例为真，但两者不可能同时为真。当我们使用相同的数据时（即同样的精准观测集），会出现对假设本身的模型及其一个反例模型进行联合检验的四种可能结果。当行为假设（或理论）模型及其反例全部拟合数据时，我们就会知道建模过程出现了问题。如果两者都无法拟合数据，那么建模工作就没有太大的意义，因为无论是假设（或理论）还是其反例都与杜赫姆-奎恩问题相冲突。

当行为假设的反例模型拟合数据而行为假设本身的模型不拟合数据时，它就是反驳该理论的一个强有力的反例，尽管我们无法保证建模过程中不会出现问题。若要避免反驳，则至少需要对建模方法论进行一个批判性的考察。当假设的模型拟合数据，而假设的反例模型不拟合数据时，就出现了某些哲学家所说的"佐证"[如 Popper（1965，p.220）]。尤其是，我们可以说，只要对行为理论及其反例进行联合检验而产生了反驳的风险时，佐证就会出现，但这一理论还是要设法生存下来。佐证的出现意味着一个反驳可能会出现，但实际上却没有出现。上述四种结果参见表 9.1。

表 9.1　　　　　　　　　　　检验模型的结果

检验结果	假设	反例
模型的非一致性	拟合度好	拟合度好
佐证	拟合度好	拟合度差
反驳	拟合度差	拟合度好
模糊性	拟合度差	拟合度差

9.4　随机主义和计量经济模型

> 理论经常与数据进行比较，而这些数据根本不能被认为是按照我们在构建理论时所构想的实验设计所获得的观察结果。
>
> 特里夫·哈维默（Trygve Haavelmo，1944，p.15）

在逻辑上论证了令人信服的反驳存在的可能性，至少在原理上的可行性之后，现在应该看看我的论点是否会因为把所有的观测结果都当作精确的，进而也是正确的数据而受到损害。任何以反例模型为基础的理论反驳仍然需要接受该反驳的观察或证据是正确的这个条件。正如早期与我持不同意见的批评者——V. 克里·史密斯（V. Kerry Smith）教授在多年前（Smith，1969）指出的那样，"追求正确性和有效性确实是一项崇高的事业。"然而，经济学家身处的却是一种随机的环境（Smith，1969，p.81）。为了便于后面的讨论，我认为必须给经济模型是随机模型的观点贴上"随机主义"的标签。

9.4.1　随机模型与随机世界

许多经济模型的构建者都非常喜欢声称世界是一个"随机环境"（如史密斯

教授)。我在第 7 章 7.1 节①第一段中介绍过，根据"随机"②一词的词源，在掷飞镖的时候，若出现偏差，则可以很容易把这种现象解释成飞镖的标靶是移动的，而不是投掷得不够准确。实际上，除非标靶移动的原因也得到了充分的解释，否则随机环境的存在与这种情况很相似。在探讨随机主义对我论点的意义之前（即逻辑上令人信服的检验可能包括带有反例的联合检验），我首先提出现代经济学中随机主义的一个简明理论。我的目的是想说明，随机主义是模型构建中的一个特殊情况，因为它需要一个明确的但也许是错误的建模假设，所以不应该认为随机主义的存在是理所应当的。接下来，我将用我的这个简单观点来简要地讨论计量经济学家如何处理随机主义的问题，而把对计量经济学统计方面的深入讨论暂且放到下一章。也就是说，稍后我将讨论接受观测误差的必要性，但本章不会讨论观测（可能是样本的一部分）时产生的统计误差；本章中的观测是奇异的。下一章将用统计抽样方法进行观测。抽样误差不等同于奇异观测的观测误差或测量误差。

首先，需要界定两个"世界"：我们观察到的"真实"世界和我们构建的理论或数学模型的"理想"世界。当我们谈到行为理论（或模型）是"正确的"时，就意味着真实世界和理想世界之间是完全对应的。③也许有人会辩解说，即使存在正确的理论和模型，也有明显的理由说明为什么这种对应是不精确的（如测量误差、非理性的人类行为等）。正是由于这些原因，经济学家多年以来一直在构建"随机模型"，旨在适应这种对应关系的随机本质。例如，在我提出的建模过程的阶段Ⅲ或是第三步骤中，可以假设测量误差使观测值处于理想世界真实值的某种分布之中。这也意味着对应关系本身就是模型的随机元素。

于是，应该指出模型是随机的，而不是世界或"环境"是随机的。对于随

---

① 有些读者可能忽略了。
② 该词基于希腊语 Στόχος，意思是一个目标。
③ 也就是说，与模型确定的变量完全对应。对于假设具有可信观测概率分布的模型来说，模型的概率分布必须与分布的参数完全对应，这一点与本章讨论的模型不同。

机模型的任何检验，就像是对行为理论或假设本身的检验一样，都是对假设的对应关系的一种检验。最重要的是，一个人只有笃信假设的模型是正确的（和确定的）并且观测结果是精确的，才能把对应关系的任何变化都完全归因于现实世界中无法解释的变化，并选择把世界看作必然是随机的。于是，从这个角度可以看出，随机主义让我们的行为理论或假设的正确性不容置疑。

我认为，在断言环境是随机的过程中，这种智力欺骗总是潜藏着巨大的危险。同样地，当我们假定行为理论或模型的"假设"为正确的时候，只是因为我们不知道它们的正确性。避免面对这个现实性似乎就是假定随机主义的目的（即"标靶的移动"）。但是，"不知道"与"随机主义"并不是一回事，我们假设的真实状态永远不应该被质疑——毕竟，这也就是为什么要首先检验我们的模型及其假设的原因。然而，在计量经济模型的研究中，随机主义本身是不可置疑的。换句话说，不了解我们模型的真实状态并不意味着我们必须宣称环境是随机的，而不单单是我们的模型是随机的。

9.4.2 作为应用随机模型的计量经济学：史上的一些见解

计量经济学是一个成立于20世纪30年代初的研究项目，旨在满足用经济理论的精确模型来处理（随机）统计数据的明显需求。当时的数学院系讲授的常用统计分析方法不适合某些预期的研究项目，于是在20世纪40年代初，有人提出了一种全新的方法。当时的想法是让统计分析成为经济理论本身的一部分［Haavelmo，1944；也可参见 Koopmans（1941）；Mann and Wald（1943）；Haavelmo（1943）］。但把这种情况看成是对随机主义的一种认可还存在着一定的风险。① 同样地，哈维默也非常清楚这种方法的局限性，因此在使用这种方法之前必须强调，要谨慎地将随机模型与精确的理论模型加以区分。此外，他进一步强调，他只希望将自己的方法用于随机建模，并不希望进入精确建模的

---

① 与我在第7章7.1节中的解释一样。

范畴［见 Haavelmo（1944，pp. 55-9）］。

如果把计量经济模型的构建局限于实际问题（也即工程学视角而不是科学视角），那么根据米尔顿·弗里德曼 1953 年工具主义的术语①，我们不得不说，该模型的真实状态不如其应用结果的实用性重要。如果将计量经济学局限于工具主义方法论，那么可能就没有必要区分由描述误差导致的内部不精确性与由观测误差引起的外部不精确性。然而，如果理论模型的真实状态的确更重要，那么无法分别处理观测误差和描述误差的计量经济模型显然不是一个合适的分析工具。换成另外一种说法就是，每当我们的理论和建模假设的真实状态存在争议时，唯一可接受的解释误差的方法就是承认外部"观测误差"的存在。除此之外，当模型的真实状态重要时，描述误差往往是不可接受的，同时描述误差也意味着一个错误模型的出现（但不一定是模型使用的一个或多个错误的行为假设，见 9.2 节）。

9.5　基于随机模型的检验中的非对称性

希望我对随机主义提出的一些批判性见解至少可以成为对在实证讨论中轻易引用随机主义做法持怀疑态度的某些读者的一种鼓励。尽管如此，我还是会在令人信服的检验理论中最低限度地引入随机模型。如前所述，随机模型可能是这样一个模型，它承认人们对其变量的观测可能不是百分之百的准确。而且，

---

① 工具主义是乔治·伯克利（George Berkeley）主教在 18 世纪早期推动的一种观点，目的是保护教会的教义不受哲学家思想的影响，哲学家认为牛顿力学的成就解除了人们对教会的需要。主教希望人们把牛顿理论视为一个有用的手段或工具，可以用它来描述行星如何围绕太阳运动。但不必宣称它是普遍的真理，不需要将这样的规则等同于教会的旨意。而在经济学中，我们知道这样的观点就是弗里德曼在其 1953 年著名的方法论论文中倡导的观点，请参见 Boland（1979；1997，chapter 2）。这一问题将在第 11 章中作进一步讨论。

本章讨论的内容仍然只是不精确的奇异观测，而不是在抽样中可能出现统计误差的观测，记住这一点很重要。本节讨论的目的是努力理解某个不精确的观测，但不用关心它为什么不精确，讨论的核心问题是：对随机模型的认可是否会破坏令人信服的检验理论？或者正如我将要探讨的那样，核心问题实际上是希望强调使用反例进行联合检验的必要性。

认可随机模型的关键问题仍然是承认观测陈述很少是绝对正确的这个前提。当然，这也许只是一个测量误差的问题，如9.2节和9.3节的讨论中暂时假定了观测陈述没有错误；也就是说，可以在短期内假定它们是（绝对）正确的。考虑到这一假设，每当反例的模型——使用与被检验模型[①]相同的建模假设——被认定可以拟合已有数据时（即与已有的数据完全对应），我们知道由反例加上那些建模假设组成的复合陈述是一个正确的陈述。由于行为假设的真实性可以否认曾经构建的与该行为假设相关的一个能够拟合数据的反例模型的可能性，因此得出的结论就是：只要反例拟合数据，行为假设就一定是错误的。于是，下面要考虑的问题则是，当一个拟合良好的决定并不正确时（观测不精确时，可用拟合度处理观测值），会发生什么情况？

9.5.1 关于观测误差的一个简单例子

考察下面这个单方程模型，它代表某个行为理论，在这一理论中，观测变量 Z 是另一个观测变量 Y 的线性函数：

$$Z = \alpha + \beta Y$$

那么现在的问题就是，含有两个变量的线性模型的表达式是否可以代表变量 Z 和 Y 之间的真实关系？为此，我们这里假设不存在其他的相关变量，于是，模型是否为线性关系就成了讨论的焦点。同时，我们还假设利用三次观测就可以决定线性关系是否成立。下面通过两次观测推导出 α 和 β 的值，求解如下方程

[①] 当然，使用相同的（简化和指定）假设的目的是区分行为假设和建模假设。

组（一个方程代表一次观测），即：

$$Z_1 = \alpha + \beta Y_1$$
$$Z_2 = \alpha + \beta Y_2$$

并利用第三次观测对推导出的 α 值和 β 值进行检验。那么，通过 $Z_3 = \alpha + \beta Y_3$ 计算出的 Z 值是否也等于观测到的 Z_3？一般来讲，如果不是以随机模型为前提，那么我们计算出的 Z 值和观察到的 Z 值之间的每个差异都会构成一个反例，即一个对模型的反驳。当然，这个结论主要是由于人们普遍相信自己的观测总是正确无误的。

如果我们现在需要放宽这个假设，说这个结果并不精确，但是，与计量经济学建模中对数据的常规假设不同，我们还可以说，对可能出现的观测误差有一些独特的认识。如果我们知道奇异观测的误差不超过 10%[①]，那么我们解释第三次观测的判定标准就必须接纳这 10% 的误差。接下来，我需要解释一下有关误差的知识，因为它不是经济学中一个常用的内容，但是我想在这里引用它。我所讨论的知识类型在土木工程和机械工程测试材料的时候比较常见，在这些情况中，人们通过测量仪器的精度（即公差）了解测量误差的值及其上限。经济学中一般没有这样奢侈的衡量手段，但为了使事情简单、独立，我假装拥有这样的手段。稍后将考察在经济学中如何处理这种类似的观测误差和测量误差。

现在，有一个最重要的情况是，当我们在决定第三次观测能否构成线性方程的一个反例时，如果接受出现的误差，那么我们就要承担得出错误结论的风险，即错误地支持反例拟合数据的这个不正确的结论，进而错误地支持对理论的一个反驳。类似地，当实际关系为非线性时，我们会为错误地支持第三次观测所证实的线性关系而承担风险。当观测中出现误差时，需要注意的是，对行为假设或理论的证实失败同样也不会构成对一个反例的证实。只要我们接受误

[①] 就目前的情况而言，我只想说，有趣的现象是，经济学家使用的是自己也根本不了解其精确度的数据。

差，行为假设或理论与它们的反例就不可能被同样的观测结果所证实①，理由就是观测中存在着误差。这一切取决于我们采用什么标准来确定我们是否得到了一个证实。

为了说明这种不对称性，我们假设已经做出了两次正确的观测，但所有后续的观测结果都将由我们的朋友来做，并且他们会出现10%的误差（但不超过10%）。② 现在，假设我们正确地观测到 $Z_1=10$，$Y_1=20$，$Z_2=12$ 和 $Y_2=30$，然后再使用我们给定的行为假设和线性假设，可以推出 $\alpha=6$，$\beta=0.2$。假设做第三次观测的时候，Y_3 的（未知）真值是40，但是朋友的观测不准确，第三次观测结果是 $Y_3=44$。同时，这位朋友还观测到 $Z_3=12.6$。这两个观测变量的误差大约是10%。如果真实的关系是线性的，那么 Z_3 的真实值应是14；当然，如果真实的关系是非线性的，那么 Z_3 的真实值可能不是14。假设这个线性关系为真，那么计算出的 Z 值应为14.8，它与朋友观测到的 Z 值（12.6）之间的差距超过了17%，即使观测值 Y 和 Z 与各自真实值的误差都没有超过10%。根据我们的解释方法，当接受10%的观测误差时，也可能会得出 Z 和 Y 的实际关系不是线性相关的错误结论，尽管他们的关系实际上是线性的。

为了便于讨论，假设我们并不确定这两个奇异观测的误差都是最多只有10%，因而可以把计算出来的17%的误差解释成是对我们所做线性假设的"差拟合"。然而，在这种情况下，一个差拟合并不意味着我们已经证明了真实的模型是非线性的。我们得出的结论只能是：线性假设没有得到证实。而为了得出线性假设是错误的这个结论，我们还必须明确究竟什么可以构成一个反例以及一个反例的良好拟合。

9.5.2 证伪的观测和未证实的观测

在上述例子中，我朋友的奇异观测值与 Z 和 Y 的真实值之间相差10%，在

---

① 这与之前假定的观测结果绝对正确的情况不同。在那种情况下，非真即假，非假即真。现在，由于不精确的观测，我们无法作出决定——即使我们假设自己已经掌握了不精确的程度。

② 也许可以说，我们的朋友有过出现观测误差的历史，但从未超过10%。

第三次奇异观测后发现，Z的计算值和观测值之间的差距高达17％，这样，证明真正的关系是非线性关系也就没有必要了。借助线性关系的未证实不一定是非线性关系的证实的说法，当采用基于单一观测的保守检验规则时，行为假设（线性）和反例（非线性）都没有得到证实的情况也有可能出现。因此，基于单一观测的检验通常不会被认为是一个有说服力的检验。在我这个简单的例子中，即使一个计算误差为20％的单一观测可以构成一个反例，但零误差也并不能证明这种关系是线性的，因为下一个观测结果并不一定就没有误差。

在计算误差时，如果缺少最大可能误差的限制，那么检验结果也会令人生疑。尽管如此，我们仍希望能够根据可接受误差的相关观点来解释这个检验。具体来讲，我们可能会认为，基于可接受的17％的误差来证实线性关系的说法极具风险，不过，即使是以15％的误差来证实线性关系也可能被认为是具有较大的风险。我们的立场是，虽然15％的误差并不能证明模型不是线性的，但这样的观测却严重质疑了模型的线性关系。我们可以把这种（对观测的）解释称为是一种对"线性模型的证伪"。类似地，对反例被证实进而得出线性假设肯定为假这个结论而言，5％的误差风险仍可能太大。在这种情况下，这样的观测可以被解释为对反例的一个证伪。

现在，尽管有些读者可能会发现这样的解释很烦琐，但这就是用不那么精确的观测数据进行检验的逻辑。所以请原谅我这么做。在这里，重要的是不要混淆行为假设的证伪和反例的证实。同样重要的还有，我们也不应该混淆"未证伪"和"证实"。当我们掌握了观测误差不可能超过10％的时候，那么一个超过18％的计算偏差就可以构成一个非线性的证明，但把18％作为一个检验标准似乎不太方便。因此，我们需要选择一个方便的标准来解释这个计算偏差。

一方面，如果我们正在寻找对反例的一个证实，那么可以说15％的计算误差足以让我们得出一个结论：线性假设是错误的；但若误差低于10％，则无法保证得出这个结论，也就是说反例没有得到证实。如果我们正在寻找对反例的一个证伪，那么可以说，小于5％的误差给出的结论是：反例被证伪；但若误差超过 10%，则结论是：反例没有被证伪。另一方面，当我们直接评估线性假设时，也会产生类似的差异。如果我们正在寻找对线性假设的一个证实，那么可以说，小于 2% 的计算误差足以使我们得出一个结论：线性假设被证实；但超过 10% 的误差却无法得出这个结论，在这种情况下，我们说线性假设没有被证实。如果我们正在寻找线性假设的一个证伪，则可以说一个超过 15% 的误差会使我们得出线性假设被证伪的结论，但介于 5% 到 10% 之间的误差则可以得出线性假设没有被证伪的结论。

当然，为了便于讨论，我在这里把数字任意地分配给可行的或所需的标准。任何实际标准都将根据掌握的观测误差和被检验的实际行为假设的情况来决定。正如前面那个简单的例子中说明的，采用差别很大的拒绝标准或接受标准是很容易的。我采用的两个词是"证实"和"证伪"，而不是"真"和"假"，目的是引出本质上的非对称性。在真/假情况下，"非真"意味着"假"，而"非假"则意味着"真"（只要我们不否认排中律公理①）。但在这里应该搞清楚的是，每当出现较大的可能误差时，"未证实"不一定意味着证伪，而"未证伪"也不意味着证实。

对于那些只读过初级统计学书籍的人来说，还不得不决定以下哪个情况更为重要：避免拒绝一个真实的假设，还是避免接受一个错误的假设。统计学家通常将这两种错误称为 Ⅰ 类错误和 Ⅱ 类错误。不过，用于明确 Ⅰ 类错误或 Ⅱ 类错误的标准仍然是一个具有严重任意性的判断问题。容易避免一种类型错误的标准往往更容易引发另一种类型错误的出现。此外，选择 5% 还是 10% 作为计算值偏差的可接受标准，可能更多地取决于经济学研究所处的环境，而不是研究者的科学哲学。在 5% 这个较小的范围内处理误差的成本可能比在 10% 的范

---

① 第 81 页脚注①解释了"排中律"一词，它是指与逻辑有关的三条公理之一。实际上，亚里士多德曾说过，一个论证合乎逻辑的前提是，绝对不能违反他的三条逻辑公理中的任何一条，这些逻辑公理是：同一性公理，即在有关论证的不同陈述中不能使用同一词语的不同释义；排中律公理，即所有陈述或者为真，或者为假，绝不能有其他情况；非矛盾性公理，即命题不能既为真又为假。因此，任何否认这种类型陈述的论证都不能被视为符合逻辑的论证 [进一步参见 Boland (2003, p.205)]。

围内处理误差的成本要更高。在处理社会政策问题时，可以认为接受假的线性假设的低标准比拒绝真的线性假设的高标准更为安全。由于质疑空间往往较大，线性模型常常更容易应用于实际问题。这一切都取决于人们正在寻找什么或是愿意接受什么。

对于那些只熟悉统计学课本中假设检验概念的人来说，可能并不十分清楚我给出的证伪和未证实之间（或者可以说是证实和证伪之间）的区别。教科书上常讲，每当人们选择避免一种类型的错误时，比如Ⅰ类错误，任何无法证实反例的情况都会自动被解释为对理论的一种证实。① 此外，对Ⅰ类错误的额外关注会导致人们只是使用证实标准。而对Ⅱ类错误的考虑将使我们采用证伪的标准。如果出于某种原因，我们不愿意在Ⅰ类错误和Ⅱ类错误之间做出选择，那么则需要我们拥有在证伪和未证实之间做出分辨的能力。

9.5.3　证实与证伪的检验标准

证实与证伪标准之间可能存在的不对称性需要以我已经讨论过的问题为背景，即使用这些行为假设的模型来检验行为假设的过程。尽管我们认为没有观测误差，也依然不能指望仅仅通过反驳一个行为假设的单一模型就能够反驳行为假设（因为阶段Ⅱ的建模假设可能是错误的，而阶段Ⅰ的假设可能是正确的）。不过，我在9.3.2小节中曾指出，如果对一种理论的模型以及该理论的反例模型同时进行检验，就可以说明是什么构成了行为假设的一个反驳。具体地说，当行为假设的模型无法拟合数据而反例的模型却拟合得很好时（它们使用的是相同的数据和相同的标准），一个反驳也就出现了。也许有人会问，在进行奇异观测时，除了考虑到已知的误差范围之外，还会有什么其他影响吗？

如果我们准备把联合检验建立在行为假设的一个奇异观测以及同时对该假设反例观测的基础之上时，采用相对保守的标准去接受或拒绝假设将是明智的

---

① 有人可能认为它可应用于公共零假设检验，但它不属于这里讨论的范畴。

选择——也许，就像前面那个简单的例子一样，可以使用2‰的标准来证实线性的观测，而利用15‰的标准证实一个反例的观测。但这里出现的一个难题是，一个奇异观测的检验是一维的。因此，有必要进行"证实的观测"和"证实"的区分，但这又可能需要大量对证实的观测。同样地，"证伪的观测"与"证伪"也要区别开来，这也可能需要大量对证伪的观测。

由于观测误差总是存在，而且我们也不期望从一个奇异观测中急于得出结论，于是可以在（Z和Y的）第3次观测的基础上再额外多做19次观测。这个新的维度（重复观测的次数）会提出一个新的决策问题：在证实过程中我们将允许多少次未证实的观测？是不超过20次里的1次？还是不超过20次里的2次？这是一个统计充分性的问题，而不仅仅是必须观测的次数问题。请注意，我们还没有讨论随机观测（即假定由某种随机"生成器"产生的观测）。它将是下一章的主题，并且统计数据的性质是建模的关键。现在，我们将继续考察前述问题，即需要多少次奇异观测才能得到一个明确的证实？

也许熟悉计量经济学评价复杂因素的读者会发现，这种对于观测误差和标准的讨论实在令人沮丧，但我认为，在匆忙地宣布是否可以接受一个模型的过程中，这些检验中的基本逻辑问题往往被忽视了。所以，我请这些读者容许我将计量经济学评价的重要问题同样继续推迟到下一章再讨论。现在，我将继续研究奇异观测，而不是研究像平均值或方差等样本统计因素。

因此，首先假定奇异观测中可能出现误差，然后考察如何解释20个观测结果的不同方案。① 当然，如果想避免不必要的质疑，在进行观测之前，必须制

---

① 在9.3.2小节中曾介绍过，我在1989年著作的第2章和第3章里讨论了一个问题，即需要多少次奇异观测才能在逻辑上构成对简单宏观经济模型的一个决定性反驳？特别是由代数方程构成的模型，例如我用过的模型例子，作为一个代数问题，我为这个我称之为P维数值构造了一个多项式。这个多项式是在9.3.2小节中讨论内容的一般化版本，9.3.2小节曾指出，需要3次准确的观测才能反驳线性假设。计算出的P维数值取决于外生变量的总数、内生变量的总数和构成方程组的最大方程个数。这三者中任何一个数目的增加都会增加必要的观测次数。请注意，需要至少20个随机观测样本才能发挥与一个非随机奇异观测相同的作用，从而，一个P维非随机模型的随机版本，比如说一个30维的模型，需要的有效维数应该是600。这也意味着，为了构成一个模型的反驳，以前收集数据可能至少需要1年，现在却至少需要20年的时间！

定出检验的标准和方案。以下四种不同方案只使用了证实/未证实的标准来评价奇异观测的结果：

（1）当20个观测结果中有5个或更多个观测数据是可信的、已证实的线性观测时（如9.1节所述，计算误差最大不超过2%），结论是：该线性模型已被证实，否则就是未被证实。

（2）当20个观测结果中有5个或更多个观测数据是可信的、已证实的非线性观测时（计算误差最小不低于15%），结论是：该线性模型的一个反例模型已被证实，否则就是未被证实。

（3）当20个观测结果中有5个或更多个不是可信的、已证实的线性观测时（计算误差超过2%），结论是：该线性模型被证伪，否则就是未被证伪。

（4）当20个观测结果中有5个或更多个不是可信的、已证实的非线性观测时（计算误差最大不超过15%），结论是：该线性模型的一个反例被证伪，否则就是未被证伪。

考虑到我们用于可信观测的标准也许被认为比较极端（在一种情况下为2%或更低，而在另一种情况下至少为15%），不期望大部分观测结果符合上述任何一种标准大概也是合理的。因此，一个反例的证实与行为假设本身的一个证伪之间的关系是非对称的。尽管我们采用了一个证实/未证实的标准（用于评价观测），为了制定这四种解释方案，仍然有必要明确我们是对证伪还是对证实更感兴趣，即使没有任何非主观的方法支持这种判断。

下面介绍对行为假设的模型及其反例模型进行联合检验时可能出现的所有后果。如果认可"未证实"并不意味着证伪，那么为了说明可能的结果，根据上述（1）至（4）中证实和证伪的标准，还需要再做两张表加以辅助说明。在表9.2中，假定社会上可接受的检验惯例只能判断证实，就像希望避免Ⅰ类错误一样；假定表9.3中的内容只能判断证伪（可避免Ⅱ类错误）。

在表9.2和表9.3中，所有佐证或反驳都必须被视为是有条件的。条件则是：对结果的解释始终取决于对所使用的特定检验标准的接受程度。在前面提到的简单的例子中，Z的计算值和观测值之间存在可接受误差的一个极端标准是2%。当然，我们也可以使用其他标准，例如，在给定观测数目的条件下，控制可接受误差与不可接受误差之比。而在这两张表之中，无效的结果可能导致人们质疑单方程模型中的检验标准。在多方程模型中，无效的结果也可能表明模型是不完全的或不一致的。

表9.2　　　　　　　　　　基于证实的检验模型

检验结果	假设	反例
无效	证实	证实
弱条件的证实	证实	未证实
有条件的反驳	未证实	证实
无效	未证实	未证实

表9.3　　　　　　　　　　基于证伪的检验模型

检验结果	假设	反例
无效	未证伪	未证伪
弱条件的证实	未证伪	证伪
有条件的反驳	证伪	未证伪
无效	证伪	证伪

如果同时满足：(a) 不需要无条件的反驳；(b) 采用标准检验观点确定需要避免哪类错误（Ⅰ类或Ⅱ类）；(c) 确定使用证实或证伪的标准来评价观测，那么我认为，通过对行为假设的所有检验，结合对假设模型和对行为假设的至少一个反例的联合检验，经济学中的反驳在原则上是可能的，尽管这是有条件

的反驳。①

9.5.4 概率论方法与本章提出的问题无关

到目前为止，我仍然没有提到概率论的内容。许多读者可能会感到不太适应，因为他们认为概率论对于从不精确观测（即随机模型）中得出结论而言是必不可少的。虽然经济学使用概率论方法［例如，Haavelmo（1944）］似乎解决了一些问题，但它往往掩盖了界定当前方法论问题的逻辑结构。如果使用概率论术语来讨论问题，我们不能说观测误差可能高达10%，而应当说当重复进行第三次观测时，假定这种观测的可能误差服从某种分布（通常我们会在适当的时候将其与高斯"正态分布"相联系，但这样是不是一个充分的或恰当的描述，则是下一章将要讨论的问题）。如果假设观测的平均值可以代表真实的观测值，那么这个分布的形式化的数学性质可以用来计算观测结果中超过5%的观测值不正确的概率。为此，通过错误地接受一个拟合，人们为具有潜在危害的计算提供了便利。如果没有理由假定误差是正态分布的，或者如果想了解独立于模型和检验过程的观测过程，那么如何规定某些特定概率的假设可能是一个主要的困难。我不确定推动经济学使用概率论方法的重要原因是不是它们可以为选择证实或证伪的标准提供形式化的基础，因为每当必要的主观内容被形式化时，有些人就会感觉好一些。

尽管如此，在收益和费用的评估都没有问题的实际情况中（同时没有独立的方法来评估观测的精确性），用给定的概率分布描述误差的意义非常重大。但是，如果我们不了解误差分布，那么就有可能会出现更多的问题，而不是需要回答更多的问题［参见 Swamy, Conway, and von zur Muehlen（1985）；另见

---

① 几年前，我的一些博士生把这种方法简单地应用在经济学检验之中。在他们重新检验已经发表的主流经济理论文献时，得出的一个最明显的结论是：公开发表的结果几乎都不是与确定性类型相对应，而是与无效的类型相对应。关于这种检验方法及其应用的另一种解释，请参见 Robert Bennett（1981）；Chris Jensen, Sham Kamath, and Robert Bennett（1987）。

Spanos（2010）］。我认为，为了理解在观测中出现误差时得出结论的困难程度，最好不要把随机理论模型和理论概率模型混为一谈。正如我在本节中一直想表达的那样，为了避免出现杜赫姆-奎恩问题，不一定要使用概率论方法来检验随机模型，当然，除非被检验的行为假设本身就是一种概率表述。

第10章 利用实证数据对模型进行可信检验的统计充分性

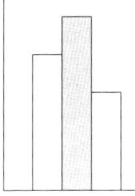

"如果线性回归方程的整个假设都是错误的,那么回归系数的显著性检验还有什么作用呢?"这正是我们已经探讨过的一类问题。

特里夫·哈维默(Trygve Haavelmo,1944,p. 66)

如果既不了解统计检验对所研究问题备选假设的作用,也不了解用于评估数据与初始假设不一致程度的某种度量指标,那么形式化的统计检验就无法提供信息。

通过证伪理论并对理论加以改进,科学得以发展。不过,对于以过度识别约束条件为基础的假设进行证伪在以下两个方面没有任何启发性。第一,无论理论失败的原因是其逻辑结构的问题,还是在其检验中使用额外假设的结果,证伪都没有提供什么见解……虽然"数据挖掘"在原理上可以探讨一系列可能的假设,但这类"数据挖掘"通常被那些支持实证方法的人所批评。

拉里·萨默斯(Larry Summers,1991,p. 135)

如果计量经济学教科书能够对哈维默的一些重要方法论给予必要的关注,那么导致大量不可信证据的方法论问题就可能避免。

阿里斯·斯帕诺斯(Aris Spanos,2011,§ 4.3)

第9章主要讲述用于精确的、奇异观测检验的逻辑问题。虽然我对不得不使用并不精确的随机数据也提出了质疑,但本章中的主要内容是使用统计数据进行计量经济学检验。不过,请记住,基本的逻辑问题仍然如影相随——它常常以令人信服的统计检验形式出现——特别是由必须增加的额外假设而导致的模糊性问题。

本章将介绍一种不同的模型类型,该模型是根据已有数据的性质进行建模。第9章的分析曾指出,要进行实证检验,必须尽可能多地了解数据。与我利用奇异观测的例子不同的是,在实证经济学中,已有数据常常是非实验统计数据。在经济学中使用统计数据(用于预测或检验)的一个主要障碍是,人们必须描述(即构建)一个统计模型,模型通过作出与数据性质相符的假设来确定最佳估计量,也就是说,需要运用统计方法(捕捉数据中统计信息的方法)进行预测或检验。但我们对这些数据误差的特殊性质又了解多少呢?

不幸的是,对于非实验数据,我们知之甚少,我们无法了解不同类型误差的概率结构。误差既有可能是简单的测量误差,也有可能是抽样误差。然而,对于实验数据,为体现误差的白噪声,我们可以通过实验设计来抵消其他影响。这样,我们面临的问题就变成了:样本数据都是正态分布的吗?样本数据误差的均值和方差都是固定的吗?数据的产生都是完全独立且相同的吗?如果使用的方法需要正态分布的误差,但数据本身不是正态分布的,再或者,数据不是独立同分布的[①],那么,我们不得不指出,任何统计模型或估计方法,比如带有正态、独立同分布误差的经典线性回归模型,这种情况下的预测和检验在统计上都是不充分的,因为这些数据并不满足这种回归的条件。

必须考虑解决的问题通常是:当与数据有关的统计模型的假定被错误描述时(比如模型中的某些假设是错误的),我们应该怎么办?今天,似乎有两种基本的方法来回答这个问题。一种方法是修正统计推断过程,以使其"更加稳健";另一种方法是尽力掌握数据背后随机过程的概率结构,因为这些数据会导

[①] 这里的同分布是指均值和方差保持不变。

致人们选择不恰当的初始假设。

10.1 具备"稳健"统计估计的检验目的

由于研究人员无法确切地知道用于判断选择估计量的假设能否成立，因此，为了保护估计量免受这类假设的干扰，可以使用一个不是"最佳"的但却是对这类假设的干扰并不敏感的估计量。这样的估计量被称作稳健估计量。

彼得·肯尼迪（Peter Kennedy，2008，p.345）

自20世纪50年代初以来，著名的计量经济学期刊都过度推崇和发表了各种估计方法以及与这些方法相关的渐近理论，使用这种理论的依据是数学假设的方便性，而这些假设往往是不可检验的。即使在某些假设是可检验的情况下，也很少有人根据数据再审查假设。

阿里斯·斯帕诺斯（Aris Spanos，2011，§4.1）

为了与前几章的讨论保持一致，我将继续重点关注"森林"而不是"树木"，而有关稳健估计或非参数的技术问题可查阅计量经济学教科书〔如Kennedy（2008，chapter 21）；Mittelhammer et al.（2000，chapter 15）；Moore，McGabe，and Craig（2012，chapter 15）〕，尽管有时为了讨论"森林"，考察"树木"也是必要的。非正态分布的误差并没有被看成是由观测中出现的人为误差或机械误差造成的，但人们认为误差"污染"了数据。对于这种情况，可以使用未受污染的数据——根据肯尼迪的观点，使用一个稳健估计量的目的就是为了使结论对数据生成的一个或多个假设的干扰并不敏感，特别地，设计出的稳健估计量往往可以免于受到若干生成不可靠估计量的假设的影响。

当观测误差或测量误差被正确地描述为正态分布时，经典线性回归模型（CLR，classical linear regression）的普通最小二乘法（OLS，ordinary least squares）估计量通常被认为是所有无偏估计量中最好的，而所有无偏估计量都是完全有效的——这意味着OLS估计量在所有可能的估计量中方差最小。[1] 如果误差假设是错误的，比如不是正态分布，那么只有OLS估计量是最好的线性估计量和无偏估计量。如果误差分布经常出现较大的误差（如"厚尾"分布），那么我们提出的线性要求可能高于实际的情况。虽然OLS估计量是最好的线性无偏估计量（BLUE，best linear unbiased estimator），但它并没有像被称为"稳健估计量"的非线性估计量那样好，尤其是当误差分布呈现出厚尾分布时（Kennedy，2008，p. 346）。

10.1.1 处理厚尾误差分布

一般情况下，对于一个"厚尾"分布，人们会寻找"异常值"，即不符合其他观测所满足模式的误差相当大的观测值[2]，而我们也不能用OLS估计量来确定这种模式（Kennedy，2008，p. 346）。识别异常值的依据是，它们会夸大OLS估计值。值得注意的是，就异常值的出现而言，较大的观测误差只是产生异常值的两个可能原因之一。另一个原因则可能只是观测变量本身偏离了观测模式。这样的偏差也许传递出一些值得注意的信息，即这两种异常值都可被认

---

[1] 也就是说，从"树木"的角度来看，它们符合最大似然估计量（MLE，maximum likelihood estimators）。高斯-马尔可夫（G-M，Gauss-Markov）定理——CLR模型中的OLS估计量是最好的线性无偏估计量（BLUE）——没有引用正态性，因此不具备正态性的OLS估计量是最好的线性无偏估计量。也就是说，在线性估计量和无偏估计量中，它们的方差最小，而且也是相对（不是完全）有效的。当结果取决于估计量的线性时，G-M定理实际上并无作用，而当没有人关注估计量良好性质中的线性性质时，这种说法显然是一个托词，因此，如果系数为零，则不能用G-M定理去做任何可靠的推断，甚至是检验[请参见 Spanos（1999，chapter 13）]。

[2] 对一种分布来讲，某个观测值被认为是异常值，但对于另一种分布来讲，它可能是完全正常的。因此，要深入"树木"之中，就需要对来自真正的厚尾分布（柯西分布）的观测与来自任何一种错误类型的分布，如学生t分布的观测加以区分。这两种情况下的修正措施完全不同。如果总体分布是非正态的，如学生t分布，那么更稳健的估计量会简单地把关键的数据信息抛到一边，从而导致不可靠的推断。有关这个内容，请参见 Spanos（1995a）。

为是"有影响力的观测值"(Kennedy，2008，p. 346)。这些有影响力的观测值可能表明需要修改对统计模型的描述，因此，确定它们是否可能是人为误差（如错误输入的数据）导致的结果非常重要。但是，它们也可能是由于一些特殊事件引起的，正是这些特殊事件才使得人们考虑对正在检验的理论或模型进行修改，目的是可以接受这样的观测值。[①]

10.1.2 稳健估计量的类型

我曾经的同事、已故的彼得·肯尼迪提出了5种常用的稳健估计量（Kennedy，2008，pp. 247-8）：(1)M-估计量（即最大似然估计量），其权重与OLS不同；(2) 自适应估计量，它们通过"隐性地假定由于非正态分布的误差而不是由于数据污染"造成的异常值来观察分布（Kennedy，2008，p. 348）；(3) L-估计量，它们包括"样本次序统计量的线性组合"，如回归分位数（Kennedy，2008，p. 348）；(4) 修剪的最小二乘法，它们舍弃了一些观测值；(5) 有界影响估计量，"它们用于限制或界定异常观测值对系数估计的影响。通过定义'影响'和选择一个边界来使用这类估计量。"（Kennedy，2008，p. 348）

10.1.3 异常值的处理与"有影响的"非实验观测值

当使用的数据是非实验观测数据时，就有必要花费大量的精力处理稳健统计量和估计量。显然，进行受控实验的一个主要目的是产生易于构建成为正态分布模型的数据，从而符合古典统计方法。如果要处理可能的异常值或有影响的观测值时，也许应该检验存在误差的非正态性，也就是对观测数据的统计模型是否存在错误的描述进行检验。10.2节将详细讨论对统计模型的错误描述进行检验的有关内容，不过，是以肯尼迪的观点来考察的（Kennedy，2008，

[①] 可以说，偏离统计模型的假设应该被视为一种幸事，而不是一种麻烦事，因为它们向建模者发出信号，即数据中可能有更多的系统信息，当利用这些信息时，可以大大改进所有的推断，也就是能够使这些推断更加可靠和准确。

p.353）：

> 所有寻找异常值和有影响力的观测值的方法……都包括审查汇总统计数据；一个常见的方法是利用图形来审查数据本身。数值汇总关注的是期望值，而图形汇总侧重的是异常值。

但并不是每个人都认为我们应该把它看作是稳健估计的一个组成部分。

10.2　非实验数据的统计充分性

> 结合误差的统计学观点，实验经济学让数据更接近理论的努力旨在弥补理论与数据之间的鸿沟，它使用的不是观测数据，而是在"受控"条件下产生的实验数据，以便与经济理论所设定的条件紧密对应。这些数据可用于评价经济行为的理论预测。也就是说，从数据角度看，结构（可估计的）模型往往比观测数据更接近理论模型。尽管结构模型和观测数据之间存在着重要的差异，但为了更好地了解经济现象，经济学中实验数据的统计建模也提出了与观测数据相同的随机性和可靠性问题，其中的重点问题就是这种差异性。
>
> 阿里斯·斯帕诺斯（Aris Spanos，2010a，p.220）

人们可能容易理解模型实验设计的主要目的是产生实证数据，并在此基础上应用古典统计方法——具体而言，选用的方法一般要求数据呈正态分布，数据样本独立，并具有不变的均值和方差。不过，非实验数据可能不那么容易被统计方法接受，因为人们不能确保这种数据是正态且独立同分布的。

考察已有（观测）数据的基本方法有两种。一种方法是，首先构建一个模型，然后再用观测数据进行检验，理论模型和实证模型的构建者几乎把这个过程视为建模的固定过程。我在第 9 章中指出了这种方法的不足之处，即除了内生变量和外生变量列表中包含（或不包含）的数据之外，建模者几乎很少知道还需要使用何种数据来检验他们的模型。另一种方法是今天的一些计量经济学理论家［例如 Hendry（2011）；Spanos（1995a，2010b）］所考虑的，在利用这些数据对模型或行为假设进行检验之前，或者至少在考虑使用已有数据之前，也应该对这些数据构建统计模型。使用后一种方法的理论家从一种未知的、独立的数据生成机制产生数据的角度出发，将我们的模型和理论应用于该机制[①]——也就是说，实证模型及其相关统计模型被认为是对实际生成机制产生的数据的某种约束。[②] 对各种模型充分性的评定差别很大，当能够证明有关数据是由一个统计模型产生时，该统计模型就是充分的。统计充分性是使用可靠的统计推断过程——实际的误差概率与假设的误差概率非常接近——所必须付出的代价。理论或实证模型的充分性是指计量经济学理论家阿里斯·斯帕诺斯常说的"实质性的"充分性，即所讨论的理论或实证模型是否真正解释（或描述）了人们感兴趣的现象——或者（斯帕诺斯可能不会这么说）模型是否真实。考虑到统计充分性的研究视角，这里的关键问题是，在利用数据检验自己的理论或模型之前，我们对这些数据究竟了解多少呢？如果希望使用这些数据进行可信又可靠的检验，那么我们至少需要清楚，数据会引发什么类型的统计错误。尤其需要知道，假定的统计模型相对于数据而言是充分的，可以保证任何理论或实证模型进行计量经济检验的可靠性。

正如上一节所讨论的那样，一些计量经济学家认为，任何偏离无误差正态分布样本数据的偏差都需要修正，从而使推断过程更加"稳健"。批评者则反驳

[①] 再一次，从"树木"的角度来看，这些理论家区分了实际数据的生成机制和统计数据的生成机制。前者是指实证模型解释或代表的感兴趣现象背后的实际机制。后者直接建立在（向量）随机过程的基础上，通过假定的概率结构，使数据成为数据自身的典型实现。通过统计模型的参数化，将这两种机制联系起来，从而对实证模型实施参数化嵌套。

[②] 一些计量经济学家喜欢把实证模型看作是对可观测数据的一系列限制。也就是说，模型的每个方程都描述了数据的生成方式。

说，使用这种"稳健的"推断过程进行的检验可能让一些人觉得既不可信，也不可靠。当统计模型的假设出现偏差，并且统计模型对这些偏差并不敏感时，可以认为推断过程（例如，一个估计量或一个检验）对这些偏差是稳健的，也就是说，该模型的相关误差概率并不比正确描述情况下最优建模过程出现的误差概率低。

因此，为了提出"稳健的"推断，我们先来看看修正统计模型的主要替代方法。具体来说，我将回顾斯帕诺斯（Spanos, 1995a）的一些相关工作，因为他提出了一种很有前景的备选方案，以替代教科书中对描述错误的统计模型进行修正的方法，从而使统计推断具有"稳健性"。

10.2.1　处理描述错误的统计模型

由于理论对实证证据的无效性而放弃理论的做法很少见。彼此相悖的理论似乎可以和谐地共存，因为相关的实证证据还不足以让人们在它们之间作出取舍……

使用更适合实验数据的某种方法去分析观测（非实验）数据会出现一些问题，其中最主要的问题是：

（a）理论模型与已有数据信息之间的差距。

（b）为确保规定的概率假设适合已有数据而产生的统计模型的描述和统计充分性要求之间的问题。

理论在很大程度上取决于受控实验中其他条件保持不变的假设，可是已有数据常常来自一个连续的、不受控制的市场过程。利用附加在理论模型上的白噪声误差项，上述差距使人们对统计模型描述的准确性产生了严重的怀疑。这种方法常常会生成统计描述错误的模型，因而这些模型无法作为理论检验的可靠基础。

阿里斯·斯帕诺斯（Aris Spanos, 1995a, pp. 189-90）

我们必须记住，一定要清楚区分观测数据与统计模型产生的数据有何不同。例如，统计模型能够假定相关数据可以实现一个正态且独立同分布的随机过程。任何偏离这一过程的行为都会引发错误描述导致的误差，从而使理论或实证模型的检验失效。为了重新描述模型，人们可能不需要通过修改造成误差的某些假设，也不需要通过选择对特定偏差不敏感的推断过程来修正统计模型，而是如前一节所述，可能首先需要了解误差的范围，借以阐明与原始统计模型假设的任何偏离。使用重新描述的数据模型可以对正在接受检验的理论模型或实证模型进行更加可靠和更具决定性的检验。在重新描述模型之前，我把大卫·亨德利（David Hendry，2011，p.117）所谓的"数据生成过程"改称为"数据生成机制"，该机制可以说明模型的假设对于已有数据在哪些方面是错误的。

第9章中曾简要指出，每个模型的构建都或隐性或显性地从内生变量和外生变量的列表开始（列表不包括任何参数或系数，因为它们是构成模型结构假设的属性[①]）。在考虑变量之间的假定关系之前——我们可以在这个时刻构建统计模型或数据生成机制，其中包含列表中所有假定的观测变量。批评人士可能会声称，这个阶段的数据研究相当于"数据挖掘"（Lovell，1983；Chatfield，1995），因此易于受到"事前检验前偏差"的影响（Kennedy，2008，pp.205，210）。"数据挖掘"和"检验前偏差"都是可能的但又都不是必要的结果，10.3节将讨论它们。毕竟，没有什么能够阻止独立于数据而单独开发的模型，就像本书第1部分理论模型讨论中常见的做法那样。现在，我们只考虑人们对可用非实验数据的一般预期。

10.2.2 观测数据的教科书观点

教科书中关于观测数据的观点通常始于古典统计学的假设，制定这些假设是为了处理实验产生的数据。我已经做过声明，假设生成的实验数据可以保证

[①] 否则，参数或系数就应该被当作外生变量或内生变量。

数据样本通常是正态且独立同分布的。如果讨论的是实验经济学，这个假设至少是合理的；而如果数据不是如此分布，那也只能说明实验设计出了问题。显然，这样的判断对于希望解释非实验数据的建模者来说并非人人皆知。如果希望利用观测数据来检验一个理论或模型，而不管这些数据是实验数据还是非实验数据，那么他们这样的判断就特别重要。

正如我在第9章中所讨论的那样，关于数据如何产生的有限知识——特别是当使用奇异观测来检验模型时——限制了人们从这种检验结果中得出可靠的结论。如果一个人拒绝尝试对收集到的数据进行任何"修正"以使数据"更加稳健"的方法，那么人们该做些什么来让检验结果比坚持教科书中数据观点的检验更加可靠呢？首先，需要明确可用数据是如何偏离教科书观点的。

10.2.3 明确数据生成模型是如何被错误描述的

一般地，从"森林"而不是"树木"的角度来看，明确数据如何偏离教科书中最初的假定是一个逐项检验的问题。但是，在评价与教科书中数据的初始观点有什么偏差之前，需要提前对假定的数据生成机制进行描述。在这个初始模型中，通过分析数据来检验这个数据模型的假设——斯帕诺斯（Spanos，1995a，pp. 211-212)提供了一些正态自回归模型的例子。肯尼迪也认为，在某些情况下，这就是一个考察数据分布图的过程。斯帕诺斯（Spanos，1999，2010b）给出了许多例子，通过分析数据分布图以明确生成的数据与教科书假设的偏离程度。斯帕诺斯认为（Spanos，1995a，p.209），当我们对一个统计模型制定假设时，重要的工作不是在数据中寻找理论，而是寻找"概率模式"。因此（Spanos，1995a，p.209），

他强烈建议建模者分析数据分布图，以避免对统计规律做徒劳的寻找。假设观测数据由随机变量产生，而详细描述统计模型的基础主要是这些观测数据的概率结构。

我在第9章中讨论过，若用奇异观测值可接受的误差来检验模型或其反例，人们需要划定一条界线，超过这条线，观测值的类型就被认为是可接受或不可接受的证实或证伪。在考察统计数据的分布图时，也可以对这些分布图做出类似的界定。

10.2.4　重新定义一个被错误描述的数据生成机制模型

> 与统计模型假设偏离的情况被认为是一件幸事，而不是一件麻烦事，因为偏离意味着存在更多的系统信息，这些信息可改善统计汇总的合理性。从这个意义上讲，稳健估计量是一个对数据系统信息不敏感的估计量，使用这样的估计量可不是一件幸事，而是一件麻烦事……对错误描述的一个处理方法是：为解释前一个模型忽略的系统信息，可以重新定义统计模型的描述，而不是"掩盖"问题的存在。
>
> 阿里斯·斯帕诺斯（Aris Spanos, 1995a, p.214）

一个错误描述的检验会导致拒绝数据生成机制初始假定模型的一个或多个假设，这表明在数据中存在比最初假设更系统，因而也更有价值的"概率"信息。如果希望使用数据生成机制模型得出的相关非实验数据来进行一个可靠的检验，那么需要重新定义整个模型（而不是单个假设）以便解释数据中的这种信息。尤其是，斯帕诺斯（Spanos, 1995a, p.209）特别指出：

> "概率信息"这个概念赋予了由理论负责解释的"数据系统信息"在概念操作上的意义。当选择（假定）一个统计模型时，其理念就是充分汇总数据中的概率信息。

同样地，对明显的概率信息的逐项检验也需要重新定义，因为这样的概率信息反映了相关数据如何与教科书中进行检验的概率假设进行区分。

斯帕诺斯（Spanos, 2010b, pp.1446-51）给出的几个例子说明了一个利用典型凯恩斯消费函数的非实验数据如何对数据生成机制模型进行重新定义。

而且被重新定义的数据生成机制模型的假设仅仅与相关数据的概率结构有关，并没有借助可用于解释数据的某个理论的"任何实质性信息"（Spanos，2010b，p.1445）。

一旦明确了数据生成机制模型足以表达相关数据的统计充分性，就可以使用这些数据去检验我们感兴趣的任何理论或模型。斯帕诺斯补充道（Spanos，1995a，p.215）：

> 统计模型只是为了方便数据的汇总，模型是专门针对数据的，但缺少一个直观的理论解释。另外，为了使理论模型更具一般性，模型不应该只对数据负责。因此，我们利用多重参数化/多重约束完成了从统计模型到理论模型的过渡。我们对统计模型添加的约束越多，理论模型的信息量就越大，对数据的针对性也就越差。

上述检验无论对于教科书中的奈曼-皮尔逊（Neyman-Pearson）"零假设"的检验，还是对于第9章中介绍的检验逻辑，都是可行的。在这两种情况下，重新定义的数据生成机制模型都把数据用于零假设和备选假设，与奇异观测被应用于待检验模型和隐含的反例一样。

本章的一个特别之处在于，这里讨论的是统计数据的使用，因此必须为重新定义的统计模型确定合理的计量经济学方法。实际上，"是否接受或拒绝理论模型的决定取决于模型添加在具有统计充分性的汇总上的约束能否被数据接受"（Spanos，1995a，p.215）。这里的检验对可观测的统计数据来讲是一种约束。不过，与第9章中的讨论一样，由于奈曼-皮尔逊检验仅与零假设有关，即拒绝零假设通常并不表示接受备选假设，两个假设都必须使用相同的数据进行检验。然而，根据斯帕诺斯的观点，本章另外一个重要的特别之处则是，相比于传统的奈曼-皮尔逊框架，"在目前的背景下，备选假设是统计模型，它具备数据的可接受性。事实上，后者（备选假设）的统计充分性确保了检验的有效性。"[Spanos，1995a，p.215；另见Spanos（1995b）]。

10.3 数据挖掘和事前检验偏差

> 如果事前检验估计量不能利用正确的描述来满足OLS估计量的性质，则称为事前检验偏差……事前检验偏差现象最显著的意义出现在计量经济学家进行序贯检验或"逐步"检验的过程中（有时称为"数据挖掘"），在这种过程中需要检验大量不同的假设，目的是从一个较大的潜在自变量集合中形成一个相对较小的自变量集合，前者会大大增加采用一个错误自变量集合的可能性。计算机的出现更是加大了这个可能性……发生事前检验偏差现象的一个直接结论是，研究人员不应该使用相同的样本证据既提出假设，然后又去检验这个假设。
>
> 彼得·肯尼迪（Peter Kennedy，2008，pp. 205，210）

17世纪以来，对于数据挖掘的批评性言论就一直存在，当时的哲学家弗朗西斯·培根发现，人们选择数据的目的仅仅是为了证明他们最偏爱的理论主张是正确的。他认为实际上需要让事实自己说话——也就是说，人们应该不带偏见地收集观测结果（在检验之前），然后利用这些观测结果从逻辑上归纳出我们的理论主张。这显然应该是一个明智的策略，但有一种情况除外，即：如果想要我们的理论主张毫无例外地被证明是正确的（概率为1.00）[①]，那么肯定不存在实现这一点的逻辑。人们常常不得不猜想一个解释性假设，如果这个假设是

[①] 不幸的是，正如我在前面所提到的那样，经济学家经常把一个论证（或推断）称为"归纳"，仅仅是因为论证包括了观测数据。这种错误可能来自一种观念，即归纳和演绎的逻辑形式是相似的［更多内容请参见Sugden（1998）］，但问题是，如果人们希望有一种与归纳逻辑对应的肯定前件式（modus ponnens）方法，也就是我在第8章和第9章中讨论的方法，那么这个希望注定会落空。它也可能基于一个错误的观念，即演绎论证从不使用观测数据。

正确的，那么它借助可观测数据，能够推断出正确的解释性陈述——也就是说，与观测数据完全对应的陈述。这只是我们所说的对观测或观测规律的解释，而对于异常情况，还需要做额外的解释。

10.3.1 描述错误的检验和事前检验偏差

第 9 章讨论的是对推测性行为假设或模型进行检验的逻辑，其中包含描述错误的检验和事前检验偏差，与第 9 章不同，本章采用斯帕诺斯方法把数据生成机制模型与对模型或假设的检验分开考察。正是由于这个原因，批评者或者把他的检验方法看成是数据挖掘，或者认为他的方法受到了事前检验偏差的影响。

斯帕诺斯（Spanos，2012，pp.374-5）给出了为什么这种批评并非正确的一些解释。他认为错误描述的检验正在被错误解读成"对一个决策理论的评估问题进行重新定义而已"（Spanos，2012，p.374）。当一个描述错误的检验选择了备选假设而不是零假设时，该推理就隐含地假定备选假设在统计上是充分的，而由此将出现的一个逻辑错误在第 9 章中讨论过——证伪零假设并不能证实备选假设。类似地，如果选择了零假设，那么就假定该零假设在统计上也是充分的。鉴于此，斯帕诺斯（Spanos，2012，pp.375-6）建议，"与其设计方法来规避拒绝或接受（逻辑的）谬误，倒不如想办法避免在描述错误的检验中出现的错误推理"，

> 事前检验偏差论证通过重新定义初始问题而将这些谬误……形式化……并且评估……那些与错误推断所选模型在统计上毫无关联的风险。对事前检验偏差的指责是错误的，因为它把模型验证错误地描述为无论如何都要在可能出现的两种模型之间进行的选择。

10.3.2 描述错误的检验与数据挖掘

具有讽刺意味的是，数据挖掘过程最有可能产生令人印象深刻的回归

结果（就常规标准而言），但就回归结果对生成所研究数据的基本过程而言，它也可能是最具误导性的……数据挖掘是不可避免的；应用计量经济学家的技巧就是既要接受数据驱动理论，同时又要避免数据挖掘本身固有的巨大危险。

彼得·肯尼迪（Peter Kennedy，2008，pp. 84-5，365）

斯帕诺斯建议应该提前构建一个适应相关数据的数据生成机制模型，而与之不同的是，我们的方法则遵循了典型的实证模型构建方法，即首先构建理论模型，然后让数据按照计量经济学方法估计该理论模型的参数值。当然，有时候这会产生带有错误标识的估计值，或者产生某个特定问题变量的无关紧要的系数，或者可能只是表明某些关键假设是错误的可能性非常之大。假如这些情况都发生了，我们该怎么应对呢？

一般地，建模者可能会尝试不同的估计方法，或者可能会尝试数据的不同子集，直至找到一个产生更接近预期结果的子集。这种处理意外结果的做法有时被称为"修正错误"的方法，该方法通过修正模型的假设来估计初始理论模型中的许多随机变量。并希望这些修正后的模型之一能够克服原始估计（未修正）模型的不足。在尝试了几次修正和/或几个不同的数据子集之后，我们应该可以挑选出一个修正过的模型或数据的特定子集，从而得到"最佳"的结果。但是，斯帕诺斯（Spanos，2012，p. 381）也指出，

> 当尝试使用这种具有统计意义的"修正错误"的方法时，人们应该关注估计变量的"理论意义"，并在统计性和实质性都可合理化的内容基础上选择这些变量。人们普遍认为，正是这些"修正错误"的策略形成了有问题的数据挖掘。

显然，人们坚持在各种不同的理论模型中进行探索，直到根据相关数据找到了"最佳"的模型结果，这一过程往好里说是有问题的，它当然不可能具有检验模型的意义。如果人们尝试使用不同方法的估计量（如普通最小二乘法、

广义最小二乘法、工具变量、广义矩阵法、非参数法等），以此希望能够为数据生成机制中各种假设的每个偏差都找到一个"最优"估计量，那么就很容易对异常偏差做出错误的诊断，于是，对描述错误的假设进行的"临时修正"会恶化（而不是改善）推断的可靠性（Spanos，2012，p.382）。这种"错误修正"常常以另一个错误描述的数据生成机制模型的出现而结束。此外，作为估计模型系数的基础，这种修正对于选定的任何理论模型的理论意义都给出了不可靠的推断。对于他所推荐的检验方法，斯帕诺斯（Spanos，2012，p.382）补充说，

> 由于建模者在无意中恶化了"修正错误"所产生的证据整体上的可信度，这种策略的每一步……都会导致更深一步的错误，从而忽略现有的错误。此外，建模者通过保留系统组件来"保留理论"的做法可能忽略了同样甚至更好地适合相同数据的其他理论。由于过分关注"修正错误"的策略，教科书忽略了系统组件可能被错误描述的情况。同时，统计模型并不完美的描述……也不利于保障统计的充分性。这应该与可靠的"数据挖掘"形成对比，比如使用图形技术和（错误描述的）检验……它们可以提高所得推断的可靠性。

特别是，他的检验方法表明，一旦发现数据生成机制原始模型的假设中存在着偏差，我们就不应该像教科书中"修正错误"那样使用实际的误差概率，"而是应该重新定义原始模型，并在这个重新定义的模型基础之上构建一个全新的最优推断过程。"（Spanos，2012，p.383）

10.4 要点总结

本章的主要观点十分简单：就可信的检验逻辑（如第9章所述）而言，斯

帕诺斯提倡的方法完全符合这种要求。它与一般意义上的数据挖掘无关，因为数据分析与我们希望检验的模型或其反例是分开进行的。它也不涉及数据的重复使用，因为模型及其反例是分开检验的，尽管模型及其反例使用的数据与用于逻辑检验的数据相同。

当使用这些假设对行为假设或模型进行检验时，务必牢记，如果一个人实事求是地对待自己的检验结果，那么他就不会想去修正模型，而是在模型出现错误的时候立刻拒绝它。若理论的一个模型没有通过检验，则需要返回"模型设计"阶段，从头再来，重新思考该模型构成假设的实质性内容。当然，有些读者会认为这种观点过于哲学化而不予理会。然而，恰恰是由于这样的情况，我将在下一章中讨论构建经济学模型中的一些哲学因素。

第4部分 方法论的考虑

第11章
科学哲学视角下的模型构建

我们把经济理论看作是一系列的概念模型，这些模型往往以简化的形式来表达现实世界中纷繁复杂的不同方面……每个模型都由一系列的假设定义而成，建模过程从假设开始，直至假设的含义能够恰如其分地表达现实世界中的各个方面而结束。由于考虑到这些模型可能是未来更现实、更复杂的后续模型的原型，所以关于这些相对简单模型的研究不会因其非现实性的缺陷而受到指责。

特亚林·库普曼斯（Tjalling Koopmans，1957，pp.142-3）

数学建模可以被视为一种认知载体、一种获取经济世界知识的实用推理模式，并确实有助于驱散遮蔽历史视线的阴云。它向我们揭示了19世纪后期，在不同的经济学推理中，有两种数学方法几乎并行发展：一种是数学假说及证明的方法，另一种是利用数学模型进行假设建模的方法。

毫无疑问，早期经济学家的建模目的兼具描述性和分析性，但在两次世界大战之后，这两个特性彼此间渐行渐远，也就是说，统计（计量经济学）建模者重点研究理论认知的描述，并用于测量和假设检验；而数学建模者则着眼于已有的概念，推动假说的形成和理论的发展。

玛丽·摩根（Mary Morgan，2012，pp.18，388）

摩根认为，建模已经成为经济科学研究的主要方式（我认为她是正确的），可目前尚不清楚她称之为"理论开发"的具体含义是什么。如果模型是经济学家口中的理论，那么在建模之外还存在一个理论化的阶段吗？通过计量经济学，人们比较容易理解经济学与现实世界的联系。于是可以假定，当摩根著作中的主题——模型——贯穿于计量经济学时，计量经济学就处处"充满着理论"。然而，如果没有某种理由期望模型的属性与现实世界的属性有相似之处，那么模型是如何向计量经济学家提供信息的呢？除非模型能够真正解释现实世界的现象，否则我看不出建模实践的科学价值在哪里。

罗伯特·萨格登（Robert Sugden，2013，p. 113）

1989年，我出版了一本书，书中考察了经济学模型的构建方法，探讨的建模基础是我曾提到的1980年之前的模型观。我在本书的序言和前言中也介绍过一些经济理论学家推崇的1980年之前的模型观，就像本章开头的引文中库普曼斯（Koopmans，1957）的观点。本书第9章讨论过我在1989年的书中关注的是一种普遍观念，即模型可以用来检验行为理论和假设。不过，我也特别指出，自从20世纪50年代开始，几乎所有的经济模型构建者都持有一种共同的哲学观，那就是检验一个模型或理论是否科学的真正标准是它是否"可检验"。如今，几乎所有的方法论学家都认为这是一个值得花费时间研究的问题，以至于现在的可检验性问题仿佛是早期对数学建模在经济学中的应用进行批评的一个历史遗留问题。如前所述，20世纪30年代末的批评者天真地认为，数学模型应该只提供恒真命题。而我在第9章提到过，萨缪尔森1941年的博士论文（Samuelson，1947/65）显然运用了一个清晰的论证回应了那些批评者的错误。

无论保罗·萨缪尔森还是我，都不是为了哲学家的拥护者、也不是为了如今自称哲学家甚至是经济学哲学家的人而执笔。我们注重的是经济模型构建的方法论。[①] 我认为萨缪尔森关注的是直接体现建模的方法论，因此他致力于

[①] 有方法论学家指出，萨缪尔森在表达他对方法论的观点时，从未提及一个哲学家的名字。

理解"森林"中的"树木"。而本书的关注点远没有那么雄心勃勃，因为我主要想了解建模者为什么会如此假设他们所假设的内容。实际上，当涉及模型本身的时候，本书是从"森林"的角度切入的。然而，我的确研究了一些哲学家心目中的"树木"，特别是，当我从实践建模者可能理解的角度讨论检验逻辑问题的时候。不幸的是，这并不是大多数哲学家欣赏的观点。在经济学哲学家感兴趣的方法论问题（所谓的大 M 方法论问题）与经济模型构建者感兴趣的方法论问题（所谓的小 m 方法论问题）之间似乎存在着文化差距，这种差距至少在一定程度上引起了经济模型构建者的兴趣，并决定去处理这种差异。我在本章讨论的是哲学家如何努力理解经济学模型构建中的小 m 方法论问题。

11.1 经济学哲学家认可的模型类型

"经济学家如何使用模型"？从某种意义上来讲，人们很容易回答这个问题：他们利用模型提问题和讲故事！或者更准确地说：他们提出问题，利用模型素材表达一些东西，并在这个过程中讲故事。

玛丽·摩根（Mary Morgan，2012，pp. 217-18）

经济模型用途很多，类型也很多。模型也许是拐杖，也许是教学手段，但不是概念上的创新。此类模型……简化了更一般模型的特征，并使其更加灵活。它们特别有助于说明或评价更一般的模型……因为模型与工程师构建的物理模型很相似，所以"模型"特别适合这种结构。正如我们可以使用比例模型来说明、开发、讲授和检验飞机的特征一样，我们也可以通过特定的模型来说明、开发、讲授和检验理论及一般模型的特点。

丹尼尔·豪斯曼（Daniel Hausman，1992，pp. 80-1）

在关于模型内容及其功能的几个观点中，有一个特殊的观点占据着主导地位。该观点包括以下两个特征：第一，理论、模型和数据之间存在着显著的差别；第二，在模型构建之后进行实证评估。换句话说，发现问题与验证问题的背景并不相关。模型的构建就像在没有配方的情况下烘焙蛋糕。配方包括理论思想、政策观点、周期性的数学处理、隐喻和实证事实。

马赛尔·布曼斯（Marcel Boumans，1999，pp. 66-7）

当然，经济模型的概念并不新鲜。历史上［参见 Morgan（2008，2012）］，人们把今天普遍认为的第一个明确的经济"模型"概念归功于简·丁伯根，在20世纪30年代末，他的宏观经济计量模型最初计划用于拟合已有数据。一旦模型拟合数据，就可以用它来代表一个宏观经济体。不过，在丁伯根的宏观模型出现之前，用某些抽象的对象来表示经济数据或经济观点的想法就已经出现了。其中有些简单的例子，如马歇尔的市场需求和供给曲线，它们在初级经济学课程中仍然存在。一个更近期、更常用的例子是大多数初级宏观经济学教科书中采用的 *IS-LM* 图。还有一个鲜为人知的例子是欧文·费舍尔（Irving Fisher，1892/1925）在19世纪末构建的一个物理学水力模型，并用它来说明一个包含三种商品的经济体的一般均衡系统。他把这个模型看作是一个正在动态运转的实际经济体。

虽然现在的工程师可以在电脑显示器上查看最新的设计工作，但正如本节开始引文中的哲学家丹尼尔·豪斯曼所言，我们能够看到的和感知到的建模工作曾经是工程师利用物理学原始模型从事设计工作的主要活动。如前所述，人们首先构建一个比例模型，然后再进行风洞测试，以检验新设计的飞机机翼或汽车车身的情况。就像构建经济学模型一样，构建比例模型不仅包含设计本身的理论假设，而且需要简化假设。

我在1989年的书中给出了两类一般模型：一类是纯粹模型或抽象模型，它们是对理论模型的一种内在的逻辑表达；另一类是应用模型，它们是一种对更一般理论的显性表达，代表现实世界中的具体问题或情况。根据理论的概念，人们对这两类模型分别进行思考。从 20 世纪 80 年代之后的模型观点来看，目前方法论的区别似乎与第 1 部分和第 2 部分中讨论的理论模型和实证模型相互对应。但必须承认，1980 年之后的经济学家显然认为，理论和模型之间即使存在区别，也相当于没有。此外，正如我在这本书中曾经讨论过的那样，今天的模型无外乎都是某种形式的数学模型，当然也有一些特例，如第 8 章介绍的实验设计也可被看成是一类模型。

当我着手写这本书的时候，我认为 1980 年前后观点之间的区别在于有关经济学模型构成内容的两种不同观点，而且更为明显的是，有关理论构成的内容也存在两种不同的观点。对 1980 年之前的观点而言，理论是可以单独探讨的对象，人们可以把它与其表达方式分开讨论——不管采用的是图表、数学等式、方程组，还是费舍尔的液压机的例子。1980 年之后的观点则认为理论只不过就是模型本身——理论也只是解释模型的众多方式之一。

11.2　科学哲学只与经济模型的构建者有关

根据模型与理论之间的逻辑联系和语义联系来定义模型，是主流的科学哲学中较早采用的方法，而理论是真正的关注焦点……最近的结构主义者把"模型"一词应用到科学理论所描述的逻辑结构中……与理论相关的模型的哲学定义对哲学研究来说是多多益善的，却没有恰当地解释经济学家为什么会使用或需要这些所谓的"模型"。

玛丽·摩根（Mary Morgan, 1998, p.316）

模型本身不是实证应用，但它们具有相同的结构。经济学家通常关心的是理论的开发应用，而不是关心理论本身……他们关心的是特定的、尽管常常是程式化的经济状况。在这些方面，他们更像化学家而不是物理学家。

丹尼尔·豪斯曼（Daniel Hausman，1992，p. 80）

从许多经济学哲学家和方法论学家①的论著中可以看出，现在他们对经济模型和理论的看法与我的著作（Boland，1989）一样仍然停留在20世纪80年代之前。② 当时的人们普遍认为经济学中的模型（可能与自然科学中的作用相反）只不过是为了测量或实证调查而创造的工具或手段［例如，Klein（2001）；Boumans（2001，2005，2012）；Morgan（2001，2012）；Morgan and Morrison（1999）］。当然，这不但包括构建表达假设的模型，其目的是检验该假设（如第9章讨论的内容）；而且包括构建一个理论假设的量化模型，其目的是根据数据可"测量"的参数和系数来表达假设（如在第10章讨论和质疑的内容）。但将理论模型视为工具的观点是非常古老的，比现代经济模型的出现早了近两个世纪。科学哲学家称这种旧观点为"工具主义"。

11.2.1　现代经济学中18世纪的工具主义

在过去的几十年里，经济学建模已经取得了严格论证下的许多有效且明确的结果……通常这些模型假设看起来远没有实际的经济那样精确，而且一些完美竞争模型的乐观结果与我们的经验并不相符……

利用非现实的假设来建模……能够帮助人们了解世界吗？如果我们认为模型能够做到这一点……那么我们可以提出的问题就是：在已经了解一个模型的假设是错误的前提之下，仍将模型应用于实际情况，那么模型会以何种方式帮助我们了解现实世界中的这种情况呢？

阿兰·吉伯德和哈尔·瓦里安（Allan Gibbard and Hal Varian，1978，pp. 664-5）

---

① 详情请参见 Hands（2001，chapter 7）。
② 尽管这种情况似乎正在发生改变［例如，Morgan and Knuuttila（2012）］。

除了指出假设是错误的情况之外，吉伯德和瓦里安并没有解释经济模型究竟是如何帮助人们了解世界的，但他们更加尖锐地提出了一个问题：为什么经济学家长期以来一直使用假设是错误的模型，而且，使用错误假设的时间不是几十年，而是持续了一个多世纪，尽管它们声称自己的目的是希望了解这个世界？

亚历山大·罗森伯格（Alexander Rosenberg，1978，p. 683）

人们常常想知道为什么经济学家会分析那些明知假设是错误的模型，尽管经济学家认为他们从这样的实践中学到了很多东西。我们认为，学术经济学家开创的部分知识的基础是案例，而不是规则。也就是说，经济学家并没有提出应该与数据相对照的一般规则或理论，而是经常分析"理论案例"之类的模型，这些模型通过自身与实际问题之间的类比来理解经济问题。根据这一观点，经济模型、实证数据、实验结果和其他知识素材都是平等的，也就是说，它们都提供了能够与给定问题相比较的案例。

伊扎克·吉尔伯亚、安德鲁·波斯莱维特、拉里·萨缪尔森和大卫·施梅德勒（Itzhak Gilboa, Andrew Postlewaite, Larry Samuelson, and David Schmeidler，2011，Abstract）

第 9 章中提到的工具主义具有悠久的历史，至少可以追溯到 18 世纪初的伯克利主教。[①] 甚至还可以追溯到 17 世纪，当时的贝拉尔米诺主教（Cardinal Bellarmino）建议伽利略把他的日心说看作是一种便捷的工具，而不是一种推测或是数学假设——他是明智的。[②] 但工具主义者的普遍看法是，伯克利主教试图遏制公众对牛顿力学日益增长的兴趣。除此之外，伯克利主教希望解决的问题是，一些哲学家利用牛顿的理论来宣称它（工具）的权威，以证明教会再也没有必要真正地了解天和地。伯克利主张人们应该仅仅把牛顿的理论简单地

---

① 实际上，第 97 页脚注①曾解释了这一点。
② 感谢阿克塞尔·雷因霍夫德提醒我这一点。除此之外，还应该知道贝拉尔米诺主教没有必要成为伯克利那样的工具主义者［参见 Popper（1963，p. 98，note 2）］。

看作是测量和预测行星运动的工具，而无须把它们看作是真理，伯克利甚至认为它们也没有必要与属于教会负责的普遍真理相竞争。

虽然教会的作用似乎不再具有争议，但把经济模型视为工具的观点确实提出了一个类似的问题，即理论或模型是否应该被认为是现实经济的真实表达，或者只是用于衡量现实经济的工具或手段？19 世纪初，约翰·赫歇尔爵士（Sir John Herschel，1830）等著名哲学家认为艾萨克·牛顿的物理学理论是正确的，因为人们认为牛顿的物理学理论是基于观测事实得出的理性归纳，正如弗朗西斯·培根为科学方法所做出的规定那样。18 世纪关于理性力量的信念是隐性的，始终含蓄地建立在牛顿物理学假定的纯粹归纳基础之上。这样的信念导致了极端的观点，这些观点也许是希望所有的知识都可以完全理性地以经验为基础。然而，正如我在第 2 章中解释的那样，哲学家兼经济学家大卫·休谟用一个简单的自我参照问题否定了这一希望：你是如何知道所有的知识都完全以经验为基础的呢？针对"基于经验"这个唯一不变的答案，当然会引出另外一个问题：凭什么知道所有的知识都是来自经验的呢？这必然会导致无限的问答倒退。事实上，对于休谟认识到的培根归纳方法的失效问题，有一个可能的答案是，可以返回到伯克利版本的工具主义，因为它否认了理论或模型必须是真实的才是有用的。

在目前的现代经济学中，人们普遍认可的 18 世纪的工具主义也与米尔顿·弗里德曼的方法论相同，他在其 1953 年的论文中极力推崇这种方法论。在 20 世纪 50—60 年代，弗里德曼方法论的批评者太急于（在思考方式上）否定他的方法论，却似乎没有认识到他的方法论只不过是伯克利工具主义观点的现代版本。我在《经济学文献》（1979）期刊上的一篇文章中列举了人们对弗里德曼论文的各种批评，文中针对其方法论的唯一有效的批评就是，他对批评者的一贯回应就是引用工具主义本身，这样做充其量会产生一个循环辩护，同时，我也认为弗里德曼文章中体现出的睿智至少应该受到质疑。或许换个最好的说法是，弗里德曼的方法论似乎停留在 18 世纪初期。

虽然很少有人公开引用弗里德曼的方法论来证明把模型视为工具情况的合理性，但有一种情况并不少见，即经济学家有意创建或保护用于建模活动的有明显错误的假设。比如，关于经济理论和模型的真实状况，罗伯特·奥曼的观点是（Robert Aumann，1985，pp. 31 - 2，34）：

> 在我看来，科学的理论不应该被认为是"正确的"或是"错误的"。在构建这样一个理论的过程中，我们并不是努力去获得真理，甚至不是去接近真理，而是尝试以一种有效的方法来形成我们自己的思想和观察。
>
> 有一个近似的类比是办公室操作软件中的归档系统，或者是某种复杂的计算机程序。我们并不考虑这样的系统是"真"或是"非真"，而只是谈论它是否"奏效"，或者说，系统运行的效果如何……
>
> 有些哲学完全否认客观真理的存在，但就我的目的而言，这是没有必要的，而且我也不希望坚持这种观点。若把真理的观念应用于观察，则可以说这些内容或那些内容是真正观察到的。真理的观念也可应用于各种日常活动，比如昨天的晚餐是否吃了汉堡。然而，它并不适用于理论。

因此，即使没有提到伯克利或弗里德曼，人们也很容易看出哲学家和方法论学家是如何将模型视为工具的。①

11.2.2 现代经济学与 17 世纪的归纳主义

逻辑实证主义的一个内容就是对科学理论的结构从归纳演绎到假设演绎的转变……根据逻辑实证主义，只有科学理论的演绎结果与它的实证支持有关……采用假设演绎法的一个原因是为了避免历史久远的"归纳问

---

① 从技术上讲，奥曼的观点与今天大多数经济学家的观点一样，是工具主义者和一些哲学家所说的传统主义的混合体。后者只是对理论或假设（也许在很长的时间内）的一个最终归纳证明的坚持，但在此之前，必须承认，我们所能做的最好的工作就是确保它们符合约定俗成的标准——也就是说，按照惯例接受最好的理论或假设。从这个意义上讲，许多经济学哲学家认为工具主义仅仅是约定论的一个极端版本。

题"。这个问题最初由大卫·休谟提出，它是一个有关归纳法合理化的哲学问题。

D. 韦德·汉兹（D. Wade Hands，2001，pp. 84-5）

如今，经济学哲学家不仅不常提到伯克利主教，他们甚至很少提及工具主义本身。相反，大多数人会谈论所谓的假设-演绎法①，并往往认为这种方法是经济学建模实践中的最佳描述——也就是说，用假设来解释观测数据。假设-演绎法与20世纪30年代的科学解释观点大体一致，它被看成是一种避免诉诸工具主义的方法，可以作为17世纪培根归纳主义的一个替代方案，同时也可作为解决经济模型或优越理论的现实性和决策者经济行为的一个替代方案。这种替代方案最常见的做法一般是把概率作为一种可接受的真实状态，而不是声明假设的真实状态毫无意义。

在20世纪40年代，存在着一种略有差异的科学解释法，就是被世人推崇为演绎-律则模型（Deductive-Nomological Model，以下简称D-N模型）的科学解释。它认为解释的基础是所谓已知的覆盖定律，而不仅仅是猜测的假设。不过，就所有的实际用途而言，它们的格式在逻辑上是相同的。

现在的人们必须认识到，经济学建模中的演绎-律则模型和假设-演绎法都是基于1980年之前的模型观和理论观，特别是它们与数据之间的逻辑关系。哲学家们还讨论了这样一个问题：在与数据的关系中，这种理论或模型应该被当作是对数据的解释，还是仅仅是对数据的描述呢？针对这个问题，韦德·汉兹（Wade Hands，2001，p. 85）给出的分析是：

根据古典实证主义和早期的逻辑实证主义，科学理论根本无法做出解释；科学领域是实证观察的领域，科学理论的目的是可靠地描述这些实证观察。科学的常识性观点认为，通过揭示深层次的、潜在的、无法直接观

---

① 常用它来刻画检验过程的逻辑（Guala，2012，p. 601）。

察到的因果机制，科学应该能够"解释"人们在这个世界上所观察到的东西，但这种观点与严格的实证主义观点格格不入。

韦德·汉兹（Wade Hands，2001，p.86）继续阐述：

> 逻辑实证主义者回答科学性的解释问题时，采用的方法是演绎-律则模型（D-N模型）……根据D-N模型，一个特定的观察事件（比如表现出属性为 y 的实体 x）被"解释"为将某个事件纳入某个一般法则之内（比如，若 x 是 z 的一个具体实例，则 z 的所有例子都具备属性 y）。

但是，他接着又指出（Wade Hands，2001，p.87）：

> 就目前的情况来看，虽然D-N模型受到了严厉的批评，但是在科学哲学家群体中，还没有任何一个替代模型获得这么多的支持。D-N模型仍然是科学解释的标准描述，尽管它受到了强烈的批评。

几十年前，从事学术研究的经济学家显然十分精通科学哲学的最新观点，但不用说，如今很少有经济模型构建者发现自己正在从事如此明显的哲学课题，比如今天的哲学家和未来的经济学哲学家[①]正在花费如此多的时间来讨论的这些问题。

11.3 "黑箱"与"透明箱"

实验系统在某种程度上往往是不透明的，因为操作者/实验者在系统中保留了一定程度的自由表达，它将教会我们一些前所未知的东西。这种不透明性可能是对实验结果错误解读的主要来源，它之所以成为这种来源，

---

① 关于推动经济学哲学研究的最新成果，参见 Boland（2013）。

至少是由于两个原因：(1) 因为它可以教会我们一些新的东西……(2) 因为它允许人们将某些系统作为不能完全理解的"黑箱"使用，其前提是，我们确信同样的基本规则（不管它们是什么）将在实施过程中起作用。

弗朗西斯科·瓜拉（Francesco Guala, 2012, p. 611)

如果我们不能肯定自己的行为假设和情景假设是正确的（也就是说，它们发生的概率都不等于1.00），那么应该认真考虑如何解释单个经济人的行为，比如某家公司或某个个体的行为。为了简化处理，现在只考虑一家公司（无论是私人公司还是上市公司）。我们可以一直把这家公司看作是一个"黑箱"——从不透明的意义来看，它是黑色的。在这个意义的基础之上，数据只是来自外部观察或测量的输入和输出，行为假设或建模假设则只与"黑箱"中看不见的内容有关。根据"黑箱"的输入和输出，作为一种解释，模型能够为我们带来什么呢？对于那些无论坚持1980年之前抑或之后的理论观和模型观的人来说，都会提出这个问题。

用模型去解释对象的"黑箱"特征显然需要借助工具主义观点。也就是说，给定这样的特征和观察输入，只要观察到的输出与模型的预测输出相匹配（按照某种可接受的标准），模型的行为假设（或者正如你的观点，它是基本的理论）正确与否（或者正如你的观点，它甚至有可能是正确的）还重要吗？如果你的回答是肯定的，那么你一定也会承认工具主义的局限性。如果你的回答是否定的，那么工具主义是你唯一的备选方案吗？

如果"黑箱"理论不能被接受，那么人们就会需要某种意义上的"透明箱"。实际上，在第8章讨论过，大多数实验经济学和行为经济学的建模者都拒绝"黑箱"理论。第9章和第10章中的讨论则没有明确表示赞同还是拒绝"黑箱"观点。拒绝与否完全取决于如何处理一个表明预测输出与观察输出不匹配的检验。第9章中的一个结论是：反驳更为复杂，因为一个有说服力的反驳要求模型的预测与观测数据不匹配，但它也要求反例的模型与相关的观测数据

（顺便说一句，这样的结论与输入或输出可能有关系，也可能毫无关联）相匹配。在第 10 章（以及局限性更强的第 9 章）中，这是一个建立输入和输出观测数据的充分性问题——也就是说，这取决于我们对数据的了解以及如果数据对"箱"模型检验不充分时我们的对策如何，而不必管它是"黑箱"还是"透明箱"。至于第 1 部分所讨论的模型类型，也即理论模型，出于对建模目的的考虑，实证方法论问题并没有出现在这种模型之中。然而，如果我们真正关心的是可观测数据，那么我在第 9 章特别是第 10 章中讨论的所有内容将完全适用于第 2 部分中的各类实证模型。至于工具主义是一种可接受的哲学立场还是关于"箱"内容的方法论立场，也完全是一种态度问题。所有这一切听起来很像第 5 章中曼昆所说的关于宏观经济学作为科学和宏观经济学作为社会工程学之间的区别，因为后者从本质上讲属于工具主义，而前者不必属于工具主义。但应该指出，任何态度问题和目的问题都可能取决于一些重要的社会学因素，我将在下一章中对此进行讨论。

第 11 章

科学哲学视角下的模型构建

第12章 选择构建模型的方法

宏观经济模型构建者在建模时总会面临诸多选择，尽管太多的北美模型构建者并不了解这些选择。对本来应该清晰认知的选择却毫不知情这种现象出现的原因有很多，但主要有社会学、历史学和方法论等三方面因素。北美研究生很少接受如何选择建模方法的训练。相反，他们被鼓励效仿自己老师的成功建模示例。众所周知，十多年来，经济学思想史这个子学科一直没有被当成经济学研究生教育的重要内容；因此，他们几乎没有机会了解历史上对最好的或最合适的建模方法的辨析。有一个明显的社会学因素就是，新晋教授更需要担心自己的职业生涯，于是他们会选择有助于自己获得晋升或延长任期的建模方法。如今，决定这种晋升或任期的一个标准常常是出版物的数量。因此，如果可以从几种不同的建模方法中进行取舍，那么明智的选择方法显然是（但我们敢说这种建模选择方法是理性的吗？）：在下一个晋升或任期决定之前——或者仅仅是在下一次薪酬决定之前，选择最大限度地增加发表论文数量的方法。对这种缺乏方法论多样性的现象进行批评的人士指出，建模过程中存在着方法论的非现实性问题，尤其是最容易发表的模型往往都无视模型假设的非现实性问题。换句话说，对北美方法的批评者认为，与构建现实模型这一耗费时间的问题相比，人们更愿意把建模的便利性放在第一位。

宏观经济模型就是这样一个很好的例子。最近，一个刚诞生不久的网络杂志（www.Economic-eJournal.org）发表了一期计量经济学专刊，专门讨论各种不同的建模方法。其中包括思想史学家大卫·科兰德和计量经济学理论家阿里斯·斯帕诺斯之间的一场非正式辩论。这场辩论的主题是宏观经济学的两种计量建模方法。一种方法受到了欧洲一些经济学家的推崇；另一种方法则在北美洲盛行。辩论双方的两位参与者给这些方法赋予了不同的名称。科兰德（Colander，2009）有时候称欧洲方法为"一般到特殊的方法"（general-to-specific approach），而在其他时候则称之为"协整向量自回归（CVAR）方法"（参见第 6 章）。他有时候称北美方法为"理论至上的方法"（the theory that comes first），而在其他时候，又会特别指出，这种理论至上的方法是基于"动态随机一般均衡方法"（DSGE）提出的理论，我在第 6 章也对此进行过讨论。斯帕诺斯（Spanos，2009）称北美方法是"理论视角突出"（preeminence of theory perspective）的方法。我采用的是科兰德更具描述性的术语"理论至上的方法"进行陈述。[①]

这些数学建模方法在技术上的差异并不是这里讨论的主题，因为该网络期刊上的辩论提出了更加有趣的问题，其中包括选择建模方法的社会学、历史学和方法论基础，特别是为什么"理论至上的方法"在北美洲占据了主导地位。

12.1 选择建模方法的社会学意义

科兰德在辩论中关注的一个特殊情况是北美经济学家使用的一种特定的计量经济模型构建技术。他提出的问题是：为什么始于欧洲的"一般到特殊的方

[①] 科兰德发现，北美的研究观点已经进入了较多的欧洲大学，因此很多人可能觉得这种区分是人为的，尽管如此，我还是认为，时至今日，这种区分有助于说明许多经济建模初学者所面临的社会学问题——即使在欧洲，该问题也同样存在。

法"没有在北美洲获得广泛的认可，而理论至上的方法却在北美洲占据了主导地位？对此，他给出的解释是，作为一种实证宏观经济学的研究工具，欧洲方法要求研究人员的判断必须成为研究分析的一部分，但这需要花费额外的时间来考察数据（见第10章）。相比之下，北美研究人员则需要更多地关注与职业晋升标准有关的期刊发表数量，这种关注成了既主观又耗时的欧洲研究方法发展的障碍。他还特别指出，"同行盲审制度中固有的判断偏见（Colander，2009，p.5）也是在目前经济学学术制度环境中（在好的期刊上）发表论文或被拒稿的一个主要因素，"因此，"年轻、优秀的经济学家虽然很少具有反思整体经济研究过程的动机，但是他们却有关注狭隘技术问题的强烈动机。"（Colander，2009，pp.6-7）

由此可见，科兰德的讨论属于社会学范畴，因为围绕职业发展的制度环境激励了北美洲理论至上的方法的使用，他声称这加剧了快速而频繁的文章发表。同时，他还指出，任何衡量方法都存在固有的问题，比如出版物的数量；论文评审中的任何衡量方法也都容易受到参与者不当操作的影响，进而无法达到预期的效果。在这种制度环境下，如果北美研究人员采用科兰德所说的欧洲常用方法[①]，那么能够发表的研究成果将非常少。在构建细致的计量经济学模型来解释数据之前，人们需要运用这种从一般到特殊的方法来作出判断，进行深入的研究[②]，以确定这些数据的统计充分性。不过，如果从一般到特殊的欧洲方法在北美洲占据主导地位，那么发表的研究成果数量将不再是一个非常有效的晋升或任期标准，取而代之的则是一个更加主观的标准。但在北美洲，自20世纪60年代以来，人们就不再依靠主观标准。其中一个可能的原因是，20世纪60年代大学规模的迅速扩大和大学数量的快速增长。而大学研究生项目快速发展带来的一个明显后果是，北美经济学家群体规模变得过大，以至于每个人除

[①] 或者至少提倡。
[②] 有关讨论请参见第10章。

了熟悉自己学术圈子里的少数人之外，对其他学术领域的成员知之甚少。甚至有些经济学院规模大到不能指望晋升和任期委员会中的成员能够对每位候选人的工作业绩都了如指掌。虽然推荐信会发挥一些作用，但如果评审人不了解推荐人的情况，他们甚至都很难确定推荐信中的内容是否属实。① 因此，大部分院系都采用了统计出版物数量的方法。但如此一来，效果更糟，因为这意味着重要的判断不是由同行作出的，而是由期刊编辑作出的——不过，这又是另外一个议题了。②

虽然拒绝使用主观标准可能会解决晋升和任期评定中不可靠的问题，但是它似乎又会导致另外一个问题，即科兰德发现的那个问题。在北美体系中，对于某些希望在经济学领域做出一番事业的人来讲，他们的明确目标应该是尽量增加出版物的数量。自20世纪70年代中期以来，人们已经看到了经济学专业出版物供应量激增的现象。这方便了对出版物的大范围统计，为出版事业提供了必要的机会并促进了无处不在的职业主义精神。③ 除此之外，允许博士论文由几篇（可发表的小）论文组成，以及更糟糕的，允许多个作者联名发表同一篇大论文的标准导致了由相同工作产生的出版物数量的增加，于是出现了一个被科兰德称之为"游戏"系统的不当操作，即最大限度地增加出版物的数量，而不管刊发的作品是否符合当前公认的建模方法。但上述这些现象都忽视了一个棘手的情况，即模型假设的真实性问题。

顺便说一句，晋升或任期候选人还应该考虑一个问题，但科兰德在与斯帕诺斯的辩论中没有提到过它，即还有一种晋升或任期标准，也推动着理论至上的方法的使用。也就是说，随着政府机构向北美大学提供的资金越来越少，越来越多的大学依赖于研究经费来支持研究生项目。因此，许多经济学院系不仅

---

① 在这方面，有些大学禁止职位申请者与其他大学的评委或相关人员有任何不道德的个人接触！在我所在的大学里，这适用于所有的任命决定。
② 请参见 Grubel and Boland (1986)。
③ 关于经济学中职业主义的更多信息，请参见博兰德著作中的前言和结束语 (Boland, 1997)。

会考虑晋升候选人发表的文章数量，而且会考虑候选人所拥有的研究经费。除非研究资助机构鼓励使用欧洲的经济学建模方法，否则理论至上的方法可能会在很长一段时间内继续在北美占据主导地位。此外，鉴于在晋升委员会和任期委员会任职的学者同样也是在研究经费的董事会中任职的学者，因此，即使在未来，欧洲方法在北美的发展前景似乎也不会被看好。

12.2 选择建模方法的历史意义

在辩论中，斯帕诺斯与科兰德对建模方法选择的社会学状况进行了分析。斯帕诺斯并不否认理论至上的方法的主导地位，也就是他称之为"理论视角突出"的方法。相反，他认为，这种主导地位的历史早在建模者对个人职业生涯加以关注之前就已经开始了。具体来说，斯帕诺斯的问题是："为什么理论突出的……视角目前主导着美国的实证宏观经济模型？"（Spanos，2009，p.2）他认为，"简单的回答就是，始于大卫·李嘉图（David Ricardo，1817）时代的具有悠久历史的经济学现状一直如此。"此外，他还表示，"可以证明，在过去的两个世纪里（它）一直主导着经济建模的发展。"并且如今，"这种观点背后的一贯智慧是，人们希望构建简单的理想化模型，该模型能够抓住各种相关现象中的某些关键因素，以此来解读各种经济政策。"从这个角度来看，斯帕诺斯认为："数据只起到了从属作用，因为数据通过对模型的量化来实现对模型的举例说明。"而我想用另一种方式来解释这一情况：可以说，大多数北美经济模型构建者把自己的研究方法论都看作是一系列模型的开发（Koopmans，1957，p.142；Weintraub，1979，p.15；Boland，2003，p.228）。因此，在早期阶段提出"简单理想化模型"假设的现实性问题被认为是本末倒置，或者至少是不成熟的。

斯帕诺斯指出，就具有200多年悠久历史的理论视角突出的研究方法而言，它在19世纪和20世纪后期之间的主要区别是统计推断的发展，伴随着20世纪30年代基于费舍尔-奈曼-皮尔逊（Fisher-Neyman-Pearson）模型方法的发展达到了顶峰，统计推断帮助人们阐明了数据在实证建模中的作用，而这种建模方式是约翰·斯图亚特·穆勒（John Stuart Mill）或马歇尔所不知道的。但斯帕诺斯认为，"不幸的是，对经济学而言，费舍尔-奈曼-皮尔逊统计方法中的一些关键因素，甚至是某些统计模型检验的重要因素，并未让该统计方法进入现代计量经济学的范畴，出现这种情况的主要原因是考尔斯委员会文献①在计量经济学建模中巩固了这种理论突出的观点。但我在这里不讨论技术的细节问题。②

对于理论至上的方法的践行者来说，要驳斥那些对基于激励方法的批评，而不是驳斥对科兰德基于现实方法的批评（科兰德认为所有模型在某种程度上都是不现实的），这太容易了。而隐含在欧洲方法中的十分常见的一个简单批评是：在做建模决策时，数据应该同样重要，甚至更重要。他们对该批评的回应是，在建模之前关注数据听起来就像对"缺少理论测量"这种陈旧方法论的论证（Koopmans，1947），甚至更像第10章中谈及的"数据挖掘"的讨论［Lovell，1983；参见Hoover and Perez（1999）］。

同样地，我认为斯帕诺斯与第10章中讨论的"理论至上"和看似"数据至上"之间的争论，主要反映出在经济模型的开发和评估过程中，对统计学利用的合理性出现了误解或是缺乏了解。理论至上观点的拥护者混淆了：（a）与理论模型解释现象有关的实质性假设的现实性，以及（b）与统计模型（该模型定义了基于数据推断的基础前提）数据有关的概率假设的不确切性。

从第10章的讨论可以看出，斯帕诺斯③认为，"这种区别很重要，因为统计

---

① 正如第6章所讨论的那样，它只是库普曼斯常常推广的多方程模型的观点。
② 若想要更好地理解费舍尔-奈曼-皮尔逊的统计观点以及其与经济学相关的技术问题，请参考2008年的《新帕尔格雷夫大辞典》采用的由斯帕诺斯给出的"统计与经济学"条目。大多数人认为这种观点与常用检验的零假设有关。
③ 他于2009年9月27日写给我的私人信函。

上的错误描述会破坏探究潜在实质性误差/遗漏的任何可靠前景。"因此，他认为，"确保统计数据的充分性不仅仅是另一个可选标准，也是使用统计推断所必须付出的代价，因为它对于任何与所研究的实质性问题有关的归纳推理的可靠性和评价理论模型（的现实性）都是必要的。"他进一步阐述：

> 如果没有统计充分性，就不可能从数据中获得学习，因为否定了统计推断的可靠性，实际上就相当于将统计推断等同于占卜过程！这是因为，建模者全然不了解用相关误差概率来衡量统计推断的可靠性。把推断引入歧途最可能的一个做法是，使用5%的显著性检验水平，可是其实际的误差概率却接近100%；当数据被统计模型错误描述时，就很容易出现这种情况。

我在本节之初提到，斯帕诺斯（Spanos，2009）认为理论至上的方法的明显优势不一定只是职业激励的结果，却可能是一个长久存在的现状。同时，由于很多计量经济学建模者并不了解在可靠的推断过程中数据起到的关键作用，所以导致这种现状一直存在。与科兰德的意见相反，斯帕诺斯认为，从一般到特殊的欧洲方法不是主观判断的问题，而是需要关注数据和模型之间统计充分性的问题。这就是说，虽然存在判断的问题，但与第 10 章所讨论的内容相似，这些判断不一定是主观的，因为这些判断以一个适当的技术评估为基础，也就是为了便于讨论，评估收集到的数据是否满足现有统计推断模型的概率假设。

可见，选择建模方法时也许不得不考虑科兰德的观点，但也没必要忽视模型构建的现实性要求，正像斯帕诺斯所说，人们必须理解"确保这类数据模型统计充分性的必要性，目的是保证主要问题的推断可靠性"[1]。但也可以这么认为，为了构建宏观经济学计量模型，应该在这些所谓的竞争性方法之间谋求和解。和解的前景如何呢？如果科兰德是对的，那么考虑到职业发展的需求，这

---

[1] 他于 2009 年 9 月 27 日写给我的私人信函。

种和解并没有什么前景。然而，斯帕诺斯（Spanos，2009，p.11）仍然"乐观地认为，新一代的计量经济学家最终将从技术至上的观念中走出来，并开始严肃反思方法论的问题，因为这种方法削弱了主流计量经济学建模实践提供的证据的可信性。"

12.3　选择建模方法的方法论意义

科兰德和斯帕诺斯似乎一直认为应该关注模型的现实性（或者正如斯帕诺斯所说，至少关注"实质的充分性"），同时，当需要考虑模型的序贯性时，建模者要避免过早地否定反驳这种观点，因为这会妨碍模型的构建。不过，根据斯帕诺斯的说法[①]，在确保"所估计模型的统计充分性"之前，人们甚至都无法对数据提出现实性问题。

最基本的争议也是我们十分熟悉的一个问题：建模者是应该关注假设的现实性问题，还是应该只关注模型及其假设的逻辑充分性问题？由于北美大学的许多经济学家认为没有必要急于担心假设的现实性问题，正如科兰德对职业主义者的批评，他们可以轻松地推出各种理论模型，以实现出版物数量的最大化。这样做的最好情况是，他们的目标是通过自己的模型来解释已经收集到的实证证据，但往往不会考虑斯帕诺斯声称的"此类证据的可信度"，也不会考虑此类证据的质量[②]；不过，最坏的情况是，它只是解释一些建模者所说的"特征事实"[③]。正如斯帕诺斯（Spanos，2008）所言，根据统计充分性，这种"特征事实"很容易受到统计充分性的质疑。换句话说，"特征事实"根本不是可证实的

[①] 他于2009年9月27日写给我的私人信函。
[②] 请参见第9章9.5节。
[③] 请参见 Boland（2008b）。

观测报告，而是一种简单的或抽象的（从而是假定的）经济状态。这是宏观经济学研究中理论至上的方法的另一个版本。同样地，用来摆脱对这些假设的真实性而提出的任何质疑的借口，都只不过是模型的渐进序列所提供的一种保证。

在更深层次上，所有建模者都必须对其假设的现实性作出选择。一方面，许多人认为模型（及其假设）不应该被判断为是真还是假，而仅仅应该根据目前公认的常规标准判断其是更好还是更差。有人甚至声称，所有的理论或模型都是假的［例如，Solow（1956，p.65）］，尽管理论本身只是一种理论，因此这也是自相矛盾的！另一方面，其他建模者似乎追随着弗里德曼1953年著名的方法论论文，并声称作为工具或手段，只要模型的假设发挥作用，假设的真实状况就不重要。令人惊讶的是，有些时候计量经济学家显然没有意识到他们正在遵循弗里德曼的方法论观点。[1] 但在这两种情况下（作为常规事实或仅作为工具），假设的现实性问题要么被延缓讨论，要么被忽视。

可以说，既然计量经济学是用来检验经济理论或模型的，我们就不应该这么急于批评它。毕竟，这样的检验是为了明确相关理论或模型的真实状况。然而，正如我在第9章和第10章中所解释的那样，人们尚不清楚，基于计量经济学的检验是否总能做到这一点。

12.4　对经济学中诚实建模者最后的提醒

显然，建模实践有利于职业发展，但我们不应该由于模型在晋升或任职方面的滥用而责怪建模工作甚至模型本身。在现代经济学中，模型显然是不可或缺的。然而，诚实的经济模型构建者已经开始关注模型假设的真实性以及模型

---

[1] 请参见 Boland（1997，pp.283-4）。

与当今经济问题的相关性。如果这一时刻已经到来，那么它也可能是建模者满怀兴趣去学习建模方法论时代的到来，至少是人们开始学习经济学建模史，或者更准确地说，是学习整个经济学思想史时代的到来。

第 12 章

选择构建模型的方法

结束语：反对将思考方式凌驾于现实性之上

结束语讨论的内容有两个方面：方法论和思考方式。这里探讨的方法论不是哲学家使用的方法论，比如怎样（或需要）证明一个人的知识主张是正确的，相反，我关注的是低层次的问题，比如为什么经济模型构建者会如此这般地假定他们的假设内容。第9章介绍过，我的博士论文主题是在20世纪60年代的经济模型构建者中最关心的方法论问题，尤其是数学模型必须是可检验的观点，对于这一点，必须要严肃对待。当时的很多人认为，对这种观点的关注是由科学哲学家卡尔·波普尔（Karl Popper）的学术成果引发的，这是一种普遍的误解。对这一问题的关注不是始于波普尔，而是要归因于经济理论家保罗·萨缪尔森的著作。萨缪尔森对可检验性的关注是对20世纪30年代末在经济理论发展中数学应用受到批评现象的一种回应。我也注意到，他在其1941年的博士论文（Samuelson，1947/65）《经济分析基础》中就已经阐述了如何构建可检验的经济模型，并表明自己在构建经济模型时，总是会考虑可检验性的方法论问题。

当然，我没有像萨缪尔森那样凭借自己的博士论文获得诺贝尔奖，但我的博士论文同样也关注了经济模型的可检验性问题。我当时曾天真地认为，经济模型构建者不单单是在讨论可检验性的逻辑问题，实际上他们还是在讨论如何用收集到的大量实证数据进行模型检验。我在第9章曾作出说明，即使是简单的凯恩斯模型，为这样的一个模型进行的基于单次观测检验所需要的观测次数将远远超过现实世界中可能出现的观测次数。有趣的是，正如我在序言中给出的一个具体例子那样：若是检验柯布-道格拉斯生产函数模型，则可能需要25万次观测！①

思考方式在萨缪尔森的博士论文中并未受到重视，在我的论文中亦是如此。然而，今天那些自认为致力于发展"非正统"经济模型的建模者也许会承认，他们是在有意引起主流经济学家对思考方式的关注。但是，当你询问主流经济学中的年轻建模者，为什么会如此假设自己的模型时，他们的回答通常只涉及技术上的数学问题，或者只是回答"因为大家都这么做"，却很少有人表明自己的假设是受到了思考方式的指引。然而，尽管主流经济学家没有意识到这一点，但他们所作的假设通常只是确保了包含思考方式诸多影响的一个集合的存在。当然，许多主流模型构建者有时候会有意识地使用他们的假设来推广自己的思考方式，但从我的经历来看，这一情况也并不常见。但无论如何，我将以这些影响作为本书的结束。

1. 谨记20世纪60年代、70年代和80年代

我于20世纪60—70年代一直在教授微观经济学理论课程，其间，我的许多学生受到了某些社会学老师的鼓舞，他们都是积极宣传马克思主义思想的教师（尽管他们中的很多人并没有读过卡尔·马克思的著作）。我尤其记得，每当我讲授经济学原理课程的时候，总需要在课堂上花费较多的时间介绍市场体系的优点。但到了20世纪80年代初，情况发生了巨大的变化。在接下来的10年里，我不得不向初学经济学专业的学生讲解政府参与经济活动的可能优点。在

---

① 也就是说，只为了构造对模型所有变量的一个独立的反驳向量。

这两种不同情况下，我处理的都是思考方式的影响和宣传，而不是经过深思熟虑的经济理论。但至少在20世纪70年代和80年代，这类问题已经被公开提出，供大众思考。

当然，一些经济学专业的学生也许仍在明确地假设市场可以解决所有的问题。不过，在今天的学生中，尽管经济学不再具有争议，但他们也不再像20世纪80年代初那样，从思考方式的角度来看待经济学。也就是说，今天的学生只是简单地假设每个人都同意市场可以解决所有的问题，因此，显然没有必要去考虑政府的参与，也没有必要去考察这种假设。接下来我将对这种情况加以解释。

2. 一切都与假设有关

我曾说过，作为一个方法论学家，我关心的是建模者凭什么规定自己模型中假设的内容。因此，我只对小m方法论问题感兴趣，而对（经济学）哲学家常常追求的大M方法论问题不感兴趣［参见McCloskey（1994，chapter 19）］。多年来我一直认为，关于这方面，最有趣的方法论问题一般是由人们认为理所当然的东西造成的，特别是在作出假设的时候。

下面我通过列举一些在构建经济模型时经常被认为是理所当然的假设来说明目前的问题：我们是否假设所有的价格都是均衡价格？我们是否假设只有个体才能作出决策——也就是说，事情不能作出决策，只有个体才能作出决策？我们能否假设所有的决策者都拥有足够的知识，以保证他们的选择都能使其实现利润或效用最大化？是不是所有的决策者都是最大化的追求者，或者他们只是满足者，就像我已故的朋友赫伯特·西蒙希望我们所作的假设那样？是否所有的生产函数都具备不变的规模收益？是否每条无差异曲线都形成了一个严格凸的优选集边界？所有的生产函数都是连续可导的吗？所有的投资者都会对利率降低作出反应吗？或者类似地，当价格下跌时，需求者总是会购买更多的商品吗？所有的博弈参与者都了解博弈规则吗？所有的参与者都以相同的方式看待博弈吗？等等。

因此，为了构建一个模型，或者为了形成和验证某个政策建议，我们必须要作出很多假设。当然，经济政策的建议者对我们所作的假设很敏感，但经济政策的支持者却很少告诉你他们作出了什么假设。

3. 基本的逻辑性和现实性

在继续分析之前，我需要明确一些关于逻辑和现实性的基本事实。每当提到"基本的逻辑"时，我只是在讨论一些基本的解释，借助这些解释，人们可以说明某个观测到的（或想象到的）事件或某个预测事件的陈述都是正确的。对于这样的说明，人们依赖于逻辑有效论证的固有性质（我在第155脚注①中介绍过这种性质），这种性质被称为"肯定前件式"。这种固有的性质表明，每个逻辑有效的论证都由一系列陈述组成，也就是我们称之为假设的组合，只要所有的假设都为真，那么由这些假设经逻辑推导得出的任何陈述也都必然为真。如果经推导得出的陈述中有一条陈述不能"拟合"（某种意义上的）所观测的数据，那么我们就能够知道诸多假设中至少有一个假设肯定是错误的——也就是说，至少有一个假设是不现实的。①

---

① 正如我在注释中曾介绍过的，这个基本的逻辑属性也是通过间接检验所提供的假设来判断命题的基础。并且，我还在该注释中指出，这种判断论证的逻辑被称为肯定前件式假言推理，但不幸的是，如果一个命题包含两个或更多的假设，只要至少有一个推导出的陈述显示为假，那么我们仍然无法知道究竟哪一个假设为假，当然，这就是在第8章和第9章中讨论过的糟糕的杜赫姆-奎恩问题中出现的模糊性。

现在，我相信今天的人们几乎都知道这些基本的逻辑知识。但令人惊讶的是，仍有很多经济学家却还持有这样的观念：无论何时，只要能从模型的演绎推理中得出许多结果为真的陈述，这些演绎的真实性就会以某种方式反映出模型及其假设的真实性。然而，作为一个基本的逻辑问题，这个普遍的观念是完全错误的。人们不能用演绎所得到的真实性反过来保证形成这些演绎的假设本身的真实性。同样地，即使知道众多假设中有一个是不正确的，你也没有权利声称使用这个假设推出的任何演绎都是错误的。[①] 对于那些可能不同意我上述观点的人，可以用下述这个简单的例子帮助理解。考虑以下三段论的假设，用它来解释为什么我家的宠物是一只猫：

如果下列陈述为真：

1. 所有的猫都有5条腿；

2. 只有猫有5条腿；

3. 我的宠物有5条腿。

那么以下结论为真：

4. 我的宠物是一只猫。

当然，虽然上述三个假设都是假的，但是经过逻辑推导出的结论却是真的。[②] 换一种说法就是，作为一个基本的逻辑问题，尽管从假设中得出的一个推断是正确的，但所有的假设可能都是错误的。所以，显然不能仅仅因为模型可以从逻辑上解释一个可发现为真的陈述，就肯定这样成功的逻辑能够告诉我们模型假设的现实性。

---

① 当然，不包括这些假设本身。
② 具有启发性的一点是，我们可以说真实状态能够向前传递而不能向后传递，类似地，错误状态能够向后传递而不能向前传递。

4. 弗里德曼和工具主义

现在来讨论现代经济学家最为关心的一个问题，即米尔顿·弗里德曼于1953年发表的有关方法论的论文《实证经济学的方法论》。他的文章引发了一系列评论，仍然并将继续有许多追随者。然而，对它的评论并非都是人微言轻，因为有些评论的作者是经济学领域里一些举足轻重的学者，如诺贝尔奖得主保罗·萨缪尔森、赫伯特·西蒙和特亚林·库普曼斯，以及当时其他的知名人士，比如尤金·罗特温（Eugene Rotwein）、丹尼尔·奥尔（Daniel Orr）和唐纳德·贝尔（Donald Bear）。我在1979年《经济学文献》期刊上发表的一篇文章中分析了针对弗里德曼论文进行评论的不同文献，几乎每一篇评论的文献都不公平地重新定义了"检验"（test）或"检验过程"（testing）这两个词，但这两个词并不符合弗里德曼的本意，然后这些人又都按照他们自己发明的弗里德曼的论文版本继续进行不公平的评论。因此，我认为这种不公平的评论是无效的，尤其是萨缪尔森的批评，许多拒绝弗里德曼的思考方式及其经济政策建议的人都过于急切地认可萨缪尔森的评论是正确的，却没有人进行相应深入的思考。

我于1979年发表那篇文章的目的是清除无效且逻辑上有缺陷的批评，以便形成一种有效且逻辑上合理的批评。读过这篇文章的很多读者都认为我是在为弗里德曼辩护，支持他的方法，这种现象对我来说非常有趣，但也令我十分费解，这当然不是我的目的，也不是我希望通过文章传递出来的含义。但我猜测在某种程度上，出于纯粹逻辑上的原因，接受对弗里德曼文章任何批评的人很容易忽略萨缪尔森的批评是否公平。类似地，出于思考方式上的考虑，任何想要武装起来以抵御各种流行批评的人都会认为我的文章是对弗里德曼文章的一种极有说服力的辩护。然而，如果所有这些读者都能够真正做到通读我于1979

年发表的那篇文章，他们就会发现，实际上我对弗里德曼的文章在逻辑上进行了充分而又公正的评价。

正如我在第 11 章中解释的那样，我对弗里德曼 1953 年那篇论文的评价是，他只是在为一些哲学家所称的"工具主义"提供论据。除此之外，我也指出，为了回应对于该论文的所有批评，我给出的论据是，文章唯一的辩护方法就是援引工具主义本身——这也许是一种前后一致的辩护，但充其量也只是一个循环性论证。

我在第 11 章中还指出，工具主义的悠久历史至少可以追溯到 18 世纪初，当时的伯克利主教试图遏制民众对牛顿力学日益增长的兴趣。我怀疑弗里德曼也有着同样的动机，只不过他是为了遏制凯恩斯乃至瓦尔拉斯经济学日益增长的影响力。同时，弗里德曼认为，对一种工具唯一的检验方法是看它是否有效。如果工具有效，人们就无须担心它是否真的代表了现实性。为了说明这一点，我在 1979 年的论文中提出了一个典型的电视机修理工问题。当把坏了的电视机拿去修理时，我们不会问修理工能否理解最新的电磁学理论。就我们所知，他可能相信晶体管里面住满了小绿人，而电视机之所以坏掉，仅仅是因为其中的一个小绿人死掉了。只要他把合适的晶体管（当然是那个所谓的"死掉的小绿人"）替换掉，电视机就能正常工作，我们也会很高兴。换句话说，工具主义者仅仅想表达：只要一个人的理论是有效的，即使他使用了错误的假设也无关紧要。不过，还必须要面对的另一个问题是：如果你的理解本身是基于已知的错误假设，那么你还能诚实地宣称自己可以理解某些现象吗？然而不幸的是，很少有人提出这样的问题，因此让我们继续探讨。

目前，有许多经济方法论学家仍然想要讨论弗里德曼的论文，但这并不是我在这里探讨的目的。我之所以提出利用工具主义的概念进行讨论，是因为尽管批评者公开表示不认同弗里德曼论文中的观点，可如今，许多经济模型构建者仍在援引工具主义的方法为自己使用的明显不切实际的假设进行辩解。

我在 1997 年出版的书中讲述了一件发生在 1983 年的事情，当时的剑桥大学正在举办宴会，庆祝凯恩斯 100 周年诞辰。在宴会结束时，我有幸对一些凯恩斯主义的计量经济学家展开了一项他们对方法论看法的调查。我为他们概述了弗里德曼工具主义方法论的基本概念，但并未提及他的名字。然后，当我问大家是否同意这些基本的方法论概念时，所有的计量经济学家都举手同意。不过，当我重新询问大家是否认同弗里德曼的方法论时，他们又都否认接受弗里德曼的工具主义方法论。这种前后矛盾的表现是因为虚伪，还是仅仅因为对方法论的无知？我将说明这仍然是计量经济学家和其他建模者经常遇到的一个问题，他们似乎完全没有意识到自己认为的理所当然的方法论的含义究竟是什么。

5. 数学建模：左手不知道右手所做的事情

计量经济学家大卫·亨德利很久以前就发现，计量经济学模型的构建者往往用左手作出假设并构建其基础模型，但右手却应用了计量经济学理论中与模型假设不一致的定理。正因为如此，我才在第 10 章中进行了相关探讨，现在继续进行分析。

曾经在某一个时期，有些方法论学者一直在争论，弗里德曼 1953 年的论文是否应该为人们建模时过度使用和日益依赖烦琐数学方法的现象负责。这种争论似乎与我无关，尤其是我联想到 1983 年对凯恩斯主义计量经济学家们的那次调查。我认为当今的许多（甚至大多数）年轻的经济模型构建者从来没有读过弗里德曼的文章。此外，早期数学方法的提倡者，如萨缪尔森，实际上否定了弗里德曼的论文观点。不过，一旦数学对经济学方法论有了最低限度的控制，那么假设的现实性问题似乎就会退居次要地位，尽管这种退让并不是因为人们对工具主义有任何明确的支持。

对于那些曾经在大学数学院系学习过一段时间的人——或者更好的情况是，

如果在数学院系学习过研究生课程的人——能够很容易理解我刚才所做的解释，也就是在构建数学模型时，人们并没有对工具主义有任何明显的支持。我的一个同事，他拥有数学和经济学两个博士学位。有一天他和我谈起了数学家的素养，当构建模型时，建模者的目标就是构造一个证明，并想方设法去完成这个证明。假设的现实性并不重要，重要的是这个证明在逻辑上是否充分，然后——也是最重要的一点是——这个证明过程是否被认为是优雅的。不幸的是，数学家具备的这种素养似乎已经在当今的经济学院系中广受认可。

6. 制度化的数学素养

就其本身而言，数学素养的入侵还不足以解释为什么今天的年轻建模者的左手不知道自己的右手正在做什么。经济学家们都了解，这一切都与实现自身目标的激励条件和约束条件有关。而对于学术经济学家的行为素养来讲，激励完全与晋升和任期背后的标准有关。

第12章介绍了在与计量经济学家阿里斯·斯帕诺斯的辩论中，经济学思想史学家大卫·科兰德阐述的欧洲和北美建模者在构建宏观计量经济学模型时存在差异的原因其实很简单，也就是获得晋升和任职时需要考虑的因素。我曾对这方面做过介绍，需要考虑的因素就是大多数北美大学都鼓励统计出版物的数量，而这似乎就是问题的主要根源。如果建模者必须在两种不同的建模方法之间做出选择，那么正如大多数经济学家所表现的那样，选择最容易、最快速发表论文的方法是合情合理的。

我已经指出，科兰德明确了构建宏观经济模型的两种截然不同的方法。其中的一种方法是欧洲方法，他认为这是亨德利的学生及其追随者提倡使用的方法，同时科兰德也把这种方法称为"从一般到特殊"的方法①；而另一种方法是"北美方法"，他将其称为"理论至上"的方法。② 回想一下，这两种方法的区别在于建模之前，人们是否需要花费大量的时间收集或评估数据。从一般到特殊的方法需要花费时间考察数据，而理论至上的方法则需要首先构建一个模型，然后再将其应用到数据中。毋庸置疑，从后一种方法来看，任何假定的模型都可以应用于收集到的不同数据之中，从而可以形成很多不同的论文。

到目前为止，这种涉及思考方式的制度状况还没有任何明显的迹象。思考方式与易于使用的理论模型结合在一起，这些模型可用来快速解决计量经济学模型的实证问题。所有这些理论模型几乎都是均衡模型，而且通常只是那些所谓的芝加哥学派的经济学家才会接受这些模型。③ 今天，你很少能够找到一个正统的凯恩斯主义模型。提到正统的凯恩斯主义模型，我并不是指那些总是处于一般均衡状态的新凯恩斯主义模型，而是指约翰·梅纳德·凯恩斯在1937年《经济学季刊》上发表的文章中的观点，同时凯恩斯在那篇文章中回应了针对他1936年著作的各种批评。凯恩斯尤其指出，必须要认识到资本投资市场中的参与者由于缺乏足够的知识，而无法按照教科书中最大化者的模式行动，因此，任何关于均衡的假设都太不现实。有趣的是，即使是弗雷德里希·哈耶克（Friedrich Hayek，1937）也认为，基于均衡的任何解释至少都需要说明一下市场参与者是如何知道他们究竟需要掌握什么样的知识才能够实现均衡的。

就其本身而言，尽管数学文化的入侵显然促进了弗里德曼的工具主义方法论的进展，但它并不能解释根植于当今经济模型构建过程中隐藏的思考方式。而且，北美大学的制度结构导致的对出版物迫切需求的现象本身也无法解释某种潜藏于基本思考方式假设中的隐蔽性。但当把这些假设都放在一起时，便可

---

① 今天，"从一般到特殊"的方法的主要代表是"协整向量自回归（CVAR）"方法［参见 Juselius (2006)］。
② 今天，"理论至上"的方法的主要代表是"动态随机一般均衡（DSGE）"宏观理论模型。
③ 那些追随弗里德曼及其思考方式的支持者。

得到我们一直想要的结果。如今，建模者从事的行业是构建满足某种制度需求的模型，可如果认为建模者构建的模型只能够含蓄地支持某种特定的思考方式——模型一旦达到均衡，就存在某种可以假定市场自身能够解决所有问题的思考方式，进而认为政府在经济中的任何活动，最好的状况是没有必要、最坏的状况是具有破坏性——那么，这种观点就是非常天真的。

我们很容易看到，在保守派总统或总理等人的政府领导下会发生什么。这些人会简单而不加批判地遵循芝加哥学派的经济学家们旧有的思考方式点[①]，从而着手将政府的作用降到最低。因此现在的许多观察家指出，这可能会导致出现类似于 2008 年经济危机的状况。然而，我并不是说这样的政府必须只雇用芝加哥学派的经济学家，或者甚至是芝加哥大学培养的经济学家——相反，他们都不需要被雇用。政府只需要找到那些最近受过教育的博士就足够了，他们十分擅长构建基于均衡的计量经济学模型。

7. 企业的教科书理论与市场经济的思考方式

虽然前面已经讨论了很多内容，但我并不是在责怪计量经济模型的构建者，也不是在责怪年轻的建模者。相反，上述情况都发生在后台，它们是在没有任何人设计的情况下发生的。一旦把便利性置于现实性之上，很多事情就可以在没有任何人设计结果的情况下发生。下面列举一些思考方式的形成方式——同样地，再说一遍，它们是在没有任何人参与决定的情况下形成的。

这里可以再次引用第 2 章中那个流行经济学的笑话：一个醉汉在黑暗的街道上丢了钥匙，却把所有的时间都花在在路灯下寻找钥匙，只是因为路灯下的

---

① 或许只是一位受艾恩·兰德（Ayn Rand）启发的自由主义经济学家。

光线更明亮。引用这个古老的笑话旨在对经济模型构建的状况进行批评。我尤其指出，对于均衡模型的构建者来说，它的构建总是比非均衡模型的构建更容易——理由是，如果不考虑其他原因，这样的数学建模方法更容易。

接下来，还有一件之前曾提到的事情。那就是在 20 世纪 60 年代和 70 年代，我所在的大学里，几乎所有自称是马克思主义者的教师都从未真正读过马克思的著作——也许除了《共产党宣言》，但肯定从来没有人通读过《资本论》。类似地，今天那些推崇亚当·斯密观点（通常是为了证明市场可以解决所有问题的观点）的保守派智库成员中，也很少有人通读过他的《国富论》，尤其是解释税收和政府介入必要性的那部分内容（Saul，1995）。

有趣的是，主流新古典经济学的支持者和批评者都认为教科书中的企业理论已经说明了为什么私有企业总是比国有企业更具效率。然而教科书真的证明了这一点吗？在我职业生涯的大部分时间里，我一直在讲授微观经济学理论，因此有机会查阅大量的教科书，除了一些刻意宣扬思考方式论点的教科书之外，教科书里的企业理论从未要求我们讲明企业的拥有者是谁。企业往往被视为一个"黑箱"，它只负责将输入转换成输出，仅此而已。甚至可以说，即使是亚当·斯密的劳动分工（作为生产效率的源泉）也无须说明谁拥有一家可以扩大劳动规模的企业。

20 世纪 80 年代，在微观经济学理论的研究生课堂上，有一名来自捷克斯洛伐克的学生向大家介绍了亚历山大·杜布埃克（Alexander Dubček）于 1968 年失败的革命，并解释了中央计划委员会是怎样运作经济的。学生们突然意识到，他所描述的内容听起来很像通用汽车公司在设计和生产方面的做法，也很像我所在的大学当时的运作方式。换句话说，尽管有人在思考方式方面声称私有企业和国有企业之间存在着重大差别，但如果把思考方式的有色眼镜摘掉，那么这些差别在很多情况下是不存在的。人们或许还会发现，这正是约瑟夫·熊彼特在 100 多年前作出的预测。

8. 总结性的评论

显然，到目前为止，你可以发现，我的主张是建模者应该更加关注假设本身的现实性。当然也有些人会说，我们应该仍然考虑到建模过程的顺序性——建模过程的早期阶段必然始于高度非现实性的假设。换句话说，为了建模而建模也许可以这样做——但我认为，仅仅当我们只是为了欣赏模型的优雅性时才可以这样做。具体地讲，我关心的内容是，在向政府提出政策建议之前，必须解决模型的现实性问题，要放弃那些被广泛使用的不切实际的假设，而不论其在数学方面优雅与否。尤其令人担忧的一点是，如果当人们确实需要假设一个均衡的存在，甚至假设一个均衡将会实现的时候，人们却没有意识到解释决策者如何获得他们所需知识的必要性。这种忽视不是微不足道的，特别是从它鼓励某种思考方式的角度看，这种忽视可能是非常危险的，正如最近几年我们所观察到的那样。事实证明，即使是曾经信奉自由主义、支持自由市场的美联储（FED）前主席艾伦·格林斯潘（Alan Greenspan）现在也意识到，他曾认为金融市场不需要监管的观点是错误的（Leonhardt，2008；Beattie and Politi，2008）。于是，现在的问题就变成：是否有人从格林斯潘承认的有关假设的现实性错误中吸取教训了呢？

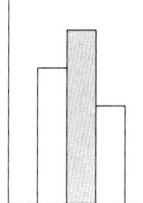

参考文献

Albert, M. [2001] Bayesian learning and expectations formation, in Corfield, D. and Williamson, J. (eds.), *Foundations of Bayesianism* (Boston: Kluwer), 341-62.

Alchian, A. [1950] Uncertainty, evolution and economic theory, *Journal of Political Economy*, 58, 211-21.

Allen, W. R. [1977] Economics, economists and economic policy: modern American experiences, *History of Political Economy*, 9, 48-88.

An, S., Chang, Y. and Kim, S. -B. [2009] Can a representative-agent model represent a heterogeneous-agent economy, *American Economic Journal: Macroeconomics*, 1 (2), 29-54.

Angrist, J. and Pischke, J. -S. [2010] The credibility revolution in empirical economics: How better research design is taking the con out of econometrics, *Journal of Economic Perspectives*, 24, 3-30.

Armstrong, J. S. [1978] Forecasting with econometric methods: Folklore versus fact, *Journal of Business*, 51, 549-64.

Arrow, K. [1959] Toward a theory of price adjustment, in Abramovitz, M. (ed.), *Allocation of Economic Resources* (Stanford: Stanford University Press), 41-51.

Arrow, K. and Debreu, G. [1954] Existence of an equilibrium for a competitive economy, *Econometrica*, 22, 265-90.

Aumann, R. [1985] What is game theory trying to accomplish? in Arrow, K. and Honkapohja, S. (eds.), *Frontiers of Economics* (Oxford: Basil Blackwell), 28-76.

Aumann, R. [1987] Game theory, in Eatwell, J., Milgate, M. and Newman, P. (eds.), *The New Palgrave: A Dictionary of Economics* (London: The Macmillan Press), 1, 460-82.

Aumann, R. [1995] Backward induction and common knowledge of rationality, *Games and Economic Behavior*, 8, 6-19.

Aumann, R. [1996a] Reply to Binmore, *Games and Economic Behavior*, 17, 138-46.

Aumann, R. [1996b] Reply to Binmore and Samuelson, in Arrow, K., Colombatto, E., Perlman, M. and Schmidt, C. (eds.), *The Rational Foundations of Economic Behavior* (London: Macmillan), 130-1.

Aumann, R. [1998] On the Centipede Game, *Games and Economic Behavior*, 23, 97-105.

Banks, J., Olson, M., Porter, D., Rassenti, S. and Smith, V. [2003] Theory, experiment and the federal communications commision spectrum auctions, *Journal of Economic Behavior & Organization*, 51, 303-50.

Barro, R. and Grossman, H. [1971] A general disequilibrium model of income and employment, *American Economic Review*, 61, 82-93.

Beattie, A. and Politi, J. [2008] 'I made a mistake,' admits Greenspan, *Financial Times*, 23 October.

Becker, G. [1965] A theory of the allocation of time, *The Economic Journal*, 75, 493-517.

Bennett, R. [1981] *An Empirical Test of some Post-Keynesian Income*

Distribution Theories, PhD thesis, Simon Fraser University, Burnaby, B. C.

Bicchieri, C. [1993] *Rationality and Coordination* (Cambridge: Cambridge University Press).

Binmore, K. [1996] A note on backward induction, *Games and Economic Behavior*, 17, 135-7.

Binmore, K. [1997] Rationality and backward induction, *Journal of Economic Methodology*, 4, 23-41.

Binmore, K. [2007] *Game Theory: A Very Short Introduction* (Oxford: Oxford University Press).

Binmore, K. [2011] Interpreting knowledge in the backward induction problem, *Episteme*, 8, 248-61.

Blanchard, O. [2000] What do we know about macroeconomics that Fisher and Wicksell did not? *Quarterly Journal of Economics*, 115, 1375-409.

Blaug, M. [1992] *The Methodology of Economics* (Cambridge: Cambridge University Press).

Boland, L. [1971] An institutional theory of economic technology and change, *Philosophy of the Social Sciences*, 1, 253-8.

Boland, L. [1977a] Giffen goods, market prices and testability, *Australian Economic Papers*, 16, 72-85.

Boland, L. [1977b] Testability, time and equilibrium stability, *Atlantic Economic Journal*, 5, 39-47.

Boland, L. [1978] Time in economics vs. economics in time: the 'Hayek Problem', *Canadian Journal of Economics*, 11, 240-62.

Boland, L. [1979] A critique of Friedman's critics, *Journal of Economic Literature*, 17, 503-22.

Boland, L. [1982] *The Foundations of Economic Method* (London:

George Allen & Unwin). http://www.sfu.ca/~boland/book1pdf.htm.

Boland, L. [1986] *Methodology for a New Microeconomics* (Boston: Allen & Unwin). http://www.sfu.ca/~boland/book2pdf.htm.

Boland, L. [1989] *The Methodology of Economic Model Building: Methodology after Samuelson* (London: Routledge). http://www.sfu.ca/~boland/book3pdf.htm.

Boland, L. [1992] *The Principles of Economics: Some Lies my Teachers Told Me* (London: Routledge). http://www.sfu.ca/~boland/book4pdf.htm.

Boland, L. [1997] *Critical Economic Methodology: A Personal Odyssey* (London: Routledge). http://www.sfu.ca/~boland/book5pdf.htm.

Boland, L. [2003] *The Foundations of Economic Method: A Popperian Perspective* (London: Routledge).

Boland, L. [2008a] On the economist's view of inductive reasoning, paper presented to the 35th Annual Meeting of the History of Economics Association, York University, 28 June 2008.

Boland, L. [2008b] Stylized facts, Durlauf, S. and Blume, L. (eds.), *The New Palgrave Dictionary of Economics*, 2nd Ed. (London: Palgrave Macmillan). http://www.dictionaryofeconomics.com.

Boland, L. [2010] Cartwright on 'Economics', *Philosophy of the Social Sciences*, 40, 530–8.

Boland, L. [2013] Review of Mäki [2012], *Erasmus Journal for Philosophy and Economics*.

Borrill, P. and Tesfatsion, L. [2011] Agent-based modeling: the right mathematics for the social sciences? in Davis and Hands [2011], 228–58.

Boumans, M. [1999] Built in justification, in Morgan and Morrison [1999], 66–96.

Boumans, M. [2001] Measure for measure: How economists model the world into numbers, *Social Research*, *68*, 427-53.

Boumans, M. [2005] *How Economists Model the World into Numbers* (London: Routledge).

Boumans, M. [2012] Mathematics as quasi-matter to build models as instruments, in Dieks, D., Gonzalez, W. J., Hartmann, S., Stöltzner, M. and Weber, M. (eds.), *Probabilities, Laws and Structures*, (New York: Springer), 307-18.

Box, G. E. P. [1953] Non-normality and tests on variances, *Biometrika*, *40*, 318-35.

Bridel, P. (ed.) [2011] *General Equilibrium Analysis: A Century after Walras* (New York: Routledge).

Camerer, C. and Loewenstein, G. [2003] Behavioral economics: Past, present, future, in Camerer, C., Loewenstein, G. and Rabin, M. (eds.) *Advances in Behavioral Economics* (Oxford: Princeton University Press), 3-51.

Carlaw, K. and Lipsey, R. [2012] Does history matter?: Empirical analysis of evolutionary versus stationary equilibrium views of the economy, *Journal of Evolutionary Economics*, *22*, 735-66.

Chang, Y. and Kim, S-B. [2006] From individual to aggregate labor supply: A quantitative analysis based on a heterogeneous agent macroeconomy, *International Economic Review*, *47*, 1-27.

Chang, Y. and Kim, S-B. [2007] Heterogeneity and aggregation: Implications for labor-market fluctuations, *American Economic Review*, *97*, 1939-56.

Chari, V. and Kehoe, P. [2006] Modern macroeconomics in practice: How theory is shaping policy, *Journal of Economic Perspectives*, *20*, 3-28.

Chatfield, C. [1995] Model uncertainty, data mining and statistical inference, *Journal of the Royal Statistical Society. Series A (Statistics in Society)*, *158*, 419–66.

Clements, M. and D. Hendry [2008] Economic forecasting in a changing world, *Capitalism and Society*, *3*, 1–18.

Clower, R. [1959] Some theory of an ignorant monopolist, *The Economic Journal*, *69*, 705–16.

Clower, R. and Due, J. [1972] Microeconomics (Homewood, IL: Richard D. Irwin, Inc.).

Colander, D. [2009] Economists, incentives, judgment and the European CVAR approach to macroeconometrics. *Economics: The Open-Access, Open-Assessment E-Journal*, *3*, 2009-9. http://www.economics-ejournal.org/economics/journalarticles/2009-9.

Colander, D., Howitt., P., Kirman, A., Leijonhufvud, A. and Mehrling, P. [2008] Beyond DSGE models: Toward an empirically based macroeconomics, *The American Economic Review, Papers and Proceedings*, *98*, 236–40.

Cowell, F. [2006] *Microeconomics: Principles and Analysis* (Oxford: Oxford University Press).

Crawford, V. and Iriberri, N. [2007] Level-*k* auctions: Can a nonequilibrium model of strategic thinking explain the winner's curse and overbidding in private-value auc-tions? *Econometrica*, *75*, 1721–70.

Crawford, V., Costa-Gomes, M. and Iriberri, N. [forthcoming] Structural models of nonequilibrium strategic thinking: Theory, evidence and applications, *Journal of Economic Literature*.

Darden, S. [1961] Short Talk on the Universe, *The sound of my own voice (and other noises)* (LP record: Mercury OCS 6202, OCLC No. 12851697).

Davidson, P. [1972] *Money and the Real World* (New York: Wiley).

Davidson, P. [1977] Money and general equilibrium, *Economie Appliquee*, *30*, 541–62.

Davidson, P. [1991] Is probability theory relevant for uncertainty? a post-Keynesian perspective, *Journal of Economic Perspective*, *5*, 129–43.

Davis, J. B. and Hands, D. W. (eds.) [2011] *The Elgar Companion to Recent Economic Methodology* (Cheltenham and Northampton, MA: Edward Elgar).

Dawes, R., Fildes, R., Lawrence, M. and Ord, K. [1994] The past and the future of forecasting research, *International Journal of Forecasting*, *10*, 151–9.

Debreu, G. [1959] *Theory of Value: An Axiomatic Analysis of Economic Equilibrium* (New York: Wiley).

Debreu, G. [1974] Excess demand functions, *Journal of Mathematical Economics*, *1*, 15–21.

Duarte, P. G. [2011] Recent developments in macroeconomics: the DSGE approach to business cycles in perspective, in Davis and Hands [2011], 375–403.

Duffy, J. [forthcoming] Macroeconomics: A survey of laboratory research, in Kagel, J. and Roth, A. E. (eds.), *Handbook of Experimental Economics*, *Vol. 2* (Princeton: Princeton University Press).

Eddington, A. [1928/58] *The Nature of the Physical World* (Cambridge: Cambridge University Press).

Einstein, A. and Infeld, L. [1938/61] *The Evolution of Physics: The Growth of Ideas from Early Concepts to Relativity and Quanta* (New York: Simon and Schuster).

Farmer, R. and Guo, J. T. [1994] Real business cycles and animal spirits hypothesis, *Journal of Economic Theory*, 63, 42–72.

Ferguson, C. E. [1969] *Microeconomic Theory* (Homewood, IL: Richard D. Irwin, Inc.).

Fisher, F. [1983] *Disequilibrium Foundations of Equilibrium Economics* (Cambridge: Cambridge University Press).

Fisher, F. [1987] Aggregation problem, in Eatwell, J., Milgate, M. and Newman, P. (eds.), *The New Palgrave: A Dictionary of Economics* (London: The Macmillan Press), 2, 53–5.

Fisher, I. [1892/1925] *Mathematical Investigations in the Theory of Value and Prices* (New Haven: Yale University Press).

Flores, B. and Pearce, S. [2000] The use of an expert system in the M3 competition, *International Journal of Forecasting*, 116, 485–96.

Foster, J. [1997] The analytical foundations of evolutionary economics: From biological analogy to economic self-organization, *Structural Change and Economic Dynamics*, 8, 427–51.

Franses, P. H., McAleer, M. and Legerstee, R. [2012] Evaluating macroeconomic forecasts: A concise review of some recent developments, *University of Canterbury, Working Paper 12/2012*, 1–29.

Friedman, B. [1979] Optimal expectations and the extreme information assumptions of 'Rational Expectations' macromodels, *Journal of Monetary Economics*, 5, 23–41.

Friedman, D. [1991] Evolutionary Games in Economics, *Econometrica*, 59, 637–66.

Friedman, D. [1998] Monty Hall's Three Doors: Construction and deconstruction of a choice anomaly, *American Economic Review*, 88, 933–46.

Friedman, M. [1953] Methodology of positive economics, in *Essays in*

Positive Economics (Chicago: University of Chicago Press), 3 - 43.

Frisch, R. [1933a] Propagation problems and impulse problems in dynamic economics, in *Economic Essays in Honour of Gustav Cassel* (London: George Allen & Unwin), 171 - 205.

Frisch, R. [1933b] Editor's Note, *Econometrica*, 1, 1 - 2.

Frisch, R. [1936] On the notion of equilibrium and disequilibrium, *Review of Economic Studies*, 3, 100 - 105.

Frydman, R. and Phelps, E. (eds.) [1983] *Individual Forecasting and Aggregate Outcomes: 'Rational Expectations' Examined* (Cambridge: Cambridge University Press).

Fudenberg, D. and Levine, D. [1993] Self-confirming equilibrium, *Econometrica*, 61, 523 - 45.

Fudenberg, D. and Levine, D. [2009] Self-confirming equilibrium and the Lucas Critique, *Journal of Economic Theory*, 144, 2354 - 71.

Georgescu-Roegen, N. [1971] *The Entropy Law and the Economic Process* (Cambridge, MA: Harvard University Press).

Gibbard, A. and Varian, H. [1978] Economic models, *Journal of Philosophy*, 75, 664 - 77.

Gilboa, I., Postlewaite, A., Samuelson, L. and Schmeidler, D. [2011] Economics models as analogies, *Penn Institute for Economic Research*, working paper 12 - 001.

Govindan, S. and Wilson, R. [2008] Refinements of Nash Equilibrium, in Durlauf, S. and Blume, L. (eds.), *The New Palgrave Dictionary of Economics*, *2nd Ed.* (London: Palgrave Macmillan).

Granger, C. [1999] *Empirical Modeling in Economics: Specification and Evaluation* (Cambridge: Cambridge University Press).

Granger, C. [2012] The philosophy of economic forecasting, in Mäki [2012], 311–27.

Greene, W. [2008] *Econometric Analysis*, 7th Ed. (Englewood Cliffs, NJ: Prentice Hall).

Grubel, H. and Boland, L. [1986] On the efficient use of mathematics in economics: some theory, facts and results of an opinion survey, *Kyklos*, 39, 419–42.

Guala, F. [2001] Building economic machines: the FCC auctions, *Studies in History and Philosophy of Science*, 32, 453–77.

Guala, F. [2012] Experimentation in economics, in Mäki [2012], 597–640.

Haavelmo, T. [1943] The statistical implication of a system of simultaneous equations, *Econometrica*, 11, 1–12.

Haavelmo, T. [1944] The probability approach in econometrics, *Econometrica*, 12 (Supplement), iii–115.

Haavelmo, T. [1958] The role of the econometrician in the advancement of economic theory, *Econometrica*, 26, 351–7.

Hahn, F. [1965] On some problems of proving the existence of an equilibrium in a monetary economy, in Hahn, F. and Brechling, F. (eds.), *Theory of Interest Rates: Proceedings of a Conference Held by the International Economics Association* (London: Macmillan), 126–35.

Hahn, F. [1970] Some adjustment problems, *Econometrica*, 38, 1–17.

Hahn, F. [1973] *On the Notion of Equilibrium in Economics* (Cambridge: Cambridge University Press).

Hahn, F. and Negishi, T. [1962] A theorem on non-tatonnement stability, *Econometrica*, 30, 463–9.

Hands, D. W. [2001] *Reflection without Rules: Economic Methodology and Contemporary Science Theory* (Cambridge: Cambridge University Press).

Hargreaves Heap, S. and Varoufakis, Y. [1995] *Game Theory: A Critical Introduction* (London: Routledge).

Hargreaves Heap, S. and Varoufakis, Y. [2004] *Game Theory: A Critical Text*, 2nd Ed. (London: Routledge).

Harsanyi, J. and Selten, R. [1988] *A General Theory of Equilibrium Selection in Games* (Cambridge: MIT Press).

Hartley, J. [1996] The origins of the representative agent, *Journal of Economic Perspectives*, 10, 169–77.

Hartley, J. [1997] *The Representative Agent in Macroeconomics* (London: Routledge).

Hausman, D. [1992] *The Inexact and Separate Science of Economics* (New York: Cambridge University Press).

Hayek, F. [1937] Economics and knowledge, *Economica*, 4 (NS), 33–54.

Heckman, J. [2000] Causal parameters and policy analysis in economics: a twentieth century retrospective, *Quarterly Journal of Economics*, 115, 45–97.

Hendry, D. F. [1980] Econometrics – alchemy or science? *Economica*, 47 N. S., 387–406.

Hendry, D. F. [2011] Empirical economic model discovery and theory evaluation, *Rationality, Markets and Morals*, 2, 115–45.

Hendry, D. F. and Nielsen, B. [2007] *Econometric Modeling: A Likelihood Approach* (Princeton: Princeton University Press).

Herschel, J. [1830] *Preliminary Discourse on the Study of Natural Philosophy* (London: Longman).

Hey, J. [1981] *Economics in Disequilibrium* (Oxford: Martin Robertson).

Hicks, J. [1939/46] *Value and Capital*, 2nd Ed. (Oxford: Clarendon Press).

Hicks, J. [1956] *A Revision of Demand Theory* (Oxford: Clarendon Press).

Hicks, J. [1976] Some questions of time in economics, in A. Tang, F. Westfield and J. Worley (eds.), *Evolution, Welfare and Time in Economics* (Toronto: Heath), 135–51.

Hicks, J. [1979] *Causality in Economics* (Oxford: Basil Backwell).

Hodgson, G. M. and Knudsen, T. [2006] Why we need a generalized Darwinism, and why generalized Darwinism is not enough, *Journal of Economic Behavior & Organization*, 61, 1–19.

Hollis, M. and Sugden, R. [1993] Rationality in action, *Mind*, 102, 1–35.

Honkapohja, S. and Mitra, K. [2006] Learning stability in economies with heterogeneous agents, *Review of Economic Dynamics*, 9, 284–309.

Hoover, K. D. [1988] *The New Classical Macroeconomics: A Sceptical Inquiry* (Oxford: Blackwell).

Hoover, K. D. [2001] *The Methodology of Empirical Macroeconomics* (Cambridge: Cambridge University Press).

Hoover, K. D. [2003] A history of postwar monetary economics and macroeconomics, in Biddle, J., Davis, J. and Samuels, W. (eds.), *The Blackwell Companion to the History of Economic Thought* (Oxford: Blackwell).

Hoover, K. D. [2012] Microfoundational programs, in Duarte, P. G. and Tadeu Lima, G. (eds.) *Microfoundations Reconsidered: The Relationship of Micro and Macroeconomics in Historical Perspective* (Cheltenham: Edward Elgar), 29–61.

Hoover, K. D. and Perez, S. [1999] Data mining reconsidered: encompassing and the general-to-specific approach to specification search, *Econometrics Journal*, 2, 167–91.

Hoover, K. D., Johansen, S. and Juselius, K. [2008] Allowing the data to speak freely: The macroeconometrics of the cointegrated vector autoregression, *American Economic Review, Papers and Proceedings*, 98, 251–5.

Isaac, M. [1983] Laboratory experimental economics as a tool in public policy analysis, *Social Science Journal*, 45–58.

Jensen, K., Kamath, S. and Bennett, R. [1987] Money in the production function: An alternative test procedure, *Eastern Economic Journal*, 13, 259–69.

Judge, G. G., Griffiths, W. E., Hill, R. C., Lutkepohl, H. and Lee, T. C. [1985] *The Theory and Practice of Econometrics*, 2nd Ed. (New York: John Wiley).

Juselius, K. [2006] *Cointegrated VAR Model: Methodology and Applications* (Oxford: Oxford University Press).

Juselius, K. [2011] On the role of theory and evidence in macroeconomics, in Davis and Hands [2011], 404–36.

Kahneman, D. and Tversky, A. [1979] Prospect theory: an analysis of choice under risk, *Econometrica*, 47, 263–91.

Kaldor, N. [1957] A model of economic growth, *The Economic Journal*, 67, 594–621.

Kaplan, S., Samuels, J. and Cohen, J. [2013] An examination of the effect of CEO social ties and CEO reputation on nonprofessional investors' Say-on-Pay judgments, presented at the 2013 Ethics Symposium sponsored by the University of Waterloo's Centre for Accounting Ethics, April 18–20.

Kennedy, P. E. [2008] *A Guide to Econometrics*, 6th Ed. (Oxford: Blackwell Publishing).

Keynes, J. M. [1936] *General Theory of Employment, Interest and Money* (New York: Harcourt, Brace and World). Keynes, J. M. [1937] The general theory of employment, *Quarterly Journal of Economics*, 51, 209–23.

Kirman, A. [1992] Whom or what does the representative individual represent? *Journal of Economic Perspectives*, 6, 117–36.

Kirman, A. [2006] Forward, in Colander, D. (ed.) *Post Walrasian Macroeconomics: Beyond the Dynamic Stochastic General Equilibrium Model* (Cambridge: Cambridge University Press).

Kirman, A. [2010] Walras' unfortunate legacy, working paper subsequently published as Kirman [2011].

Kirman, A. [2011] Walras' unfortunate legacy, in Bridel [2011], 109–33.

Klein, J. [2001] Reflections from the age of economic measurement, *History of Political Economy*, 33, 111–36.

Klein, L. [1957] The scope and limitations of econometrics, *Applied Statistics*, 6: 1–17.

Klein, L. [1971] Whither econometrics? *Journal of the American Statistical Association*, 66, 415–21.

Kneale, W. and Kneale, M. [1962] *The Development of Logic* (Oxford: Oxford University Press).

Knight, F. [1921] *Risk, Uncertainty and Profit* (Chicago: University of Chicago Press).

Knudsen, T. [2004] General selection theory and economic evolution: The Price equation and the replicator/interactor distinction, *Journal of Economic Methodology*, 11, 147–73.

Kocherlakota, N. [1998] Money is memory, *Journal of Economic Theory*, 81, 232–51.

Koopmans, T. [1941] The logic of econometric business cycle research, *Journal of Political Economy*, 49, 157-81.

Koopmans, T. [1947] Measurement without theory, *The Review of Economics and Statistics*, 29, 161-72.

Koopmans, T. [1957] *Three Essays on the State of Economic Science* (New York: McGraw-Hill).

Kreps, D. [1990] *Game Theory and Economic Modelling* (New York: Oxford University Press).

Krusell, P. and Smith, A. [1998] Income and wealth heterogeneity in the macroeconomy, *Journal of Political Economy*, 106, 867-96.

Krusell, P. and Smith, A. [2006] Quantitative macroeconomic models with heterogenous agents, *Advances in Economics and Econometrics: Theory and Applications, Ninth World Congress, vol. 1, Econometric Society Monographs No. 41* (Cambridge: Cambridge University Press) 298-340.

Kydland, F. and Prescott, E. [1996] The computational experiment: an econometric tool, *Journal of Economic Perspectives*, 10, 69-85.

Kydland, F. E. and Prescott, E. [1991] Econometrics of the general equilibrium approach to business cycles, *The Scandinavian Journal of Economics*, 93, Proceedings of a Conference on New Approaches to Empirical Macroeconomics, 161-78.

La Mura, P. [2009] Projective expected utility: a subjective formulation, *Proceedings of the 12th Conference on Theoretical Aspects of Rationality and Knowledge* (New York: Association for Computing Machinery), 184-92.

Lagueux, M. [2010] *Rationality and Explanation in Economics* (London: Routledge).

Lancaster, T. [2004] *An Introduction to Modern Bayesian Econometrics*

(Oxford: Blackwell Publishing).

Lawson, T. [1988] Probability and uncertainty in economic analysis, *Journal of Post Keynesian Economics*, 11, 38–65.

Leamer, E. [1983] Let's take the con out of econometrics, *American Economic Review*, 73, 31–43.

Leamer, E. [2010] Tantalus on the road to Asymptopia, *Journal of Economic Perspectives*, 24, 31–46.

Ledyard, J., Porter, D. and Rangel, A. [1997] Experiments testing multiobject allocation mechanisms, *Journal of Economics & Management Strategy*, 6, 639–75.

Leijonhufvud, A. [1997] Models and theories, *Journal of Economic Methodology*, 4, 193–8.

Leijonhufvud, A. [2006] The Uses of the Past, *Discussion Paper No. 3* (lecture to ESHET meetings, 2006).

Leonhardt, D. [2008] Greenspan's Mea Culpa, *Economix*, *New York Times*, 23 October.

Leontief, W. [1936] Composite commodities and the problem of index numbers, *Econometrica*, 4, 39–59.

Leontief, W. [1947] Introduction to a theory of the internal structure of functional relationships, *Econometrica*, 15, 361–73.

Levin, A. [2010] Nonlinearities, Risks, and the Design of Monetary Policy, paper given November 16, 2010 to the annual meetings of the Argentina Economics Association.

Levine, D. K. [2011] Neuroeconomics? *International Review of Economics*, 10. 1007/: s12232-011-0128-7.

Levine, D. K. and Zheng, J. [2010] The Relationship of Economic Theory to Experiments, in Frechette, G. and Schotter, A. (eds.) *The Methods of Modern Experimental Economics* (Oxford: Oxford University Press).

Lichtenstein, S. and Slovic, P. [1971] Reversal of preferences between bids and choices in gambling decision, *Journal of Experimental Psychology*, *89*, 46–55.

Lindley, D. [1987] Thomas Bayes (1702–1761), in Eatwell, J., Milgate, M. and Newman, P. (eds.), *The New Palgrave: A Dictionary of Economics* (London: The Macmillan Press), *3*, 205–6.

Lipsey, R. [2012] Some contentious issues in theory and policy in memory of Mark Blaug, in Boumans, M. and Klaes, M. (eds.) *Mark Blaug: Rebel With Many Causes* (Cheltenham: Edward Elgar).

Lipsey, R. [1963] *An Introduction to Positive Economics* (London: Weidenfeld & Nicolson).

Lloyd, C. [1965] On the falsifiability of traditional demand theory, *Metroeconomica*, *17*, 17–23.

Lloyd, C. [1967] *Microeconomic Analysis* (Homewood, IL: Richard D. Irwin, Inc.).

Lloyd, C. [1980] The Northern Stores Project, in Boland, L., Dean, J., Schoner, B. and Tower, E. (eds.) *The Collected Works of Cliff L. Lloyd* (Burnaby: Simon Fraser University).

Loewenstein, G. [1999] Experimental economics from the vantage-point of behavioural economics, *The Economic Journal*, *109*, F25–34.

Lovell, M. [1983] Data mining, *Review of Economic and Statistics*, *65*, 1–12.

Lucas, R. [1980] Methods and problems in business cycle theory, *Journal of Money, Credit and Banking*, *12*, 696–715.

Lucas, R. [1986] Adaptive behavior and economic theory, *Journal of Business*, 59, 401–26.

Lucas, R. [1989] *Recursive Methods in Economic Dynamics* (Cambridge, MA: Harvard University Press).

Lucas, R. and Prescott, E. [1971] Investment under uncertainty, *Econometrica*, 39, 659–81.

Lucas, R. and Sargent, T. [1979] After Keynesian macroeconomics, *Federal Reserve Bank of Minneapolis Quarterly Review* (Spring), 1–16.

Luce, D. and Raiffa, H. [1957] *Games and Decisions* (New York: John Wiley).

Maddala, G. S. [2001] *Introduction to Econometrics*, 3rd Ed. (New York: John Wiley & Sons).

Mäki, U. (ed.) [2012] *Elsevier Handbook of the Philosophy of Science, Volume 13: Philosophy of Economics* (Amsterdam: North Holland).

Makridakis, S. [1986] The art and science of forecasting: an assessment and future directions, *International Journal of Forecasting*, 2, 15–39.

Makridakis, S. [1991] Forecasting in the 21st century, *International Journal of Forecasting*, 7, 123–6.

Makridakis, S., Andersen, A., Carbone, R., Fildes, R., Hibon, M., Lewandovvski, R., Newton, J., Parzen, E. and Winkler, R. [1982]. The accuracy of extrapolation (time series) methods: results of a forecasting competition. *Journal of Forecasting*, 1, 111–53.

Makridakis, S. and Wheelwright, S. [1989] *Forecasting Methods for Management* (New York: John Wiley & Sons).

Makridakis, S., Chatfield, C., Hibon, M., Lawrence, M., Mills, T., Ord, K. and Simmons, L. F. [1993] The M-2 Competition: a real-time judgmentally based forecasting study, *International Journal of Forecasting*, 9, 5 - 23.

Makridakis, S. and Hibon, M. [1979] Accuracy of Forecasting: An Empirical Investigation, *Journal of the Royal Statistical Society Series A*, 142, 97 - 145.

Makridakis, S. and Hibon, M. [2000] The M3-Competition: results, conclusions and implications, *International Journal of Forecasting*, 116, 451 - 76.

Mankiw, N. G. [2006] The macroeconomist as scientist and engineer, *Journal of Economic Perspectives*, 20, 29 - 46.

Mann, H. and Wald, A. [1943] On the statistical treatment of linear stochastic difference equations, *Econometrica*, 11, 173 - 220.

Mantel, R. [1974] On the characterization of aggregate excess demand, *Journal of Economic Theory*, 7, 348 - 53.

Marschak, J. [1953] Economic measurements for policy and prediction, in Hood, W. C. and Koopmans, T. (eds.) *Studies in Econometric Method* (New York: John Wiley & Sons), 1 - 26.

Marshall, A. [1890] *Principles of Economics* (London: Macmillan).

Marshall, A. [1920] *Principles of Economics*, 8th Ed. (London: Macmillan).

Mas-Colell, A., Winston, M. and Green, J. [1995] *Microeconomic Theory* (Oxford: Oxford University Press).

Maxwell, J. [1958] Some Marshallian concepts, especially the representative firm, *The Economic Journal*, 68, 691 - 8.

McAleer, M. [2011] Are forecast updates progressive? *Kyoto Institute of Economic Research*, Discussion Paper No. 762, 1 - 24.

McCloskey, D. N. [1994] *Knowledge and Persuasion in Economics* (Cambridge: Cambridge University Press).

Meyer, L. H. [2004] *A Term at the Fed: An Insider's View* (New York: HarperCollins).

Miller, P. [1978] Forecasting with econometric methods: a comment, *Journal of Business*, *51*, 579–84.

Mittelhammer, R. C., Judge, G. G. and Miller, D. J. [2000] *Econometric Foundations* (New York: Cambridge University Press).

Morgan, M. [1990] *The History of Econometric Ideas* (New York: Cambridge University Press).

Morgan, M. [1998] Model, in Davis, J., Hands, D. W. and Maki, U. (eds.), *The Handbook of Economic Methodology* (Cheltenham: Edward Elgar), 316–21.

Morgan, M. [2001] Making measuring instruments, *History of Political Economy*, *33*, Annual Supplement, 235–51.

Morgan, M. [2008] Models, in Durlauf, S. and Blume, L. (eds.), *The New Palgrave Dictionary of Economics*, 2nd Ed. (London: Palgrave Macmillan).

Morgan, M. [2012] *The World in the Model: How Economists Work and Think* (New York: Cambridge University Press).

Morgan, M. and Knuuttila, T. [2012] Models and modelling in economics, in Mäki [2012], 49–87.

Morgan, M. and Morrison, M. [1999] Models as mediating instruments, in Morgan and Morrison [1999], 10–37.

Morgan, M. and Morrison, M. (eds.) [1999] *Models as Mediators: Perspectives on Natural and Social Science* (Cambridge: Cambridge University Press).

Moore, D., McCabe, G. and Craig, B. [2012] *The Introduction to the Practice of Statistics*, 7th Ed. (New York: W. H. Freeman).

Muth, J. [1961] Rational expectations and the theory of price movements, *Econometrica*, *29*, 315–35.

Nash, J. F., Jr. [1951] Noncooperative games, *Annals of Mathematics*, *54*, 286–95.

Nelson, R. and Winter, S. [1974] Neoclassical vs. evolutionary theories of economic growth: critique and prospectus, *The Economic Journal*, *84*, 886–905.

Nelson, R. and Winter, S. [1982] *An Evolutionary Theory of Economic Change* (Cambridge: Harvard University Press).

Nelson, R. and Winter, S. [2002] Evolutionary theorizing in economics, *Journal of Economic Perspectives*, *16*, 23–46.

Neumann, J. von [1937/45] A model of general equilibrium, *Review of Economic Studies*, *13*, 1–9.

Neumann, J. von and Morgenstern, O. [1953] *Theory of Games and Economic Behavior*, *3rd Ed.* (Princeton: Princeton University Press).

Nikaido, H. [1960/70] *Introduction to Sets and Mappings in Modern Economics* (Amsterdam: North Holland).

Nik-Khan, E. [2008] A tale of two auction, *Journal of Institutional Economics*, *4*, 73–97.

Patinkin, D. [1956] *Money, Interest and Prices* (Evanston, IL: Row, Peterson and Company).

Patinkin, D. [1987] Keynes, John Maynard (1883–1946), in Eatwell, J., Milgate, M. and Newman, P. (eds.) *The New Palgrave: A Dictionary of Economics* (London: The Macmillan Press), *3*, 19–41.

Pesaran, H and Dupleich Ulloa, M. R. [2008] Nonnested Hypotheses, in Durlauf, S. and Blume, L. (eds.), *The New Palgrave Dictionary of Economics*, *2nd Ed.* (London: Palgrave Macmillan). http://www.dictionaryofeconomics. com.

Pesaran, M. and Deaton, A. [1978] Testing non-nested nonlinear regression models, *Econometrica*, 46, 677–94.

Plott, C. [1997] Laboratory experimental testbeds: application to the PCS auction, *Journal of Economics and Management Strategy*, 6, 605–38.

Pope, D. and Schweitzer, M. [2011] Is Tiger Woods loss averse? Persistent bias in the face of experience, competition and high stakes, *American Economic Review*, 101, 129–57.

Popper, K. [1963] *Conjectures and Refutations: The Growth of Scientific Knowledge* (London: Routledge).

Popper, K. [1965] *Conjectures and Refutations: The Growth of Scientific Knowledge, 2nd Ed.* (New York: Basic Books).

Price, G. R. [1972] Extension of covariance selection mathematics, *Annals of Human Genetics*, 35: 485–90.

Price, G. R. [1995] The nature of selection, *Journal of Theoretical Biology*, 175: 389–96.

Rabin, M. [1993] Incorporating fairness into game theory and economics, *American Economic Review*, 83, 1281–1302.

Ramsey, F. [1926/31] Truth and probability, in Braithwaite, R. B. (ed.), *Foundations of Mathematics and Other Logical Essays* (London: Routledge and Kegan Paul), 156–98.

Ramsey, Frank P. [1927] A contribution to the theory of taxation, *The Economic Journal*, 37, 47–61.

Richardson, G. [1959] Equilibrium, expectations and information, *The Economic Journal*, 69, 225–37.

Robbins, L. [1928] The Representative Firm, *The Economic Journal*,

38, 387–404.

Robson, A. [2002] Evolution and human nature, *Journal of Economic Perspectives*, 16, 89–106.

Romer, R. [1986] Increasing returns and long-run growth, *Journal of Political Economy*, 94, 1002–37.

Rosenberg, A. [1978] The puzzle of economic modeling, *Journal of Philosophy*, 75, 679–83.

Rubinstein, A. [1991] Comments on the interpretation of game theory, *Econometrica*, 59, 909–24.

Rubinstein, A. [2006] Discussion of 'Behavioral Economics', in Blundell, R., Newey, W. and Persson, T. (eds.) *Advances in Economics and Econometrics*, *Ninth World Congress* (Cambridge: Cambridge University Press), 246–54.

Rubinstein, A. [2008] Comments on neuroeconomics, *Economics and Philosophy*, 24, 485–94.

Russell, B. [1945] *A History of Western Philosophy* (New York: Simon and Schuster).

Samuelson, L. [2002] Evolution and game theory, *Journal of Economic Perspectives*, 16, 47–66.

Samuelson, L. [2005] Economic theory and experimental economics, *Journal of Economic Literature*, 43, 65–107.

Samuelson, L. and Robson, A. [2010] The evolutionary optimality of decisions and experienced utility, presented at the SFU workshop on the *biological basis of behavioural economics*, 14 May.

Samuelson, P. [1947/65] *Foundations of Economic Analysis* (New York: Atheneum).

Samuelson, P. [1948b] Consumption theory in terms of revealed preference, *Economica*, 15 (NS), 243–53.

Samuelson, P. [1948a] *Economics* (New York: McGraw-Hill).

Samuelson, P. [1953] Consumption theorems in terms of overcompensation rather than indifference comparisons, *Economica*, 20 (NS), 1–9.

Santos, A. C. [2011] Experimental economics, in Davis and Hands [2011], 39–60.

Sargent, T and Wallace, N. [1976] Rational expectations and the theory of economic policy, *Journal of Monetary Economics*, 2, 169–83.

Sargent, T. [1979] *Macroeconomic Theory* (New York: Academic Press).

Sargent, T. [1984] Autoregressions, expectations and advice, *American Economic Review*, 74, *Papers and Proceedings*, 408–15.

Sargent, T. [1993] *Bounded Rationality in Macroeconomics: The Arne Ryde Memorial Lectures* (Oxford: Clarendon Press).

Sargent, T. [2004] *Recursive Macroeconomic Theory* (Cambridge, MA: The MIT Press).

Sargent, T. [2008] Evolution and intelligent design, *American Economic Review*, 98, *Papers and Proceedings*, 3–37.

Saul, J. R. [1995] *The Unconscious Civilization* (Toronto: House of Anansi Press). Savage, L. [1954] *The Foundations of Statistics* (New York: Wiley).

Schumpeter, J. [1933] The common sense of econometrics, *Econometrica*, 1, 5–12.

Selten, R. [1975] The Chain-Store Paradox, *Theory and Decision*, 9, 127–59.

Sent, E. -M. [1997] Sargent versus Simon: bounded rationality unbound, *Cambridge Journal of Economics*, 21, 323–38.

Sent, E. -M. [2004] Behavioral economics: How psychology made its (limited) way back to economics, *History of Political Economy*, *36*, 735–60.

Shackle, G. [1967] *The Years of High Theory* (Cambridge: Cambridge University Press).

Shackle, G. [1972] *Epistemics and Economics* (Cambridge: Cambridge University Press).

Shubik, M. [1959] *Strategy and Market Structure* (New York: John Wiley).

Shubik, M. [2012] What is a solution to a matrix game, *Cowles Foundations Discussion Paper No. 1866*.

Simon, H. [1947] *Administrative Behavior: A Study of Decision-Making Processes in Administrative Organization* (New York: Macmillan).

Simon, H. [1955] A behavioral model of rational choice, *Quarterly Journal of Economics*, *69*, 99–118.

Sims, C. [1980] Macroeconomics and reality, *Econometrica*, *48*, 1–48.

Sims, C. [1996] Macroeconomics and methodology, *Journal of Economic Perspectives*, *10*, 105–20.

Sims, C. [2010] But economics is not an experimental science, *Journal of Economic Perspectives*, *24*, 59–68.

Smith, V. K. [1969] The identification problem and the validity of economic models: a comment, *South African Journal of Economics*, *37*, 81.

Smith, V. L. [1962] An experimental study of competitive market behavior, *Journal of Political Economy*, *70*, 111–37.

Smith, V. L. [1976] Experimental economics: Induced value theory, *American Economic Review*, *66*, 274–9.

Smith, V. L. [1982] Experimental economics: Induced value theory,

American Economic Review, 66, 923 - 55.

Smith, V. L. [1992] Game theory and experimental economics: Beginnings and early influences, *History of Political Economics*, 24, *Supplement*, 241 - 82.

Smith, V. L. [2002] Method in experiment: Rhetoric and reality, *Experimental Economics*, 5, 91 - 110.

Smith, V. L. [2008] *Rationality in Economics: Constructivist and Ecological Forms* (New York: Cambridge University Press).

Solow, R. [1956] A contribution to the theory of economic growth, *Quarterly Journal of Economics*, 70, 65 - 94.

Solow, R. [2008] The state of macroeconomics, *Journal of Economic Perspectives*, 22, 243 - 9.

Solow, R. [2011] Macroeconomics and the uses of general equilibrium, in Bridel [2011], 98 - 101.

Sonnenschein, H. [1972] Market excess demand functions, *Econometrica*, 40, 549 - 63.

Spanos, A. [2008] Statistics and economics, in Durlauf, S. and Blume, L. (eds.), *The New Palgrave Dictionary of Economics*, *2nd Ed*. (London: Palgrave Macmillan) 1129 - 62. http://www.dictionaryofeconomics.com.

Spanos, A. [1995a] On theory testing in econometrics: modeling with non-experimental data, *Journal of Econometrics*, 67, 189 - 226.

Spanos, A. [1995b] On normality and the linear regression model, *Econometric Reviews*, 14, 195 - 206.

Spanos, A. [1999] *Probability Theory and Statistical Inference: econometric modeling with observational data* (Cambridge: Cambridge University Press).

Spanos, A. [2009] The pre-eminence of theory versus the European CVAR perspective in macroeconometric modeling. *Economics: The Open-Access, Open-Assessment E-Journal*, 3, 2009-10. http://www.economics-ejournal.org/economics/journal articles/2009-10.

Spanos, A. [2010a] Theory testing in economics and the error-statistical perspective, in Mayo, D. and Spanos, A. (eds.) [2010] *Error and Inference: Recent Exchanges on Experimental Reasoning, Reliability and the Objectivity and Rationality of Science* (Cambridge: Cambridge University Press), 202-46.

Spanos, A. [2010b] Statistical adequacy and the trustworthiness of empirical evidence: Statistical vs. substantive information, *Economic Modelling*, 27, 1436-52.

Spanos, A. [2011] Revisiting Haavelmo's structural econometrics: Bridging the gap between theory and data, paper presented at the Trygve Haavelmo Centennial Symposium, December 13, 2011, in 'Gamle festsal', Domus Academica, Oslo.

Spanos, A. [2012] Philosophy of econometrics, in Mäki [2012], 329-93.

Starmer, C. [1999] Experiments in economics: should we trust the dismal scientists in white coats? *Journal of Economic Methodology*, 6, 1-30.

Stigler, G. [1954] The early history of empirical studies of consumer behavior, *Journal of Political Economy*, 62, 95-113.

Sugden, R. [1998] The role of inductive reasoning in the evolution of conventions, *Law and Philosophy*, 377-410.

Sugden, R. [2008] The changing relationship between theory and experiment in economics, *Philosophy of Science*, 75, 621-32.

Sugden, R. [2013] Review of Morgan [2012], *Erasmus Journal for Philosophy and Economics*, 6, 108-14.

Summers, L. [1991] Scientific illusion in empirical macroeconomics, *Scandinavian Journal of Economics*, 93, 129-48.

Swamy, P. A. V. B. [1970] Efficient inference in a random coefficient regression model, *Econometrica*, 38, 311-23.

Swamy, P. A. V. B., Conway, R. and von zur Muehlen, P. [1985] The foundations of econometrics—are there any? *Econometric Reviews*, 4, 1-61.

Vajda, S. [1956] *The Theory of Games and Linear Programming* (London: Methuen & Co.).

Valavanis, S. [1959] *Econometrics: An Introduction to Maximum Likelihood Method*, edited from manuscript by A. Conrad (New York: McGraw-Hill).

Varian, H. [1992]. *Microeconomic Analysis*, 3rd Ed. (New York: Norton).

Varian, H. [2006]. *Intermediate Microeconomics: A Modern Approach*, 7th Ed. (New York: Norton).

Vromen, J. [2004] Conjectural revisionary economic ontology: Outline of an ambitious research agenda for evolutionary economics, *Journal of Economic Methodology*, 11, 213-47.

Vromen, J. [2006] Routines, genes and program-based behavior, *Journal of Evolutionary Economics*, 16, 543-60.

Vromen, J. [2012] Ontological issues in evolutionary economics: The debate between Generalized Darwinism and the Continuity Hypothesis, in Mäki [2012], 737-63.

Wald, A. [1936/51] On some systems of equations of mathematical economics, *Econometrica*, 19, 368-403.

Walker, D. A. [1996] *Walras's Market Models* (Cambridge: Cambridge

University Press).

Weintraub, E. R. [1979] *Microfoundations* (Cambridge: Cambridge University Press).

Winter, S. [1971] Satisficing, selection, and the innovating remnant, *Quarterly Journal of Economics*, 85, 237–61.

Witt, U. [2012] Evolutionary economics and psychology, Lewis, A. (ed.), *Cambridge Handbook of Psychology and Economic Behavior* (Cambridge: Cambridge University Press) 493–511.

Wolfe, J. [1954] The representative firm, *The Economic Journal*, 64, 337–49.

Woodford, M. [1999] Revolution and Evolution in Twentieth Century Macroeconomics, presented at the conference Frontier of the Mind in the Twenty-First Century, Library of Congress, Washington, D. C.

Wray, R. [2011] The dismal state of macroeconomics and the opportunity for a new beginning, in Davis and Hands [2011], 452–69.

Zaman, A. [1996] *Statistical Foundations for Econometric Techniques* (San Diego: Academic Press).

Zarnowitz, V. [1967] *An Appraisal of Short-term Economic Forecasts* (New York: Columbia University Press).

Zellner, A. [1978] Folklore versus facts in forecasting with econometric methods, *Journal of Business*, 51, 587–93.

人名索引

Allen, W. R., 威廉·艾伦, 103
An, S., 安, 1, 32, 37, 61, 64, 112, 140, 143, 151-2, 162, 173, 206, 232
Angrist, J., 约书亚·安格里斯特, 98-100, 103, 165
Armstrong, J. S., 阿姆斯特朗, 141
Arrow, K., 肯尼思·阿罗, 20, 38-9, 42, 46-52, 54, 63, 66, 73, 109, 115, 135
Aumann, R., 罗伯特·奥曼, 79-80, 82-4, 88, 92, 94, 228

Barro, R., R. 巴罗, 42
Becker, G., 加里·贝克尔, 40
Bicchieri, C., 克里斯蒂娜·比奇耶里, 92
Binmore, K., 肯尼思·宾默尔, 70, 77, 80, 82-8, 92, 182
Blanchard, 布兰查德, 106
Boland, L., L. 博兰德, 5, 7, 22-4, 27-9, 34, 37-8, 40, 42, 44-5, 48, 56, 77, 85-6, 91, 93, 107-9, 154, 163, 173, 177, 179, 181, 185, 191, 235-6, 239
Borrill, P., 保罗·博里尔, 120
Boumans, M., 马赛尔·布曼斯, 2, 8, 225

Camerer, C., 科林·凯莫勒, 162
Carlaw, K., 肯尼恩·卡劳, 169
Chari, V. V., V. V. 查理, 100-1, 104

Clements, M., 迈克尔·克莱门茨, 139
Clower, R., 罗伯特·克洛尔, xvi, 23, 66, 77
Colander, D., 大卫·科兰德, 119-21, 233-9, 248
Cowell, F., 弗兰克·考威尔, xiv

Darden, S., 塞文·达登, 171, 173
Davidson, P., 保罗·戴维森, 28, 55, 91, 133-4
Debreu, G., 吉拉德·德布鲁, 30, 35, 37-9, 46, 48, 51-2, 63, 109, 115, 135, 175
Duffy, J., 约翰·达菲, 160-1

Eddington, A., 亚瑟·爱丁顿, 39, 43
Einstein, A., 阿尔弗雷德·爱因斯坦, 84, 87

Ferguson, C. E., C. E. 弗格森, xv
Fisher, F. or I., 富兰克林·费舍尔, 欧文·费舍尔, 22, 30-1, 54, 224, 236-7
Flores, B., 贝尼托·弗洛雷斯, 144
Foster, J., 约翰·福斯特, 166
Franses, P. H., 菲利普·汉斯·弗朗西斯, 143
Friedman, B., 本杰明·弗里德曼, 44,

57，113

Friedman, D.，丹尼尔·弗里德曼，158，163

Friedman, M.，米尔顿·弗里德曼，37，62-3，102，110，181，191，227-8，239，245-7，249

Frisch, R.，拉格纳·弗里希，19，42，47，97，125

Fudenberg, D.，德鲁·弗登伯格，61-2

Gibbard, A.，阿兰·吉伯德，226

Gilboa, I.，伊扎克·吉尔伯亚，226

Govindan, S.，斯里哈里·戈温丹，69，74，92

Granger, C.，克莱夫·格兰杰，6-7，10，123，126，136

Green, J.，格林，xiv

Grossman, H.，格罗斯曼，42

Grubel, H.，赫伯特·格鲁贝尔，9，235

Guala, F.，弗朗西斯·瓜拉，150，156-8，228，230

Haavelmo, T.，特里夫·哈维默，128

Hahn, F.，弗兰克·H. 哈恩，9，54-5

Hands, D. W.，D. 韦德·汉兹，228-9

Hargreaves Heap, S.，肖恩·哈格里夫斯·希普，72，92，

Harsanyi, J.，海萨尼，78

Hartley, J.，詹姆斯·哈特利，33-4，37，43，45，60，113

Hausman, D.，丹尼尔·豪斯曼，224-5

Hayek, F.，F. 哈耶克，88，249

Heckman, J.，詹姆斯·赫克曼，1，112，121

Hendry, D.，大卫·亨德利，100-2，105，139，144-5，247-8

Herschel, J.，约翰·赫歇尔，227

Hibon, M.，米歇尔·希邦，141-3

Hicks, J.，约翰·希克斯，20，32，38-42，63，67，124，136，185

Hollis, M.，马丁·霍利斯，91，93

Hoover, K. D.，凯文·胡佛，31-2，34-5，106，108，117-18，237

Howitt, P.，彼得·霍伊特，119

Isaac, M.，马克·艾萨克，85，155，227

Juselius, K.，卡塔丽娜·朱塞利乌斯，118-19，248

Kahneman, D.，卡尼曼，158

Kaldor, N.，尼古拉斯·卡尔多，40

Kehoe, P.，帕特里克·基霍，100-1，104

Kennedy, P. E.，彼得·肯尼迪，117-18，140，143

Keynes, J. M.，约翰·梅纳德·凯恩斯，2，19-20，29，32，44-5，63，91，105，109，110-11，120，246，249

Kirman, A.，阿兰·科曼，30，35-8，46，61，66，116，119，121，172，179

Klein, L.，劳伦斯·克莱因，11，32，108，140-1

Knetsch, J.，杰克·奈奇，149

Knight, F.，弗兰克·奈特，91

Kocherlakota, N.，纳拉亚娜·科切拉科塔，54

Koopmans, T.，特亚林·库普曼斯，181，236-7，245

Kreps, D.，大卫·克雷普斯，72，74，79，83

Krusell, P.，佩尔·克鲁塞尔，37

Kydland, F.，芬恩·基德兰德，5，10，113，153，160，176

Leamer, E.，爱德华·利默尔，98-102，149

Legerstee, R.，里安·勒格斯泰，143

Leijonhufvud, A.，阿克塞尔·雷因霍夫德，xii，119，226

Leontief, W.，华西里·列昂惕夫，11，29

Levine, D. K.，大卫·莱文，61-2，151

Lipsey, R.，理查德·利普西，46，51，140，

169

Lloyd, C., 克利夫·劳埃德, xv, xvii, 151, 165

Loewenstein, G., 乔治·洛温斯坦, 162

Lucas, R., 罗伯特·卢卡斯, 19, 32-3, 40, 43, 45, 56, 62-3, 108, 111, 113, 133, 176

Makridakis, S., 斯佩诺斯·马克里达基斯, 141-3

Mantel, R., 曼特尔, 30, 35, 37

Marschak, J., 雅各布·马克沙尔, 126, 133-4

Marshall, A., 阿尔弗雷德·马歇尔, 20-2, 25-8, 32-4, 44-5, 65, 107-8

MasColell, A., 马斯克莱尔, xiv

McAleer, M., 迈克尔·麦卡利尔, 143

Mehrling, P., 佩里·梅林, 119

Meyer, L. H., 劳伦斯·梅耶, 103

Morgan, M., 玛丽·摩根, 2, 9, 112, 225

Morgenstern, O., 奥斯卡·摩根斯坦, 81, 86, 91

Muth, J., 约翰·穆斯, 57, 113

Nash, J., 约翰·纳什, 24, 61, 71-4, 92

Negishi, T., 根岸隆, 54

Nelson, R., 理查德·纳尔逊, xii-xiii, xvii, 166-70

Neumann, J. von, 约翰·冯·诺伊曼, 41, 78, 81, 86, 91

Newton, I., 艾萨克·牛顿, 14, 84-5, 87, 90, 191, 226-7, 246

Nikaido, H., 胡库坎·尼凯多, 47

Nik-Khan, E., 爱德华·尼克-卡恩, 157

Patinkin, D., 唐·帕廷金, 109, 110-11

Pearce, S., 斯蒂芬·皮尔斯, 144

Perez, S., 斯蒂芬·佩雷斯, 117, 237

Pischke, J., 约恩-斯特芬·皮施克, 98-100, 103, 165

Popper, K., 卡尔·波普尔, 188, 226, 241

Postlewaite, A., 安德鲁·波斯莱维特, 226

Prescott, E., 爱德华·普雷斯科特, 5, 10, 56, 113, 153, 160, 176

Rabin, M., 马修·拉宾, 162

Ramsey, F. P., 弗兰克·拉姆齐, 90-1, 101

Robbins, L., 莱昂内尔·罗宾斯, 33

Romer, P., 保罗·罗默, 48

Rosenberg, A., 亚历山大·罗森伯格, 226

Rubinstein, A., 阿里尔·鲁宾斯坦, 76-7, 83, 162

Samuelson, L., 拉里·萨缪尔森, 23, 150, 163

Samuelson, P., 保罗·萨缪尔森, xiii, 2, 12, 20, 42, 91, 140, 174, 185-6, 222, 226, 241-2, 245, 247

Santos, A. C., 安娜·C. 桑托斯, 151, 156-7

Sargent, T., 托马斯·萨金特, 33, 56, 62-4, 89, 105-6, 110

Savage, L., 伦纳德·萨维奇, 83, 91

Schmeidler, D., 大卫·施梅德勒, 226

Schumpeter, J., 约瑟夫·熊彼特, 97, 123, 125, 251

Selten, R., 莱茵哈德·泽尔滕, 78, 83

Shackle, G., 乔治·沙克尔, 28, 55

Shubik, M., 马丁·舒比克, 78, 94

Simon, H., 赫伯特·西蒙, 26, 89-90, 151, 163, 168, 243, 245

Sims, C., 克里斯托弗·西姆斯, 63, 104, 112, 154, 159

Smith, A., 亚当·斯密, 9

Smith, A. Jr., 小安东尼·史密斯, 37

Smith, V. K., V. 克里·史密斯, 188

Smith, V. L., 弗农·史密斯, 20, 94, 150-2, 154-7, 159, 172, 179, 250

Solow, R., 罗伯特·索洛, 30, 59-60, 64, 101-2, 239

Sonnenschein, H., 索南夏, 30, 35, 37, 46

Spanos, A., 阿里斯·斯帕诺斯, 129, 145,

205-6，233，235-9，248
Starmer，C.，克里斯·斯塔默，156
Sugden，R.，罗伯特·萨格登，91，93，151，155，214
Summers，L.，劳伦斯·萨默斯，117-18

Tesfatsion，L.，利·特斯法森，120

Valavanis，S.，斯特凡·瓦拉瓦尼斯，1
Varian，H.，哈尔·瓦里安，xvi，226
Varoufakis，Y.，雅尼斯·瓦鲁法克斯，72，92
Vromen，J.，杰克·弗罗门，166-8

Wald，A.，亚伯拉罕·瓦尔德，28，35，53，108，175
Walker，D. A.，唐纳德·沃克尔，27，64
Wallace，N.，尼尔·华莱士，33，56
Weintraub，E. R.，E. 罗伊·温特劳布，67-8，236
Wilson，R.，罗伯特·威尔逊，69，74，92
Winston，M.，温斯顿，xiv
Winter，S.，西德尼·温特，xii-xiii，xvii，166-70
Witt，U.，乌尔里希·威特，168
Wolfe，J.，约翰·沃夫，33
Woodford，M.，迈克尔·伍德福特，105-6

Zheng，J.，郑捷，151

关键词索引

17th Century, 17 世纪, 10, 173, 214, 226, 228-9

aggregation, 加总, 28-32, 34, 37, 108
    problem of, 问题, 29-30, 32, 34, 37
    program, 方案, 32, 108
ambiguity of direct model refutation, 直接反驳模型时的模糊性, 178, 180
Apology, Plato's, 柏拉图,《申辩篇》, 85
assumptions, 假定
    behavioural, 行为, 51, 153, 160, 163, 165-6, 177, 179, 230
        maximization, 最大化, 22-3, 25, 27, 36, 47-8, 58, 65, 67-8, 71, 76, 89-90, 158, 163
        optimization, 最优, 22, 34, 115, 161
        satisficing, 满足, 89, 168, 243
        utility maximization, 效用最大化, 91
    plausibility, 合理性, 32, 66, 75, 94
    probabilistic, 可能性, 209, 237-8
    simplifying, 简化, 177-9, 183, 224
    substantive, 实质性, 237

Bayes' theorem, 贝叶斯定理, 86-7
behavioural economics, 行为经济学, 26, 149-50, 162, 165, 167-8
    agent-based model (ABM), 基于个体的模型, 120
    evolutionary, 演化, 164
    experimental, 实验, 163
    Experiments as models of, 作为个体行为模型的实验, 165
    laboratory-based, 实验室型, 163

combined simultaneous tests, 联合同步检验, 186-8, 192, 198, 200-1
comparative statics, 比较静态, 29
counter-examples, 反例, xi, 84-5, 90, 182-9, 192-5, 197-201, 212-13, 217, 231
Cowles Commission, 考尔斯委员会, 112, 121, 236
culture of mathematicians, 数学文化, 73, 247-9

data, 数据
    experimental, 实验, 117, 204, 207, 209, 211
    mining, 挖掘, 10, 203, 210, 214-17, 237
    non-experimental, 非实验, 101, 113, 140, 172, 176, 204, 207-8, 210-13
    observational, 观察, 58-9, 172-4, 176, 179, 195, 207-8, 211, 214
data-generating mechanism, 数据生成机制, 210-14, 216
deep (structural) parameters, 深层（结构）

参数，40，43
demand，需求
  aggregate，总，10，29-30，45，178
  excess，超额，30，35，47，50，64-5
  Giffen effect，吉芬效应，185
  Giffen goods，吉芬商品，50
design，设计
  experimental，实验，129，149-52，154-5，158-61，164，208，211，224
  mechanism，机制，156-7
  research，研究，99，163，166
  Duhem-Quine problem，杜赫姆-奎恩问题，13，152，154-5，159-61，165-6，170，172，179-80，183，187，202，244
dynamics，动态
  and disequilibrium models，非均衡模型，43，64，66
  neoWalrasian，新瓦尔拉斯，66-7

econometrics，计量经济
  ARARMA，143
  ARIMA，143
  Autoregression，回归
    Cointegrated Vector (CVAR)，协整向量自回归，105，117-20，233，248
    Vector (VAR)，向量自回归，110，112-13，118-19，122，135，139
estimation，估计
  ergodicity，遍历性，134
    ordinary least squares (OLS)，普通最小二乘，205-6，213，216
    pre-test bias，检验前偏差，210，213-15
    robust estimators，稳健估计量，205-7，209，212
  Regression，回归
    Classical Linear (CLR)，经典线性回归，129，204-5
Edgeworth-Bowley box，埃奇沃思-鲍利盒状图，64

engineering，工程学
  design，设计，176
engineers versus scientists，工程学家与科学家，100-2，115，171，181，231，262
equilibria, equilibrium，均衡
  'unstable'，"稳定均衡"，49
  and complete explanation，完全的解释，50，109，127
  and completeness，完全性，52
  and universal maximization，广义最大化，25，65
  Edgeworthian，埃奇沃思，64，67
  existence proof，存在性证明，9，175
  general，一般
    heterogeneous agents，异质性经济人29，37，253
    money and time in，金钱和时间，28，55，108
    Walras's，瓦尔拉斯，9，46，64
    Walrasian，瓦尔拉斯，26-7，31，33，38，51，55，60，64，66，68，78，102，108，113，115，169
  long-run，长期，27，33，43，111
  market and universal maximization，市场和广义最大化，25，46，65
  Marshallian partial，马歇尔局部，20，26，28，78，124
  self-confirming，自我确认，61-2
  uniqueness of，唯一性，52-3
  versus balance，平衡，25，48-9
  stable，稳定，24
  unstable，非稳定，49
errors，误差
  distribution of，分配
    fat-tailed，"厚尾"，205-6
  measurement，测量，179，189-93，204-5
  observation，观察，128，133，179，187，191，193，196，198，206
outlier，异常值，206-7
Type Ⅰ and Type Ⅱ，Ⅰ类和Ⅱ类，197，200

关键词索引

299

evolutionary economics，演化经济学
　　Darwinian，达尔文，167，169
　　　price equation，价格等式，170
expectations，预期
　　rational，理性，44-5，57-9，61，101-2，105，110，159
expected utility theory，预期效用理论，91，158
experimental, experiments，实验
　　economics，经济学，150，231
　　　field，实地实验，163，165
　　macroeconomics，宏观，162
　　　laboratory-based，基于实验室的，160
models，模型
　　and external validity，外部有效性，152，155-61，164-6
　　　exhibits，展示，36，151-5，179
　　　technological，技术，157
　　　survey-based，基于调查的，163，165
　　　laboratory，实验室，150-2，155-6，158-61，163
explanation，解释
　　black boxes，"黑箱"，77，230
　　　deductive-nomological model，演绎-律则模型，229
　　　transparent boxes，"透明箱"，230-1

Federal Communications Commission (FCC)，联邦通信委员会，156-7
forecasting, forecasts，预测
　　and making predictions，作预测，123，133-5

game theory，博弈论
　　and linear programming，线性规划，68
　　simplex method，简单模型，68
　　axioms of，公理，83-4
　　backward induction，逆向归纳，80-2，88，92
　　　Common Knowledge of Rationality (CKR)，有关"理性的共同知识"，76，80-4，86，88-9，92
　　counter-factuals，反事实，83-4，86-7，182
　　equilibrium solution，均衡解法，52，72，74，78，81
　　　Nash，纳什，24，61，71-4，92
　　evolutionary，演化，29，100，163，169
　　forward induction，正向归纳，88，92
　　knowledge of players，参与者的知识，75，79，81，83，88
　　multiple equilibria，多重均衡，51-2
　　　Nash，纳什，72，74
games，博弈
　　centipede，蜈蚣，80-2，84，88
　　cooperative，合作，94
　　extensive form，扩展型，69，74，78，80，88
　　matrix or normal form，矩阵型或正常型，69，78，93，112，
　　non-cooperative，非合作，61，69，78-9，93
　　payoffs，支付，69，71-2，76，81，83，88，90，93
　　players，参与者，24，61，69-84，87-90，93-4，157，243
　　strategic form，策略型，69

heterogeneous agents，异质性经济人，29，37

ideology, ideological perspective，意识形态，意识形态观点，111，113，241-2，245，248-50
ignorant monopolist，无知的垄断者，66
induction，归纳
　　mathematical，数学，81
　　problem of，问题，44，56-8，81，86，88，154，227，228
　　scientific，科学，84-5，87
inductivism，归纳推理
　　17th Century，17世纪

18th Century，18 世纪，81，191，225 - 7，246

Baconian，培根，10，214，227，229

institutional, institutions，机构，46，50，65，73，78，88，93，101，106，108，111，116，156，158，162，168，178，186，234，248 - 9

instrumentalism，工具主义
 18th Century，18 世纪，225，227
 and Cardinal Bellarmino，贝拉尔米诺主教，226
 and Milton Friedman's 1953 essay，米尔顿·弗里德曼 1953 年发表的论文，37，62，191，245，247

knowledge，知识
 as commitment，承诺，80
 Socratic view of，苏格拉底观点，84

learning，学习
 inductive，归纳，7，56 - 8
 Socratic，苏格拉底，87

logic，逻辑
 axioms of，公理，86 - 7，196
  excluded-middle，排中律，86 - 7，196
 modus ponens，肯定前件式，244
 modus tollens，否定后件式，179，244
 quantificational，量化，84，184
 strictly universal statements，严格一般陈述，81，154
 tautologies，赘述，12，85，174，222

Lucas Critique，卢卡斯批评，33，40，43，45

macroeconomic, macroeconomics，宏观经济学
 aggregative，总，109
 and the DSGE model，DSGE 模型，28，42，101，105，110 - 21，160，233，248
 Keynesian，凯恩斯，xi，21，32 - 3，62，109，111，132，140，241

econometricians，宏观经济学家，246 - 7

marginal propensity to consume，消费的边际倾向，128，132

Patinkin-type，帕廷金，109 - 11

macro-econometric models，宏观经济模型，62，98，105 - 6，112，119 - 20，223，233，238，248
 structuralist，结构主义学家，113，121 - 2

methods，方法
 general-to-specific，一般到特殊，233 - 4，238，248
 pre-eminence of theory，理论视角突出，118，233，236
  theory-comes-first，理论至上，233 - 9，248
 neoclassical-Keynesian，新古典凯恩斯，103
 neo-Keynesian，新凯恩斯，111，249
 New Classical，新古典，102 - 3
 New Keynesian，新凯恩斯，38，40，102 - 3，115
 Real Business Cycle（RBC），真实经济周期，102，113，116

market，市场
 demand，需求，25，32
 supply，供给，24 - 5，42，45，49 - 50，128 - 9，135，223

methodological individualism，方法论上的个人主义，34，93 - 4

methodology，方法
 big-M，大 M，222，243
 empiricism，经验主义，228 - 9
 logical positivism，逻辑实证主义，229
 realism，现实主义，32，37，62，73 - 5，78，81，84，94，103，162 - 3，229，236 - 41，243 - 7，250 - 1
  as substantive adequacy，统计充分性，239
 small-m，小 m，223，243

micro-foundations，微观基础，29 - 37，43，45，57，59 - 61，65 - 8，102，106，108 -

10，113，115-16，120-1，161
representative agents，代表性经济人，31-2，34-8，44，60，66，102，108
representative firm，代表性公司
　Marshall's，马歇尔，32，34，262，266
　Sonnenschein-Debreu-Mantel theorems，索南夏-德布鲁-曼特尔定理，30，35，37，46
　　vs. macrofoundations，宏观基础，45，109
models，模型
　and behavioural hypotheses, theories，行为假设，理论，4-8，150-1，154，159，164-5，177，192，194，208，217，222
　and stochasticism，随机论，172，188-91
　as instruments，工具，2，5，8-13，37，71，193，226-8，239
　as laboratories，实验，19，160
　axiomatic analysis of，定理分析，109
　calibrate, calibration，校准，5，10，12，106，114，160，182
　dynamic，动态
　　and time，时间，28，38-9，48，54
　　vs. time-as-a-subscript，时间作为下标，39
　game-theoretic，博弈理论，24，29，65，67-73，75，78-81，83，88-9，91-4，154，157，161，163，165
　general equilibrium，一般均衡
　　fixed points，固定点，53，175
　　　calculus based model，基于微积分的模型，21，53，68，71，175
　　　set-theory based model，基于设定理论的模型，9，53，120，175
　　stability analysis，稳定性分析，24，52，54
　mathematics and formalism，数学方法和形式主义，xiii
　non-stochastic，非随机，xi，13，127-30，173，186，199

representative，代表性，4
　representative agents，代表性经济人，35-6，60，116，179
sequence of，顺序，221，236，239
specifying，设定，xvi，1-2，7，10，29，33，51，55，69，72，88，115，117，121，161，177-9，181-4，190-2，204，206，208-9，211-13
testing with，测验，180
theories versus，理论，xii-xiv，xvii
variables，变量
　endogenous，内生，40-4，48，53，55，105，123，127，134，138，177，183-4，186，199，210
　exogenous，外生，4，40-1，43，123，126-8，130，134，138，144，177，183-4，186，199，208，210
　exogenous vs. endogenous，内生与外生，7

neoclassical economics, theory，新古典经济学，理论，45，103，115，162，166，168，250

Pareto optimum, optimality，帕累托最优，优化，71，115
philosophy of science，哲学科学，155，197，225，230-1
probabities, probability，概率
　conditional，条件，86
　subjective，主观，83，134
psychology, psychological，心理学，心理学的，26，76，91，132，162-3

Rational Expectations Hypothesis，理性预期假设，56-9，118
rationality，理性
　Bayesian，贝叶斯，83，86-7，92
　bounded，有限，63，89，92

sociology, sociological，社会，社会学的，

15, 115, 164, 231-4, 236, 242

statistical models, 统计模型, xi, 127-8, 189-93, 199, 201-2, 204, 206-13, 216, 236-8

 and stochastic worlds, 随机世界, 189

 misspecification, 错误设定, 145, 207, 210, 212, 214, 216, 237

 misspecification errors, 错误设定误差, 210

 misspecification tests, 错误设定测验, 207, 212, 214-15

 misspecified, 错误设定, 204, 209-12, 216, 238

 statistical adequacy, 统计充分性, 13, 106, 119, 145, 173, 198, 203, 207-9, 213, 216, 234, 237-9

stochasticism, 随机主义, 172, 189-91

stylized facts, 特征事实, 179, 239

testability, 可测试性, xii, 12, 174, 222, 241

tests, testing, 测试

 criteria, 标准

  confirmation, 确认, xiii, 13, 131-2, 194-5, 197-202, 212

  corroboration, 证实, 188, 200

  disconfirmation, 证伪, 13, 195-7, 200-2, 212

  non-confirmation, not-confirmed, 证伪, 195-7, 200

  non-disconfirmation, not-disconfirmed, 证实, 196, 200

 informativeness of models, 模型的信息, 173, 186

 non-nested hypothesis test, 非嵌套式的假设检验, 183

 Null Hypothesis, Neyman-Person, "零假设", 奈曼-皮尔逊, 213, 215

 with models, 模型, 12-13, 182

uncertainty, 不确定, 7, 55-6, 85-6, 91, 110-11, 114, 127, 134, 169

经济科学译丛

序号	书名	作者	Author	单价	出版年份	ISBN
1	经济建模：目的与局限	劳伦斯·A. 博兰德	Lawrence A. Boland	49.00	2020	978-7-300-28532-0
2	计量经济分析(第八版)(上下册)	威廉·H. 格林	William H. Greene	158.00	2020	978-7-300-27645-8
3	微观经济学(第四版)	保罗·克鲁格曼等	Paul Krugman	86.00	2020	978-7-300-28321-0
4	发展宏观经济学(第四版)	皮埃尔·理查德·阿根诺等	Pierre-Richard Agenor	79.00	2020	978-7-300-27425-6
5	平狄克《微观经济学》(第九版)学习指导	乔纳森·汉密尔顿等	Jonathan Hamilton	42.00	2020	978-7-300-28281-7
6	经济地理学：区域和国家一体化	皮埃尔-菲利普·库姆斯等	Pierre-Philippe Combes	56.00	2020	978-7-300-28276-3
7	公共部门经济学(第四版)	约瑟夫·E. 斯蒂格利茨等	Joseph E. Stiglitz	96.00	2020	978-7-300-28218-3
8	递归宏观经济理论(第三版)	拉尔斯·扬奎斯特等	Lars Ljungqvist	128.00	2020	978-7-300-28058-5
9	策略博弈(第四版)	阿维纳什·迪克西特等	Avinash Dixit	85.00	2020	978-7-300-28005-9
10	劳动关系(第10版)	小威廉·H. 霍利等	William H. Holley, Jr.	83.00	2020	978-7-300-25582-8
11	微观经济学(第九版)	罗伯特·S. 平狄克等	Robert S. Pindyck	93.00	2020	978-7-300-26640-4
12	宏观经济学(第十版)	N. 格里高利·曼昆	N. Gregory Mankiw	79.00	2020	978-7-300-27631-1
13	宏观经济学(第九版)	安德鲁·B. 亚伯等	Andrew B. Abel	95.00	2020	978-7-300-27382-2
14	商务经济学(第二版)	克里斯·马尔赫恩等	Chris Mulhearn	56.00	2019	978-7-300-24491-4
15	管理经济学：基于战略的视角(第二版)	蒂莫西·费希尔等	Timothy Fisher	58.00	2019	978-7-300-23886-9
16	投入产出分析：基础与扩展(第二版)	罗纳德·E. 米勒等	Ronald E. Miller	98.00	2019	978-7-300-26845-3
17	宏观经济学：政策与实践(第二版)	弗雷德里克·S. 米什金	Frederic S. Mishkin	89.00	2019	978-7-300-26809-5
18	国际商务：亚洲视角	查尔斯·W. L. 希尔等	Charles W. L. Hill	108.00	2019	978-7-300-26791-3
19	统计学：在经济和管理中的应用(第10版)	杰拉德·凯勒	Gerald Keller	158.00	2019	978-7-300-26771-5
20	经济学精要(第五版)	R. 格伦·哈伯德等	R. Glenn Hubbard	99.00	2019	978-7-300-26561-2
21	环境经济学(第七版)	埃班·古德斯坦等	Eban Goodstein	78.00	2019	978-7-300-23867-8
22	管理者微观经济学	戴维·M. 克雷普斯	David M. Kreps	88.00	2019	978-7-300-22914-0
23	税收与企业经营战略：筹划方法(第五版)	迈伦·S. 斯科尔斯等	Myron S. Scholes	78.00	2018	978-7-300-25999-4
24	美国经济史(第12版)	加里·M. 沃尔顿等	Gary M. Walton	98.00	2018	978-7-300-26473-8
25	组织经济学：经济学分析方法在组织管理上的应用(第五版)	塞特斯·杜马等	Sytse Douma	62.00	2018	978-7-300-25545-3
26	经济理论的回顾(第五版)	马克·布劳格	Mark Blaug	88.00	2018	978-7-300-26252-9
27	实地实验：设计、分析与解释	艾伦·伯格等	Alan S. Gerber	69.80	2018	978-7-300-26319-9
28	金融学(第二版)	兹维·博迪等	Zvi Bodie	75.00	2018	978-7-300-26134-8
29	空间数据分析：模型、方法与技术	曼弗雷德·M. 费希尔等	Manfred M. Fischer	36.00	2018	978-7-300-25304-6
30	《宏观经济学》(第十二版)学习指导书	鲁迪格·多恩布什等	Rudiger Dornbusch	38.00	2018	978-7-300-26063-1
31	宏观经济学(第四版)	保罗·克鲁格曼等	Paul Krugman	68.00	2018	978-7-300-26068-6
32	计量经济学导论：现代观点(第六版)	杰弗里·M. 伍德里奇	Jeffrey M. Wooldridge	109.00	2018	978-7-300-25914-7
33	经济思想史：伦敦经济学院讲演录	莱昂内尔·罗宾斯	Lionel Robbins	59.80	2018	978-7-300-25258-2
34	空间计量经济学入门——在R中的应用	朱塞佩·阿尔比亚	Giuseppe Arbia	45.00	2018	978-7-300-25458-6
35	克鲁格曼经济学原理(第四版)	保罗·克鲁格曼等	Paul Krugman	88.00	2018	978-7-300-25639-9
36	发展经济学(第七版)	德怀特·H. 波金斯等	Dwight H. Perkins	98.00	2018	978-7-300-25506-4
37	线性与非线性规划(第四版)	戴维·G. 卢恩伯格等	David G. Luenberger	79.80	2018	978-7-300-25391-6
38	产业组织理论	让·梯若尔	Jean Tirole	110.00	2018	978-7-300-25170-7
39	经济学精要(第六版)	巴德.帕金	Bade, Parkin	89.00	2018	978-7-300-24749-6
40	空间计量经济学——空间数据的分位数回归	丹尼尔·P. 麦克米伦	Daniel P. McMillen	30.00	2018	978-7-300-23949-1
41	高级宏观经济学基础(第二版)	本·J. 海德拉	Ben J. Heijdra	88.00	2018	978-7-300-25147-9
42	税收经济学(第二版)	伯纳德·萨拉尼耶	Bernard Salanié	42.00	2018	978-7-300-23866-1
43	国际贸易(第三版)	罗伯特·C. 芬斯特拉	Robert C. Feenstra	73.00	2017	978-7-300-25327-5
44	国际宏观经济学(第三版)	罗伯特·C. 芬斯特拉	Robert C. Feenstra	79.00	2017	978-7-300-25326-8
45	公司治理(第五版)	罗伯特·A. G. 蒙克斯	Robert A. G. Monks	69.80	2017	978-7-300-24972-8
46	国际经济学(第15版)	罗伯特·J. 凯伯	Robert J. Carbaugh	78.00	2017	978-7-300-24844-8

经济科学译丛						
序号	书名	作者	Author	单价	出版年份	ISBN
47	经济理论和方法史(第五版)	小罗伯特·B. 埃克伦德等	Robert B. Ekelund. Jr.	88.00	2017	978-7-300-22497-8
48	经济地理学	威廉·P. 安德森	William P. Anderson	59.80	2017	978-7-300-24544-7
49	博弈与信息:博弈论概论(第四版)	艾里克·拉斯穆森	Eric Rasmusen	79.80	2017	978-7-300-24546-1
50	MBA宏观经济学	莫里斯·A. 戴维斯	Morris A. Davis	38.00	2017	978-7-300-24268-2
51	经济学基础(第十六版)	弗兰克·V. 马斯切纳	Frank V. Mastrianna	42.00	2017	978-7-300-22607-1
52	高级微观经济学:选择与竞争性市场	戴维·M. 克雷普斯	David M. Kreps	79.80	2017	978-7-300-23674-2
53	博弈论与机制设计	Y. 内拉哈里	Y. Narahari	69.80	2017	978-7-300-24209-5
54	宏观经济学(第十二版)	鲁迪格·多恩布什等	Rudiger Dornbusch	69.00	2017	978-7-300-23772-5
55	国际金融与开放宏观经济学:理论、历史与政策	亨德里克·范登伯格	Hendrik Van den Berg	68.00	2016	978-7-300-23380-2
56	经济学(微观部分)	达龙·阿西莫格鲁等	Daron Acemoglu	59.00	2016	978-7-300-21786-4
57	经济学(宏观部分)	达龙·阿西莫格鲁等	Daron Acemoglu	45.00	2016	978-7-300-21886-1
58	中级微观经济学——直觉思维与数理方法(上下册)	托马斯·J. 内契巴	Thomas J. Nechyba	128.00	2016	978-7-300-22363-6
59	环境与自然资源经济学(第十版)	汤姆·蒂坦伯格等	Tom Tietenberg	72.00	2016	978-7-300-22900-3
60	货币金融学(第十一版)	弗雷德里克·S. 米什金	Frederic S. Mishkin	85.00	2016	978-7-300-23001-6
61	动态优化——经济学和管理学中的变分法和最优控制(第二版)	莫顿·I. 凯曼等	Morton I. Kamien	48.00	2016	978-7-300-23167-9
62	国际经济学:理论与政策(第十版)	保罗·R. 克鲁格曼等	Paul R. Krugman	89.00	2016	978-7-300-22710-8
63	国际金融(第十版)	保罗·R. 克鲁格曼等	Paul R. Krugman	55.00	2016	978-7-300-22089-5
64	国际贸易(第十版)	保罗·R. 克鲁格曼等	Paul R. Krugman	42.00	2016	978-7-300-22088-8
65	投资学精要(第九版)	兹维·博迪等	Zvi Bodie	108.00	2016	978-7-300-22236-3
66	环境经济学(第二版)	查尔斯·D. 科尔斯塔德	Charles D. Kolstad	68.00	2016	978-7-300-22255-4
67	MWG《微观经济理论》习题解答	原千晶等	Chiaki Hara	75.00	2016	978-7-300-22306-3
68	横截面与面板数据的计量经济分析(第二版)	杰弗里·M. 伍德里奇	Jeffrey M. Wooldridge	128.00	2016	978-7-300-21938-7
69	宏观经济学(第十二版)	罗伯特·J. 戈登	Robert J. Gordon	75.00	2016	978-7-300-21978-3
70	动态最优化基础	蒋中一	Alpha C. Chiang	42.00	2015	978-7-300-22068-0
71	管理经济学:理论、应用与案例(第八版)	布鲁斯·艾伦等	Bruce Allen	79.80	2015	978-7-300-21991-2
72	微观经济分析(第三版)	哈尔·R. 范里安	Hal R. Varian	68.00	2015	978-7-300-21536-5
73	财政学(第十版)	哈维·S. 罗森等	Harvey S. Rosen	68.00	2015	978-7-300-21754-3
74	经济数学(第三版)	迈克尔·霍伊等	Michael Hoy	88.00	2015	978-7-300-21674-4
75	发展经济学(第九版)	A. P. 瑟尔沃	A. P. Thirlwall	69.80	2015	978-7-300-21193-0
76	宏观经济学(第五版)	斯蒂芬·D. 威廉森	Stephen D. Williamson	69.00	2015	978-7-300-21169-5
77	现代时间序列分析导论(第二版)	约根·沃特斯等	Jürgen Wolters	39.80	2015	978-7-300-20625-7
78	空间计量经济学——从横截面数据到空间面板	J. 保罗·埃尔霍斯特	J. Paul Elhorst	32.00	2015	978-7-300-21024-7
79	战略经济学(第五版)	戴维·贝赞可等	David Besanko	78.00	2015	978-7-300-20679-0
80	博弈论导论	史蒂文·泰迪里斯	Steven Tadelis	58.00	2015	978-7-300-19993-1
81	社会问题经济学(第二十版)	安塞尔·M. 夏普等	Ansel M. Sharp	49.00	2015	978-7-300-20279-2
82	时间序列分析	詹姆斯·D. 汉密尔顿	James D. Hamilton	118.00	2015	978-7-300-20213-6
83	微观经济理论	安德鲁·马斯-克莱尔等	Andreu Mas-Collel	148.00	2014	978-7-300-19986-3
84	产业组织:理论与实践(第四版)	唐·E. 瓦尔德曼等	Don E. Waldman	75.00	2014	978-7-300-19722-7
85	公司金融理论	让·梯若尔	Jean Tirole	128.00	2014	978-7-300-20178-8
86	公共部门经济学	理查德·W. 特里西	Richard W. Tresch	49.00	2014	978-7-300-18442-5
87	计量经济学导论(第三版)	詹姆斯·H. 斯托克等	James H. Stock	69.00	2014	978-7-300-18467-8
88	中级微观经济学(第六版)	杰弗里·M. 佩罗夫	Jeffrey M. Perloff	89.00	2014	978-7-300-18441-8
89	计量经济学原理与实践	达摩达尔·N. 古扎拉蒂	Damodar N. Gujarati	49.80	2013	978-7-300-18169-1
99	经济学简史——处理沉闷科学的巧妙方法(第二版)	E. 雷·坎特伯里	E. Ray Canterbery	58.00	2013	978-7-300-17571-3
100	环境经济学	彼得·伯克等	Peter Berck	55.00	2013	978-7-300-16538-7
101	高级微观经济理论	杰弗里·杰里	Geoffrey A. Jehle	69.00	2012	978-7-300-16613-1

经济科学译丛

序号	书名	作者	Author	单价	出版年份	ISBN
102	高级宏观经济学导论:增长与经济周期(第二版)	彼得·伯奇·索伦森等	Peter Birch Sørensen	95.00	2012	978-7-300-15871-6
103	卫生经济学(第六版)	舍曼·富兰德等	Sherman Folland	79.00	2011	978-7-300-14645-4
104	现代劳动经济学:理论与公共政策(第十版)	罗纳德·G. 伊兰伯格等	Ronald G. Ehrenberg	69.00	2011	978-7-300-14482-5
105	计量经济学基础(第五版)(上下册)	达摩达尔·N. 古扎拉蒂	Damodar N. Gujarati	99.00	2011	978-7-300-13693-6
106	《计量经济学基础》(第五版)学生习题解答手册	达摩达尔·N. 古扎拉蒂等	Damodar N. Gujarati	23.00	2012	978-7-300-15080-8

金融学译丛

序号	书名	作者	Author	单价	出版年份	ISBN
1	金融市场与金融机构(第12版)	杰夫·马杜拉	Jeff Madura	99.00	2020	978-7-300-27836-0
2	个人理财(第11版)	E. 托马斯·加曼等	E. Thomas Garman	108.00	2020	978-7-300-25653-5
3	银行学(第二版)	芭芭拉·卡苏等	Barbara Casu	99.00	2020	978-7-300-28034-9
4	金融衍生工具与风险管理(第十版)	唐·M. 钱斯	Don M. Chance	98.00	2020	978-7-300-27651-9
5	投资学导论(第十二版)	赫伯特·B. 梅奥	Herbert B. Mayo	89.00	2020	978-7-300-27653-3
6	金融几何学	阿尔文·库鲁克	Alvin Kuruc	58.00	2020	978-7-300-14104-6
7	银行风险管理(第四版)	若埃尔·贝西	Joël Bessis	56.00	2019	978-7-300-26496-7
8	金融学原理(第八版)	阿瑟·J. 基翁等	Arthur J. Keown	79.00	2018	978-7-300-25638-2
9	财务管理基础(第七版)	劳伦斯·J. 吉特曼等	Lawrence J. Gitman	89.00	2018	978-7-300-25339-8
10	利率互换及其他衍生品	霍华德·科伯	Howard Corb	69.00	2018	978-7-300-25294-1
11	固定收益证券手册(第八版)	弗兰克·J. 法博齐	Frank J. Fabozzi	228.00	2017	978-7-300-24227-9
12	金融市场与金融机构(第8版)	弗雷德里克·S. 米什金等	Frederic S. Mishkin	86.00	2017	978-7-300-24731-1
13	兼并、收购和公司重组(第六版)	帕特里克·A. 高根	Patrick A. Gaughan	89.00	2017	978-7-300-24231-6
14	债券市场:分析与策略(第九版)	弗兰克·J. 法博齐	Frank J. Fabozzi	98.00	2016	978-7-300-23495-3
15	财务报表分析(第四版)	马丁·弗里德森	Martin Fridson	46.00	2016	978-7-300-23037-5
16	国际金融学	约瑟夫·P. 丹尼尔斯等	Joseph P. Daniels	65.00	2016	978-7-300-23037-1
17	国际金融	阿德里安·巴克利	Adrian Buckley	88.00	2016	978-7-300-22668-2
18	个人理财(第六版)	阿瑟·J. 基翁	Arthur J. Keown	85.00	2016	978-7-300-22711-5
19	投资学基础(第三版)	戈登·J. 亚历山大等	Gordon J. Alexander	79.00	2015	978-7-300-20274-7
20	金融风险管理(第二版)	彼得·F. 克里斯托弗森	Peter F. Christoffersen	46.00	2015	978-7-300-21210-4
21	风险管理与保险管理(第十二版)	乔治·E. 瑞达等	George E. Rejda	95.00	2015	978-7-300-21486-3
22	个人理财(第五版)	杰夫·马杜拉	Jeff Madura	69.00	2015	978-7-300-20583-0
23	企业价值评估	罗伯特·A. G. 蒙克斯等	Robert A. G. Monks	58.00	2015	978-7-300-20582-3
24	基于Excel的金融学原理(第二版)	西蒙·本尼卡	Simon Benninga	79.00	2014	978-7-300-18899-7
25	金融工程学原理(第二版)	萨利赫·N. 内夫特奇	Salih N. Neftci	88.00	2014	978-7-300-19348-9
26	国际金融市场导论(第六版)	斯蒂芬·瓦尔德斯等	Stephen Valdez	59.80	2014	978-7-300-18896-6
27	金融数学:金融工程引论(第二版)	马雷克·凯宾斯基等	Marek Capinski	42.00	2014	978-7-300-17650-5
28	财务管理(第二版)	雷蒙德·布鲁克斯	Raymond Brooks	69.00	2014	978-7-300-19085-3
29	期货与期权市场导论(第七版)	约翰·C. 赫尔	John C. Hull	69.00	2014	978-7-300-18994-2
30	国际金融:理论与实务	皮特·塞尔居	Piet Sercu	88.00	2014	978-7-300-18413-5
31	货币、银行和金融体系	R. 格伦·哈伯德等	R. Glenn Hubbard	75.00	2013	978-7-300-17856-1
32	并购创造价值(第二版)	萨德·苏达斯纳	Sudi Sudarsanam	89.00	2013	978-7-300-17473-0
33	个人理财——理财技能培养方法(第三版)	杰克·R. 卡普尔等	Jack R. Kapoor	66.00	2013	978-7-300-16687-2
34	国际财务管理	吉尔特·贝克特	Geert Bekaert	95.00	2012	978-7-300-16031-3
35	应用公司财务(第三版)	阿斯沃思·达摩达兰	Aswath Damodaran	88.00	2012	978-7-300-16034-4
36	资本市场:机构与工具(第四版)	弗兰克·J. 法博齐	Frank J. Fabozzi	85.00	2011	978-7-300-13828-2

This is a Simplified-Chinese translation of the following title published by Cambridge University Press:

Model Building in Economics: Its Purposes and Limitations, 9781107673472
© Lawrence A. Boland 2014

This Simplified-Chinese translation for the People's Republic of China (excluding Hong Kong, Macau and Taiwan) is published by arrangement with the Press Syndicate of the University of Cambridge, Cambridge, United Kingdom.

© China Renmin University Press 2020

This Simplified-Chinese translation is authorized for sale in the People's Republic of China (excluding Hong Kong, Macau and Taiwan) only. Unauthorized export of this Simplified-Chinese translation is a violation of the Copyright Act. No part of this publication may be reproduced or distributed by any means, or stored in a database or retrieval system, without the prior written permission of Cambridge University Press and China Renmin University Press.

Copies of this book sold without a Cambridge University Press sticker on the cover are unauthorized and illegal.

本书封面贴有 Cambridge University Press 防伪标签，无标签者不得销售。

图书在版编目（CIP）数据

经济建模：目的与局限/（美）劳伦斯·A.博兰德著；申笑颜译. --北京：中国人民大学出版社，2020.10
（经济科学译丛）
书名原文：Model Building in Economics：Its Purposes and Limitations
ISBN 978-7-300-28532-0

Ⅰ.①经… Ⅱ.①劳… ②申… Ⅲ.①经济模型-研究 Ⅳ.①F224.0

中国版本图书馆CIP数据核字（2020）第183431号

"十三五"国家重点出版物出版规划项目
经济科学译丛
经济建模：目的与局限
劳伦斯·A.博兰德 著
申笑颜 译
Jingji Jianmo：Mudi yu Juxian

出版发行	中国人民大学出版社		
社　　址	北京中关村大街31号	邮政编码	100080
电　　话	010-62511242（总编室）	010-62511770（质管部）	
	010-82501766（邮购部）	010-62514148（门市部）	
	010-62511173（发行公司）	010-62515275（盗版举报）	
网　　址	http://www.crup.com.cn		
经　　销	新华书店		
印　　刷	涿州市星河印刷有限公司		
开　　本	787 mm×1092 mm　1/16	版　次	2020年10月第1版
印　　张	21.75　插页2	印　次	2025年9月第2次印刷
字　　数	297 000	定　价	49.00元

版权所有　侵权必究　印装差错　负责调换